田辺道場 NEXT STAGE

一生楽しめるバスフィッシングの手引書

田辺哲男 著

つり人社

CONTENTS

田辺道場

NEXT STAGE

一生楽しめるバスフィッシングの手引書

企画・構成・写真＝大場未知 ／ 写真＝大森忠明 ／ 装丁＝長岡学(MASTERPIECE GRAPHIX)

俺がバスフィッシングを始めてから、もう50年が経ちました。

日本全国、そしてアメリカのフィールドで経験を重ねて、トーナメントもさんざんやりました。釣行日数が年間３００日を超える年もあったくらいだから。

それでも、俺はいまだにバスフィッシングを本気で面白がって続けている。

大の大人をここまで夢中にさせてしまうほどのバスフィッシングとはどんなものか。それがこの本に詰め込まれているはず。

今までの経験から導き出された理論や技術はしっかりと本書でまとめてあるが、その根底にある考えは「自分で自分のバスフィッシングを面白くする」ということ。

ただ漫然と、いつもと同じ場所で同じルアーを投げて、同じように釣って満足していては、50年間もバスフィッシングを続けることは到底できない。こんな釣り方で釣りたい、こんなルアーでハメたい、こんなアプローチはどうだろう……。そうやって自分なりに考えて、攻めの姿勢で釣ったバスこそが、次への原動力を与えてくれる。

バスを始めて最初のうちは、いつもの釣り方で目先の1尾を求めていくのが普通だ。でもやり込んでいくうちに、もっと刺激が欲しくなってくる人も数多くいると思う。今の俺が思うのは、たとえ小さいワームの釣りだって、それが自分で考えてチャレンジしようとした方法なのであればスーパーストロングになりうるということ。俺はそれがハードベイトの釣りになることが多いけれど、ストロングスタイルっていうのは投げるルアーの種類ではなく、バスフィッシングとの向き合い方なんだ。

もちろん、バスフィッシングはバスがいて、釣りができるフィールドがないと成り立たない。バスフィッシングの存続に対する考え方やアクションは色々あるけど、ひとつ言えることは「バスフィッシングの現場で、バス釣りの人々によって生計を立てている人間の行政に対する意見は強く受け止めてもらえている」という事実が今後につながっていくということ。趣味で釣りを楽しんでるアングラーが上げる声や署名活動と、バスで生活しているボート屋や漁協の意見は重みが全く違う。当然だよね。

つまり、これからバスフィールドが長く続くためには、そういった人たちがバスをビジネスとして大切にし、大事に守っていくような存在になってもらわなければならない。そのためには、やっぱりみんなにはお金を落とせるようなボートフィールドに通ってほしい。どちらにせよ、面白いバスフィッシングを極めようとするなら、いつかは湖全体を相手にできるボートの釣りに移行せざるを得ないから。キャストができる場所が限定されたオカッパリでは、「その場所でどのルアーで食わせるか」以上のことが学びにくい。

「オカッパリしかできる環境がない」って人は、頑張ってボートを買うなり、何時間車を運転してでもレンタルボートがあるフィールドに足を運んでほしい。ローカルのフィールドのアングラーは「ここは俺たちの秘密のフィールドだから公開しないでほしい」なんて言わずに、各レイクに釣り人がたくさん来て、地元のボート屋や漁協が潤う流れを作ってほしい。そうじゃないと、日本のバスフィッシングには未来がないよ。

日本は先進国といわれているけど、それはGDPでの話であって、自然の管理とかスポーツフィッシングの有効利用という点に関しては完全に後進国。でも、いつかは行政もその重要性に気づいて、全国に1000以上あるといわれているダム湖を積極的に釣りで利用しようという流れになるかもしれない。それまで俺たちが何とかバスが終わらないように、今バスフィッシングができているフィールドを守っていかなければならないね。

これからの人生も、俺はバスフィッシングを続けていく。でもそれがどんな方向性なのかは自分でもまだわからないけど、バスフィッシングの未知の部分に突入していくつもりだ。

その過程の試行錯誤のうち、きっと9割以上はものの見事に失敗するだろう。でも、その中で何かが開けて「こんな無風のドピーカンでもこんな釣りでハメたぜ！」っていう釣りに行き着くかもしれない。「わからないとこに突っ込むからこそ面白い」ということだけはわかってるよ。

2020年6月4日

田邊哲男

STAGE of Bassfishing

Step into the NEXT

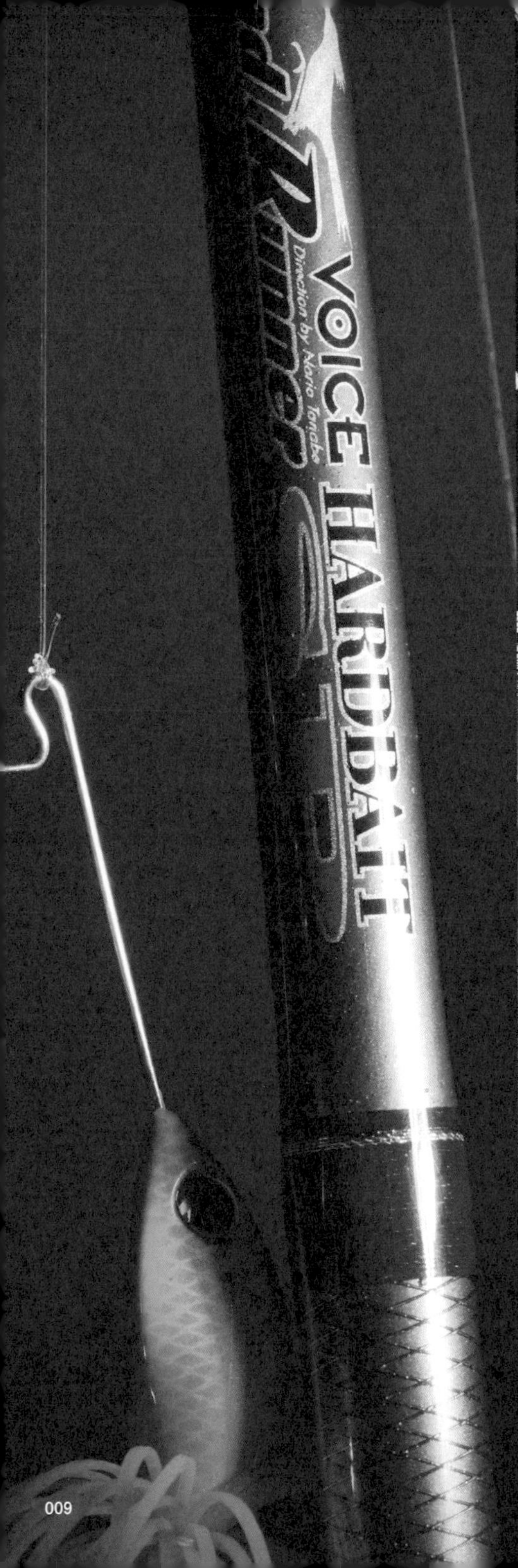
VOICE HARDBAIT
Direction by Norio Tanabe

のむら

25
291-43295
山口

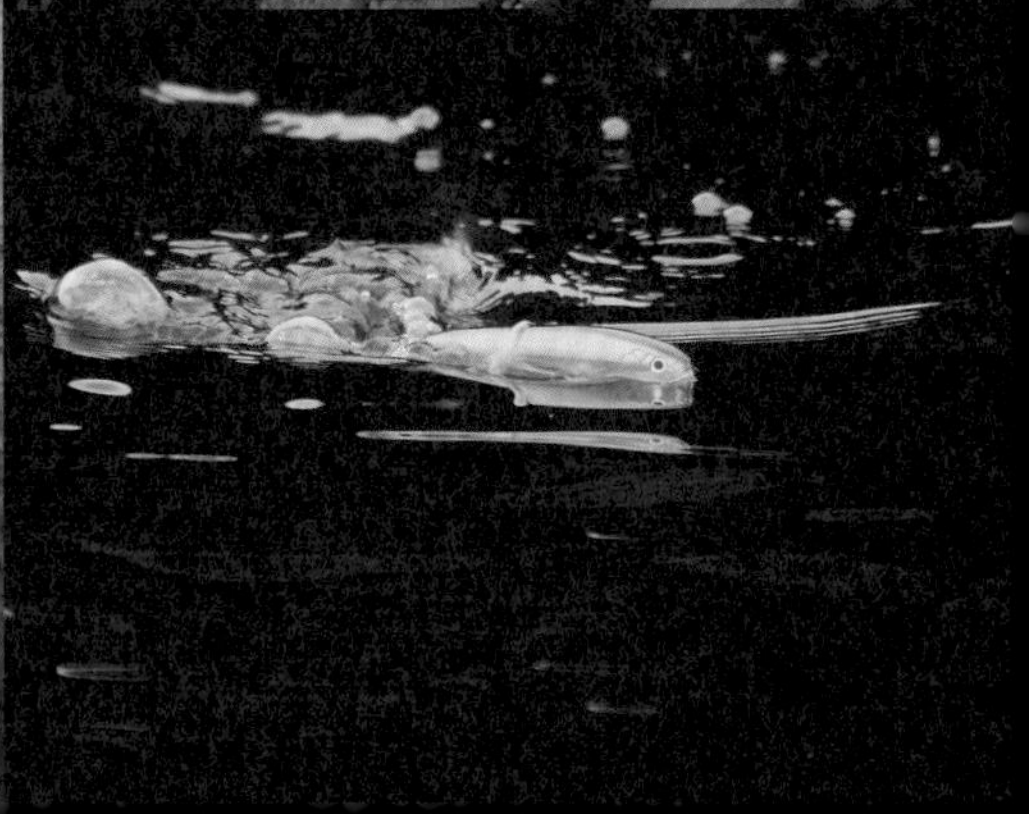

NORIO TANABE
60
SINCE 1958

第一章 ハードベイト編

田辺の
バスフィッシングの
根幹を成すのが
ハードベイトを用いた
ゲームだ。
やる気のあるバスを
引っ張り、
時には
ニュートラルなバスにも
スイッチを入れる
その真髄に迫る。

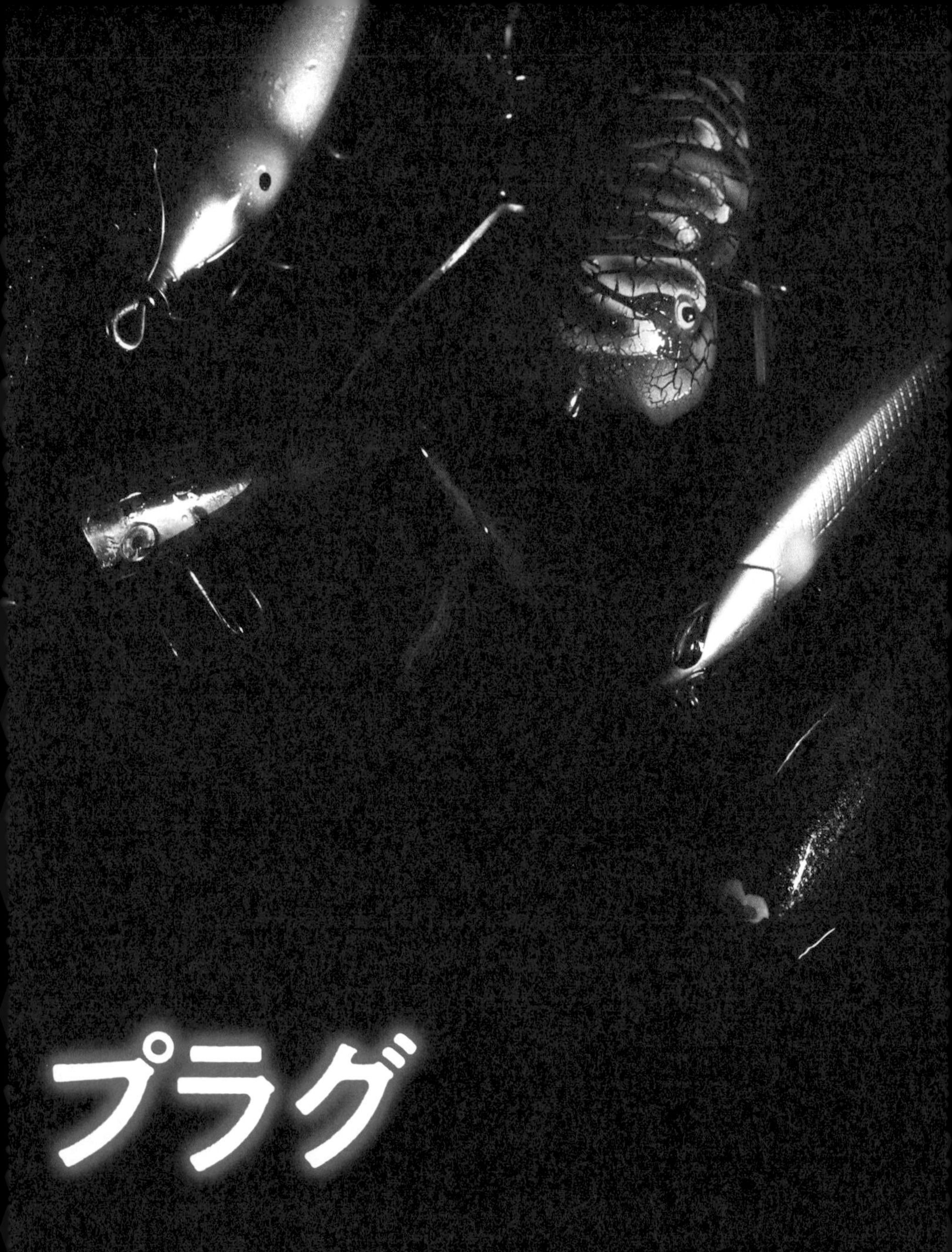

プラグ

第1部

トップウォーター

水面で操るルアーを目がけ、突如水柱を上げてアタックしてくるブラックバス。あの光景は、何度味わってもエキサイティングである。ピュアに楽しい反面、その特性を理解することで、ときにはワーム以上の真価を発揮するのもトップウォーターの魅力だ。
少年時代からトップウォーターゲームに入れ込んできた田辺の理論、
またそれぞれのジャンルについて語られることのなかった真実を明かす。

田辺が考えるトップウォーターの定義

トップウォーターとひと言で表わしているが、そのジャンルは広く、カテゴライズはされているものの、明確な定義は確立されていない。

トップウォーターといえば、ペンシルベイトやポッパーがその代表だが、水面に浮くものだけがトップウォーターではないというのが、田辺の考えだ。

「俺のなかでは表層でねらってルアーを使えばそれはトップウォーターというのが基本的考え方。巻いちゃうと潜ってしまうようなバルサのミノーも、それを水面で食わせるならトップだし、極論をいえばジョンソンのシルバーミノーなんかスプーンなんだけどリリーパッドの上で使えばそれもトップなんだよ」

ルアーを使ったバスフィッシングにおいて「絶対」はないが、とりわけトップウォーターにはそれが顕著に当てはまる。田辺をもってしても、理解不能な場面が少なくないようだ。

「たとえば水面にベイトっ気もなくバスが見えるわけでもなく、ワームでも食わない。おまけに水面に泡が立つような状況でもバズベイトにしか出ない、とかね。トップウォーターはルアーのなかでも、ある種バスがものすごくセレクティブになるジャンルなのかもしれない。トップウォーターに関しては人間の感性よりもバスのほうが上をいってると思わせられることが多々あるよね。逆にいえば、『トップウォーターだから出る』っていう考え方もできる。そこらへ

「トップウォーターだからこそ釣れる」という状況は確実に存在する

状況に合わせ、最適な強さ・アクションのトップを選択することが重要。透明度が高く、水面も凪いでいた晩夏の芦ノ湖ではパワーの弱いビハドウをチョイス

んはバスの気持ち、エサの気持ちを理解していくことで次のステップにつながると思うよ」

トップウォーターの有効性とバスの気持ちを考える

まず、トップウォーターがほかのジャンルと大きく異なるのは操作しながら目視できる点である。ねらったところにキャストが決まり、ファーストアクションの瞬間に派手に出る姿は実にエキサイティングだし、操作しているだけでも純粋に楽しむことができる。だが、トップウォーターは、アングラーにとってそれ以上にアドバンテージとなる副産物も与えてくれるのだ。

クランクベイトやスピナーベイトは水中をイメージしながら止めたり一瞬浮かせたりするところを、トップウォーターは目で追いながら行なえる。また、目視できないルアーではアタリを感じてアワせるのに対し、トップウォーターは目でアワせることができるため、おのずとフッキング率の向上にもつながるのだ。それ以外にもバスがどんなところから出てくるのか、どんな状態なのかといった情報を得ることもできる。

ところで、トップウォーターに苦手意識を持っている、ないしは投げ込んでいるわりには釣れないという人も少なくないだろう。その多くはペンシルベイ

「スレバス＝弱いルアー」という方程式は決して絶対ではない。春の丹沢湖、強烈な水押しを発生するクローラーベイトで食わせたスーパービッグ

移動距離を抑えたテーブルターンが特徴のウォッシャジュピタにヒット。トップウォーター系ルアーは、使い手がその性能を引き出すマニュアル車的なものが多い

トなら一定のリズムのドッグウォーク、ポッパーなら直線的にスプラッシュといった具合に、常に型にはまった操作をしているのではないだろうか。もちろん、バスがアクティブな状態にあれば、それでも釣れる可能性はある。だが、その状況に合わせた使い方をすることができれば、格段にストライクは増えるはずだ。

「バスの気持ちを考えると、いろんな角度からトップウォーターの有効性が見えてくるんだけど、これもまたあらゆる状況が想定できる。食欲が旺盛でフィーディングモードに入っているときっていうのが、一番トップウォーターに合っている状況だよね。基本的にはタイミングさえ合って、着水音で気付かせることができれば、ある程度どんなルアーでも食ってくる。強いて挙げるなら、見切られにくく直線的な動きで、水中から見てなんだかわからないようなウエイクプロップみたいなタイプが王道。俺の経験上ではセレクティブな状況であるほど、ハードベイトのほうが反応がいいことが多い。

それよりももう少し活性が低くて、逃げるものを追いたいんだけどスピナーベイトやクランクベイトではスイッチが入りきらない状況でも、水面にフラフラしているものなら追い切れる、っていうこともよくある。こういうときはプロップベイトとかフローティングミノーの水面引きみたいな、ややスローに使えるルアーがいい。

もうひとつは水温が急激に低下した状況や、スポーンで疲れているようなとき。活性が著しく低いんだけど、水面に出ることができる距離感にいるならデッドスティッキングが最強だよ。要はまったく動かさずに水面で漂わせるような使い方。嘘みたいな話なんだけど、これにしか反応しない魚もいるからね」

使い手次第で強くも弱くもなることを理解せよ

ハードベイトの大部分は、キャスト技術やタックルバランスを差し引いてしまえば、使い手による大差はそこまで生じないだろう。クランクベイトであればリトリーブスピードに変化をつけること、もしくはカバーへコンタクトさせる角度など、いずれもリトリーブすることがベースになる。しかし、トップウォーターにおいては使い手次第で大きく幅が広がると田辺は言う。

たとえば、ポッパーを一定のリズムでポッピングさせる場合でも、ラインスラックを出せば首を振らせることも可能だし、スプラッシュを強調したいのであればスラックを少なめにしてストロークを短く刻む必要がある。小型のベイトフィッシュが水面でピチャピチャ戯れているならばアクションも控えめにして波紋で誘い、バスのレンジが深いときは派手目なポップ音が必須となる。つまり、ロッドワーク次第でひとつのルアーが強アピールにも弱アピールにもなるのがトップウォーターなのだ。

「よくトップウォーターのパッケージの説明に、『控えめサウンドでハイプレッシャーに強い』とか書いてあるけど、あれは正しいようで間違いなんだよ。コントロール次第では水面を滑らずに大きい音も小さい音も演出できるとか、水面を滑った際でもスライドによるアピールが云々、っていうのがトップウォーターの正しい説明。トップウォーターは目で追うことができるから、どんな強さで操作したらどれくらいの音が出るのか、スライド幅を大きくするにはどうすればいいのか、っていうのもわかりやすいよね」

ポッパータイプは、ロッドワークの強弱やラインスラックのコントロールでポッピングの強さ、左右へのスライド幅などを調節できる

バスの気持ちになれば、常識にとらわれない思考とアプローチが浮かんでくる。初夏の霞ヶ浦水系、田辺はミノーシェイプのトップウォーターをテナガエビのイミテーションとして使った

トップウォーターの音と波動

田辺がしばしば口にする「ルアーの強さ」の意味には「サイズ」「音」「波動」「水押し」などなど、さまざまなファクターが含まれる。とりわけ音と波動については重要という。もちろんトップウォーターも例外ではない。音と聞いて真っ先に思い浮かぶのはラトル音、ボディーとフックが干渉する音、さらに着水音が挙げられる。

「ことトップウォーターに関しては着水音、つまり集魚音っていうのが極めて重要だよね。単純に音としてひとくくりにするのではなく、着水音は着水音だけで考える必要がある。フックとボディーが干渉することで出る音や、クローラー系とかプロップベイト特有の金属パーツの接触音、あるいはラトルサウンドとは、また別物といっていい。

ラトルサウンドやフックとボディーの干渉音はそのルアーによって変わってくるんだけど、フックの干渉音は思っている以上に大きいよ。あとはドッグウォークさせたときの音だよね。これは波動にもつながる話で、ほとんどのトップウォーターは口の部分で水を受ける。ポッパーがその典型。ペンシルならボディーのサイドで受ける水の抵抗によってスプラッシュ音を発するし、水を大きく掻けばそれだけ波動も強くなる」

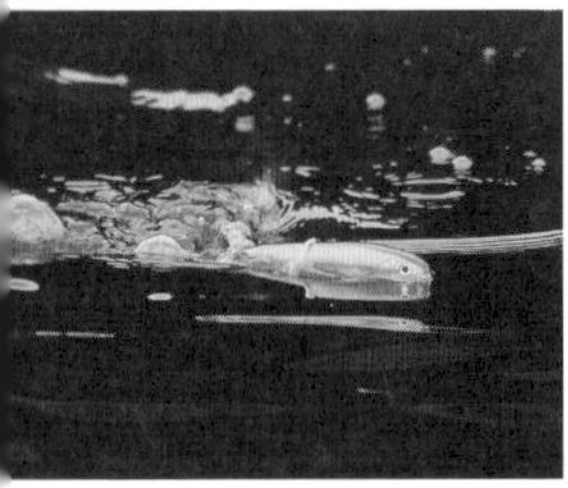

引き波やポップ音など、さまざまな音と波動を使いわけてバスにアピールしたい

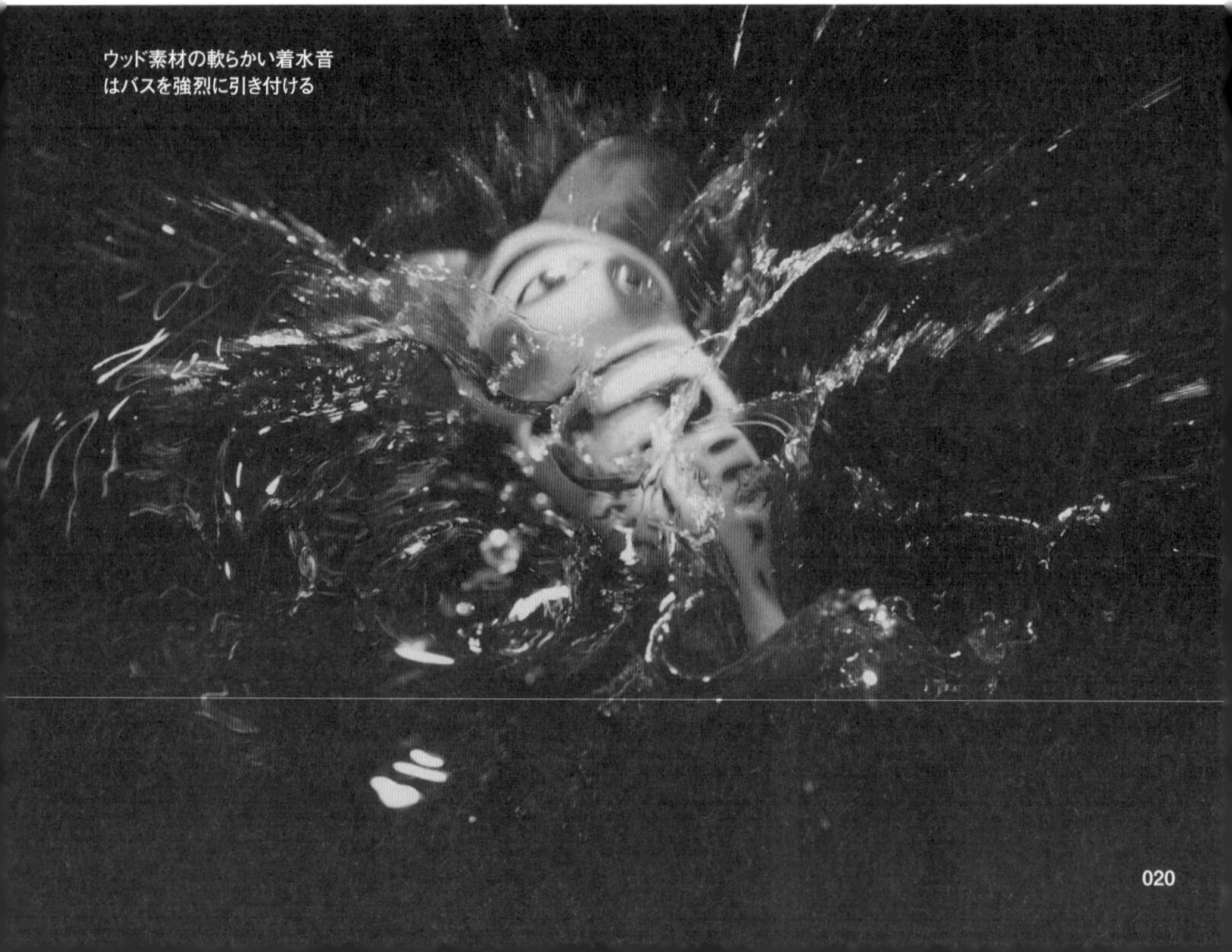

ウッド素材の軟らかい着水音はバスを強烈に引き付ける

ジャンル別着水音ランク

虫系

（写真＝O.S.P／オリカネムシ）

最大の特徴は小型軽量で浮くこと。当然、着水音はソフトでバスにプレッシャーを与えにくい。ルアー自体が小さいため、バスにとっても容易に捕食できる。絶対条件はバスが水面近くにいること

小型トップウォーター

（写真＝ノリーズ／トレジュ50）※現在は生産を終了

50㎜以下のポッパーやミノーなどがその代表。一度は着水音にびっくりしつつその場を離れるが、すぐに興味をもちスーッと寄ってきたりする

いわゆるレギュラーサイズ。バスのポジションが深く虫系や小型トップウォーターでは気付かないシチュエーションが出番。「ドボンまではいかないけどバシャくらいのイメージだな」

中型トップウォーター

（写真＝ノリーズ／アッパーカッター95）

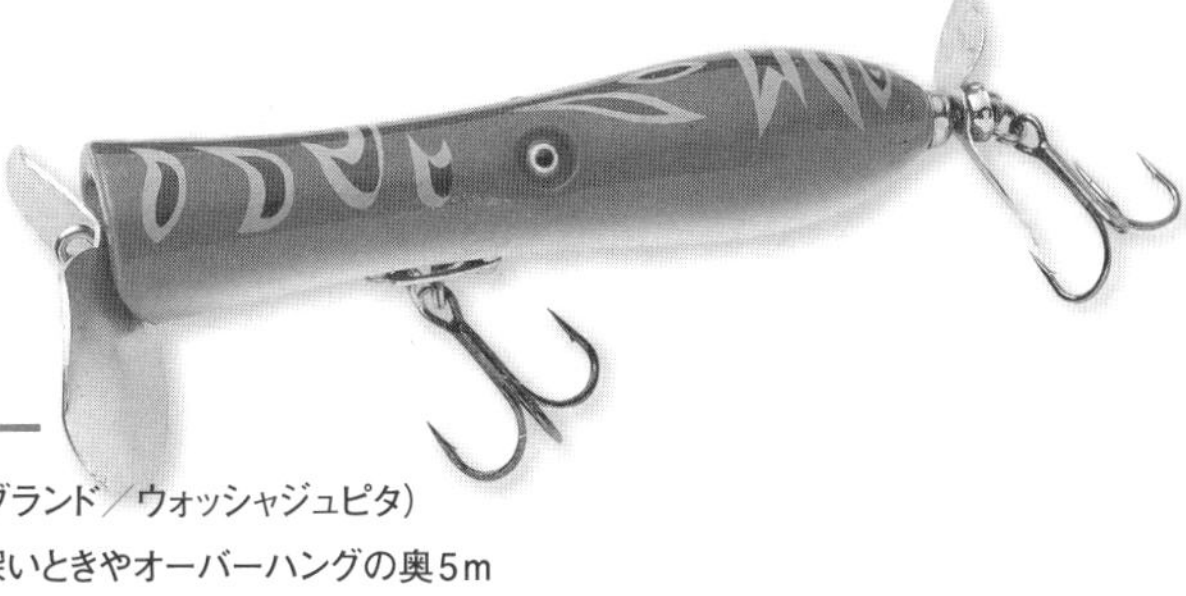

大型ウッド製トップウォーター

（写真＝ノリーズ×アカシブランド／ウォッシャジュピタ）

さらにバスのポジションが深いときやオーバーハングの奥5mからでも寄せるだけの力があるサイズ。「ウッド製のジョイントプラグなんかは着水音でいったら最大級だよ」

トップウォーター
カテゴリー別
パワー&アクション一覧

ここでは水面で扱うことを想定して作られたオーソドックスなトップウォーターをジャンル別に田辺が解説する。ピックアップしたルアーは新旧入り交ざっているが、いずれも田辺がこれまでに使い込んできたものばかりである。各ルアーの横にあるレーダーチャートは、そのルアーの特徴を表わすもので、数値が高いほどその度合も高くなる。

●**着水音**……ルアーが水面にタッチダウンした際に発生する音。一般的には体積が大きいほど着水音も大きくなるが、なかには例外もある

●**集魚音**……ボディーに内蔵されたラトル音やフックとボディーが当たる際に発する音、スプリットリングの擦れる音のこと

●**波動**……トップウォーターの場合は引き波がそれにあたる。リップや口部、もしくはボディーサイド面で受ける水の抵抗が大きくなるほど波動も強くなる

●**スピード**……そのルアーの速い動きに対するレスポンス。当然、水の抵抗が大きくなるほどスピードは遅くなる

●**ナチュラル**……動き、あるいはフォルムがベイトフィッシュライクなほど数値が高い

「いわばS字系ルアーの延長」

ノリーズ／アッパーカッター95

小さいベイトを追っている、あるいはクリアウォーターで速めのドッグウォークで誘う線の釣りに特化

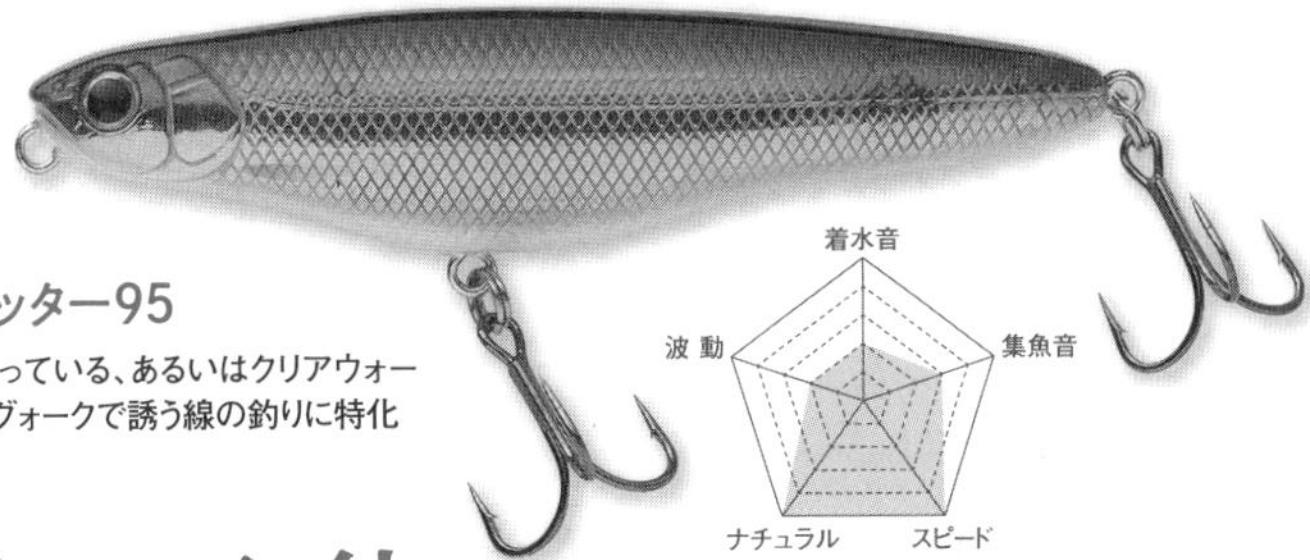

ペンシルベイト

ザラスプークに代表される、その名が示すように鉛筆のようなスリムな形状で余計なパーツがついていないのが特徴だ。トップウォーターのマスターピース的位置づけで、ベイトフィッシュがバスに追われているようなシチュエーションに有効。左右に首を振るドッグウォークがアクションの基本だ。

「ほかのトップ系と比べて、けっして強い部類ではないよね。S字系ルアーの延長と捉えたらいいんじゃない。基本的には規則的なドッグウォークなんだけど、魚が深いとか、魚までの距離が遠いならラトル入りだったり、音の大きいペンシルでジョバジョバいわせながらポーズを入れて誘う。波動もそこまで大きくないから、どちらかというとクリアウォーター向きのジャンル。大きいほどドッグウォークさせやすい」

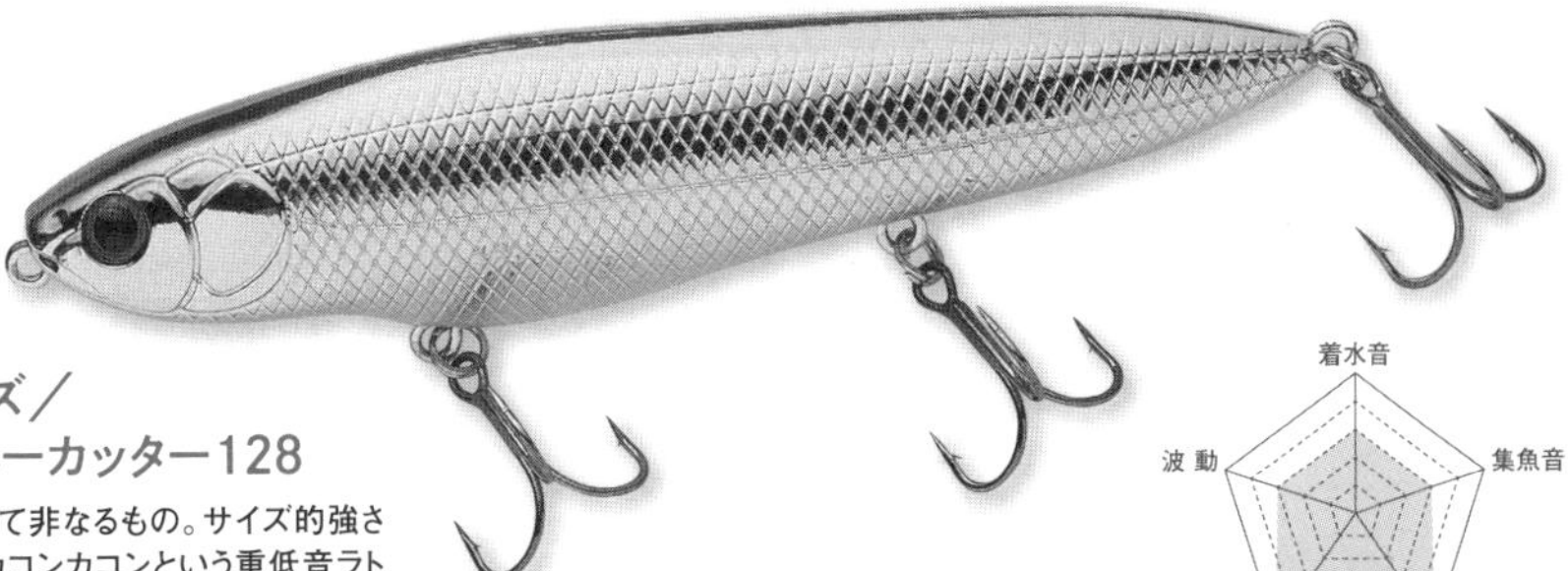

ノリーズ／アッパーカッター128

95とは似て非なるもの。サイズ的強さにくわえカコンカコンという重低音ラトルで、ワンレンジ下のバスをも浮かせる強アピールペンシル

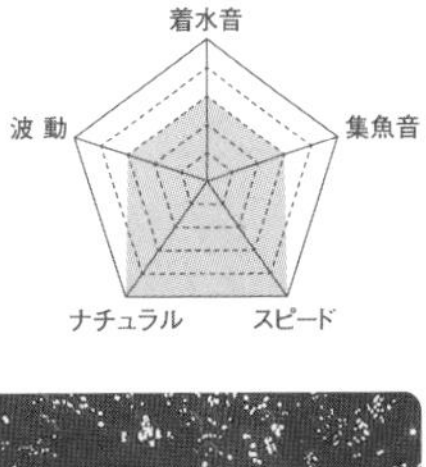

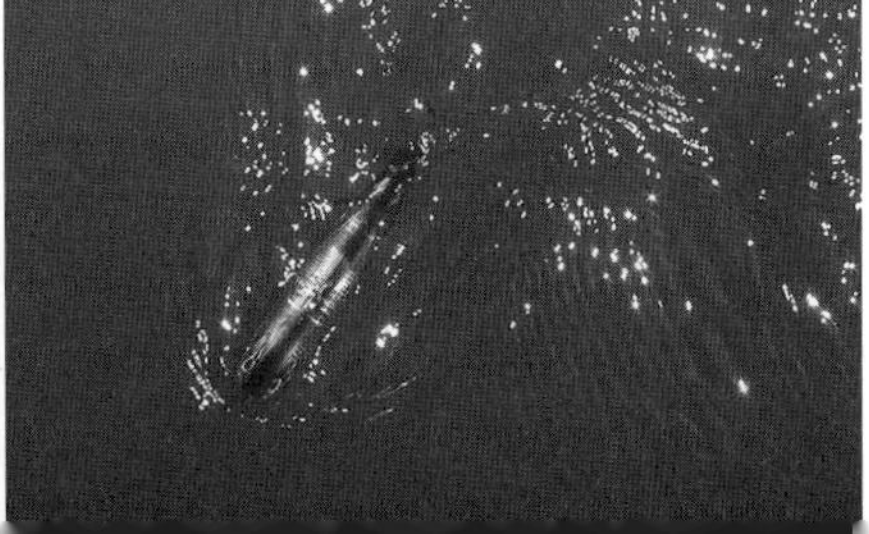

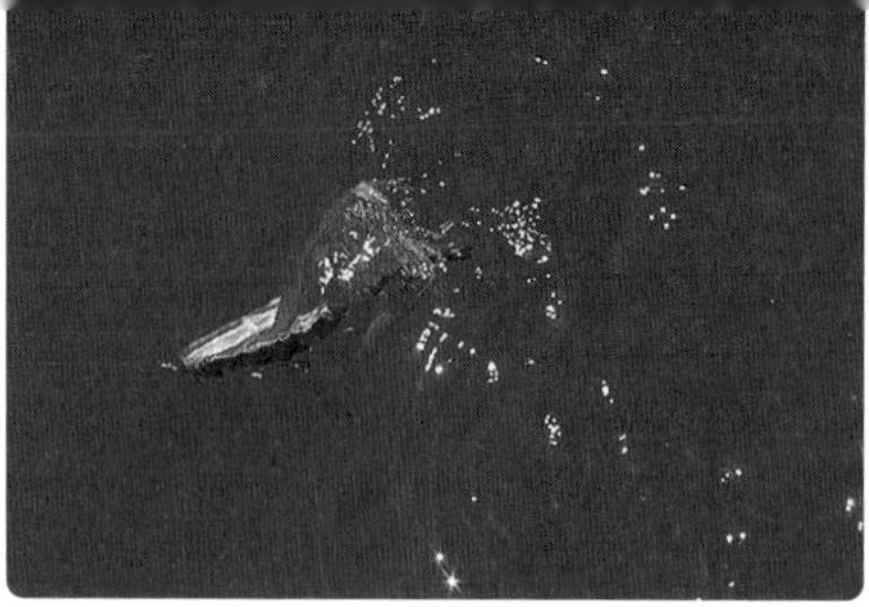

ポッパー

「ポッパーにはポッパーにしかない不思議な力がある」

カップ状の口部から発するスプラッシュと水押しで魚に存在をアピール。ボディーサイズの割にアピール力が高く使い手次第でさまざまなアクションを生む。

「ポッパーにはポッパーにしかない不思議な力がある。クリアウォーターなら水深5mよりも深いところの魚を引っ張り出せたりもするよね。ポッパーにも直引きタイプと首振りタイプがあるから、そこを上手に使い分ける必要がある。ノリーズでいったらエビガエルハードがゴボッって大きな泡を出す直引きタイプで、引っ張り上げる力がある。首振りタイプだったらザグバグツーフック。これは基本的にどんな水の色でもいけるオールマイティータイプ。で、直引きも首振りも両方いけるのがマイケルだね。不思議なのは、ポッパーは大きすぎると強すぎちゃって魚がビビっちゃうこと。せいぜいマイケルビッグくらいまでだな」

エビガエルハードはフロッグベイトのエビガエルをモチーフに発泡素材でハードベイト化したものだ。

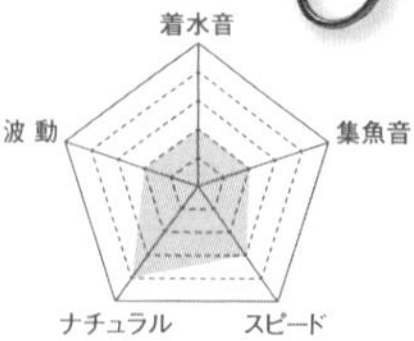

ノリーズ／ザグバグツーフック

このなかではビハドウ80の次に弱い部類。タフコンディションでの誘発力に長けるが、軽量ゆえにリザーバーのカバー周辺では扱いに慣れが必要だ

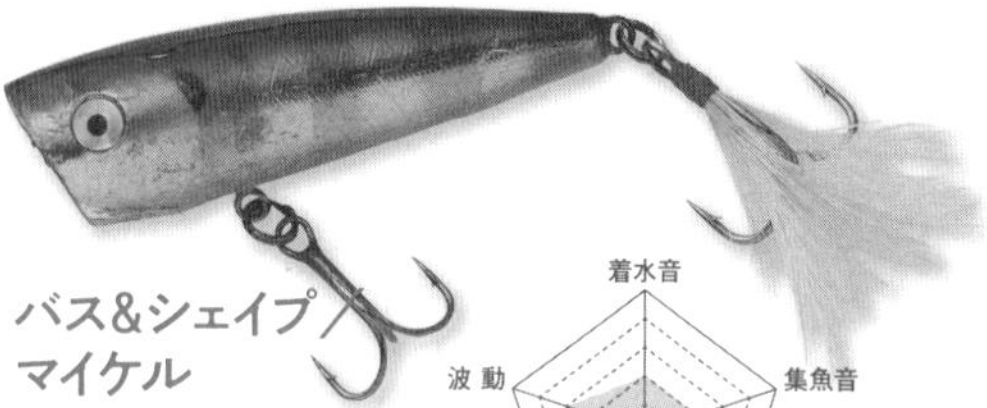

バス&シェイプ／マイケル

(※現在は生産を終了)

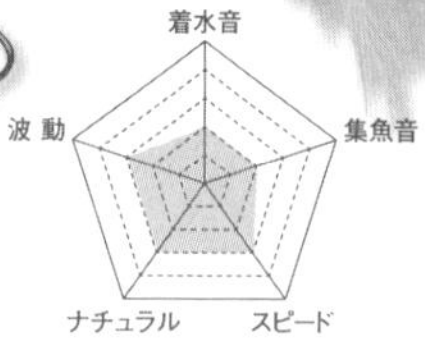

ノリーズ／エビガエルハード

フロッグを発泡素材でリメイクし、よりポッパーとしての機能面をアップ。ザグバグシリーズより重厚なポッピングが可能で、その強さはウォッシャに匹敵する

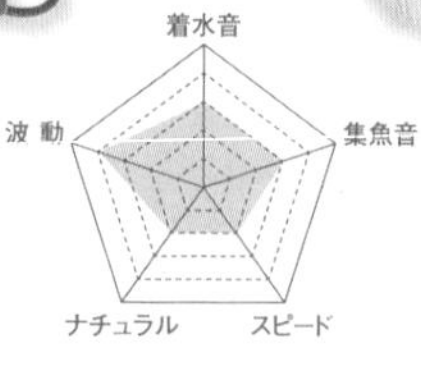

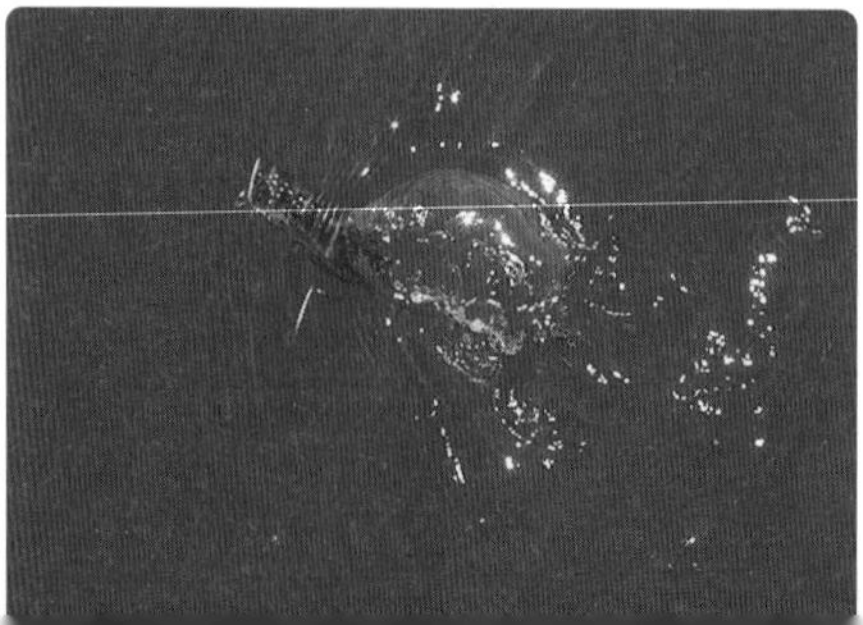

「ペンシルとポッパーの隙間を埋める存在」

ペンシルポッパー

ペンシルベイトとポッパーの要素を融合させたタイプ。ドッグウォークもポッパーとしてのスプラッシュも同時にこなす。ポジションとしてはペンシルよりも強くポッパーよりも弱い。風雨により水面に波けがあり、ペンシルを引いていて弱いと感じたときに投げたい。

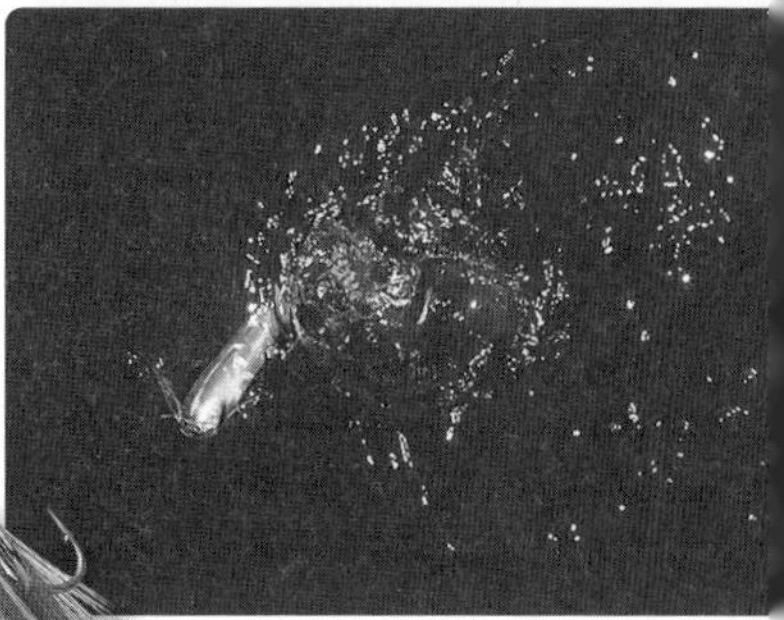

ノリーズ／ザグバグスリーフック

使い手を選ばずドッグウォークもポッピングも安易にこなせる。細身で自重もあるためキャステビリティーがいいのも特筆すべき点

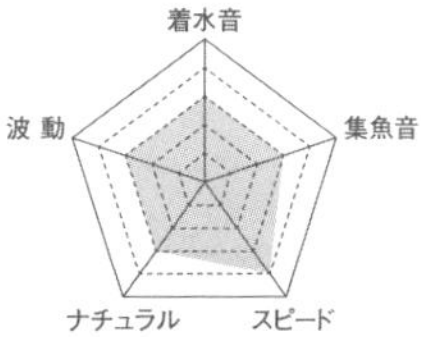

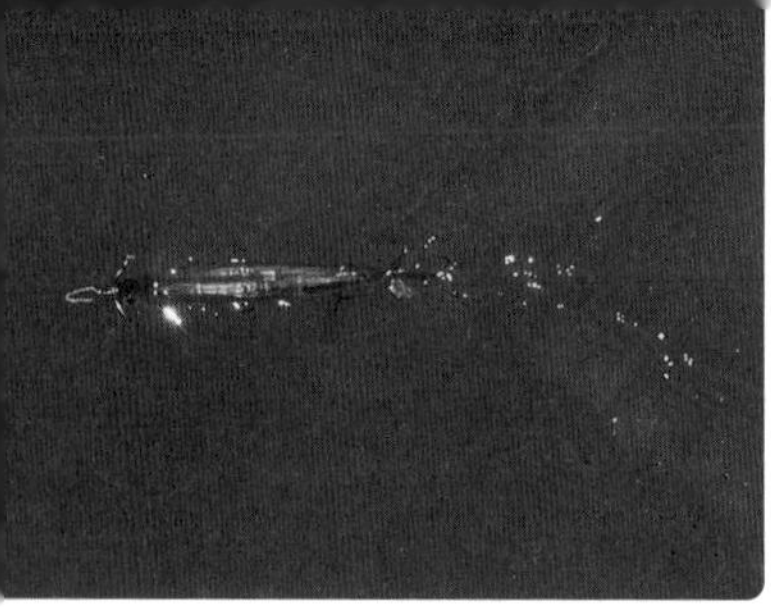

プロップベイト

「基本的にはペラから出る波動と、それによるボディーの振動がキモ」

「金属パーツがある分ペンシルよりは強いけど、トップウォーター全体で見たら決して強いジャンルではない。音で寄せるっていうのもあるんだけど、基本的にはペラから出る波動と、それによるボディーの振動がキモだな」

スイッシャーといわれるのもこのジャンルで前後にペラのついたダブルスイッシャーと前後どちらか片方についたシングルスイッシャーがある。ダブルスイッシャーの場合、通常は前後のペラが同方向に回転するタイプのほうが波動は強い。いずれも、短い移動距離で食わせやすいのが特徴で、クリアウォーターのピンスポットで実績が高い。

「ビハドウにしろ、ボーイハウディにしろ、スリムボディーでペラが小さめのダブルプロップはＩ字系に近いイメージ。ペラが大きめのダブルプロップはどちらかというとバズ寄りだね。これらの派生がスピンテールミノーといわれるタイプ。一点でジョボンとバブルを出して誘うやり方と、ストレートリトリーブによる線で誘う方法がある。リップが付いているから線で引くと強制的にボディーが振動して、ダブルプロップよりは強い。リップでの水押しも波動を生む。移動距離をおさえることも可能。小さいペラのダブルプロップはどちらかというとクリアウォーターにいいんだけど、スピンテール系はマッディでもいける。ただし、マッディで使うときは魚のレンジが深すぎないっていうのが絶対条件。クリアウォーターでも、ウィードエリアみたいなバスと水面の距離が近いところのほうがいいよね」

ノリーズ／ビハドウ

スローリトリーブではＩ字の波動を発生。降雨時には、いわゆるプロップベイト的な強めのジャークで使用したりして魚に気づかせる。基本はゆっくりとした直線引き。一定の速度と引き波が魚のスイッチを入れる

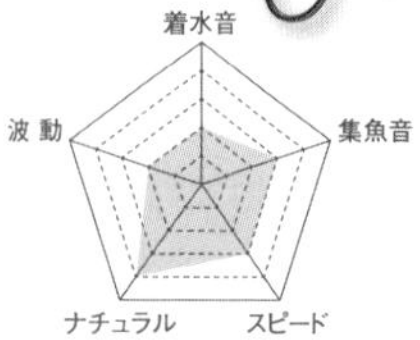

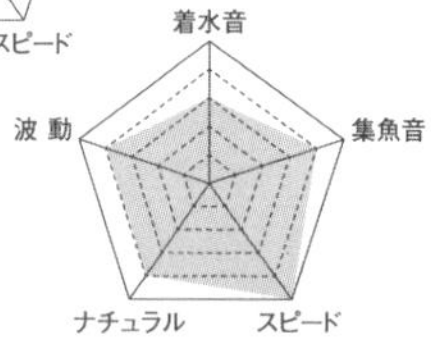

ノリーズ／レイダウンミノー・ウエイクプロッププラス

ダイビングとストレートリトリーブによるウェイクベイトとしての機能を両立したプロップベイト

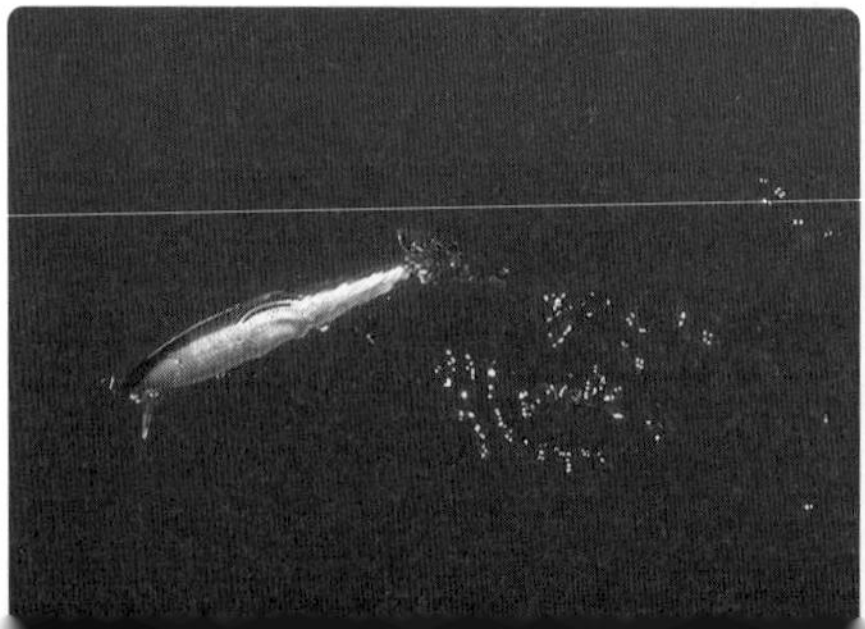

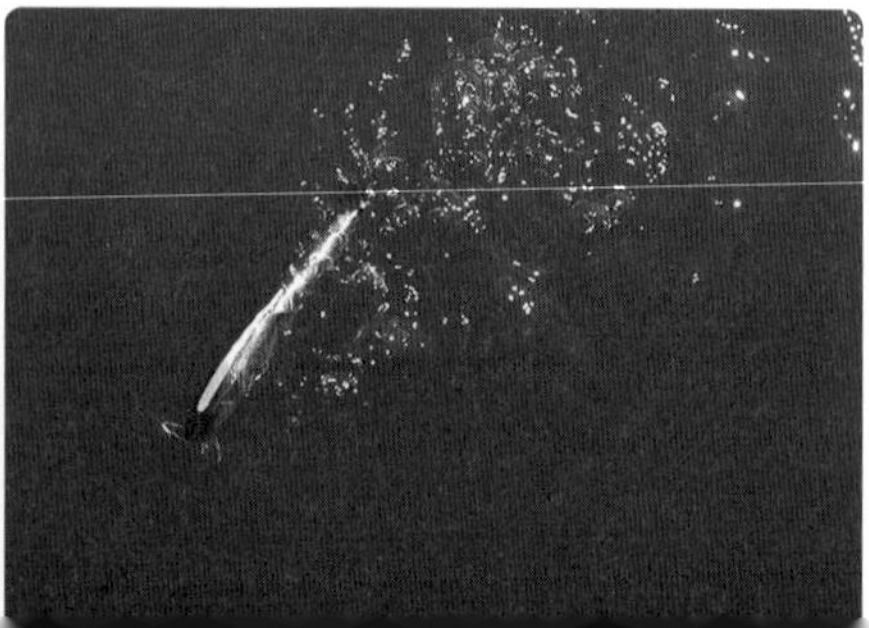

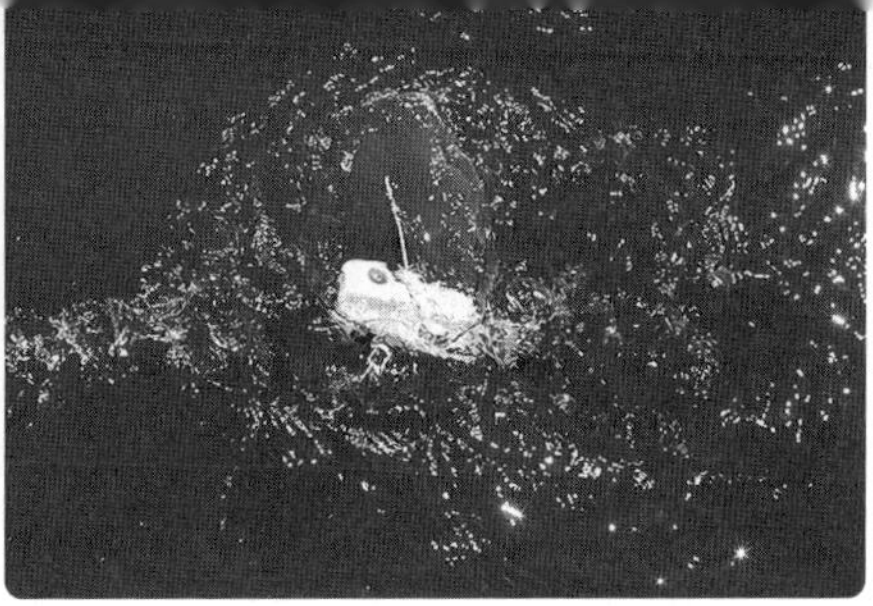

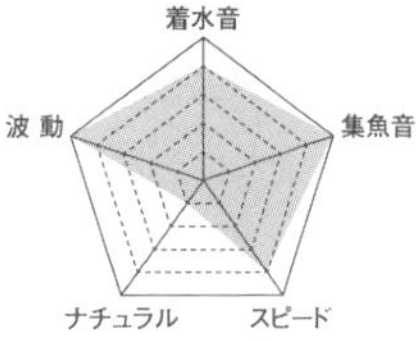

クローラーベイト

「ただ巻きで使うトップウォーターとしては最強」

いわゆるハネモノといわれるジャンル。古くはクレイジークローラーといった名作が代表で、昨今は日本独自の文化で注目される分野だ。

「かなり前から、クローラー系の考え方はふた通りある。ひとつはクレイジークローラーのように両サイドの羽根を活用して手前にこさせず一点の波動で誘う方法。もうひとつはデカダンストーイとかみたいに巻いて使うやり方。ただ巻きで使うトップウォーターとしては最強の位置づけ。バズと同じようにバスにスイッチを入れやすいルアーなんだけど、バズよりもっと深いところの魚をただ巻きで引っ張ってこれる。タフコンディションでも魚に追わせて食わせられる力をもっているよね。波動と金属音はもちろん、デカダンス系はウィングが水中に出たり入ったりすることでフラッシング的な視覚的要素もあるんだよ。バスの気持ちからすると、これがベイトフィッシュのスクールとか、バスに追われてるように見えて競争本能を掻き立てるんじゃない。その証拠に、クローラー系に出るときってほとんどが、一気にひったくるように食ってくるんだよ。バスのアベレージサイズも大きいしね。もっというと、クローラー系は朝夕のマヅメに限らず日中のドピーカンでも食ってきたりするよ」

ノリーズ×アカシブランド／ウォッシャークローラーマッスル

ハネモノはピンスポットでネチネチじらすように誘うイメージが強いが、田辺は速めのストレートリトリーブすることがほとんど。

「最近流行りのマスキー系のハネモノより、もっとガチャガチャ引いてくる。バズベイトか、それよりもちょっと速いくらいのスピードだよね。それだけ速く引いてもちゃんと水を噛むように設計したのがマッスルなんだよ。強さ的にはバズベイトよりも上」

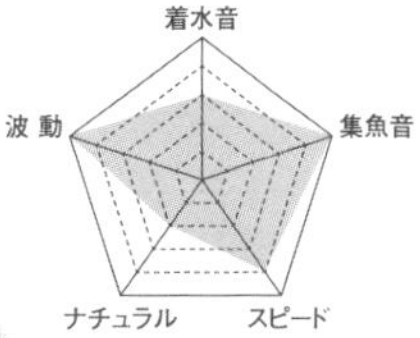

クワイエットファンク／デカダンストーイ

カップ系

クローラーと同じようにオールドファッションでたとえるなら、そう、ジッターバグ系。特徴はなんといっても先端に付属された大きな金属カップだ。基本性能としてはただ巻きによる波動とポコポコ音、さらにシルエットという部分もカップ系トップウォーター唯一無二。水中から水面に浮かぶルアーを想像すればその意味もわかるだろう。

「カップはほとんどがアルミなんだけど水中から見上げるとカップ部分もシルエットとして映るわけだ。だからサイズ的アピールという部分ではかなり大きいよね。シルエットは大きいんだけど、ただ巻きすると波動はそこまで強くないんだよ。ノリーズでいったらウォッシャーとジュピタがこのジャンルに入る。普通なら風が吹いてるほうがいいと思うだろ。けど、俺は風が吹いてるときにはほとんど釣ったことないよ。それだけ弱いってことなんだよね。ただ巻き性能はもちろんいいんだけど、俺がよくやるのはブレイクに絡む杭みたいな縦ストのテーブルターン。これはマッディでも下から引っ張ってくる力がものすごいある。極端にいうと、デカい虫系っていうイメージだと思っていいよ。着水音はそれなりに大きいけど、着水時にダイブしないから、サイズ（ウォッシャーは63㎜25ｇクラス、ジュピタは100㎜25ｇクラス）に反比例して、シャローでも意外と驚かせないんだよね」

その大きさに尻込みしてしまいそうだが、霞ヶ浦水系や高滝ダムといったプレッシャーが高いフィールドでも実績が高い。

ノリーズ×アカシブランド／ウォッシャ ジュピタ

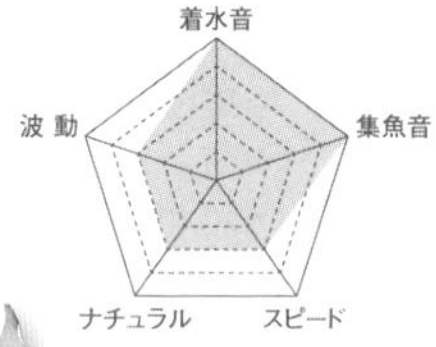

水中目線だとカップまでシルエットとしてとらえることのできるビッグノイジー。テーブルターンの移動距離は極めて小さく、2ｍを移動させる間に12～14回ほどターンさせることが可能だ。ちなみに、ベジテーショントリオのテールに装着されたプロップは、トゥイッチしたときに水しぶきを上げるのと同時に移動距離を抑えるストッパーとしても機能する。

「カスミ水系のアシとかならある程度手前まで引いてくるけど、人造湖の岩盤やカバーだったらその手前2ｍくらいで回収する」

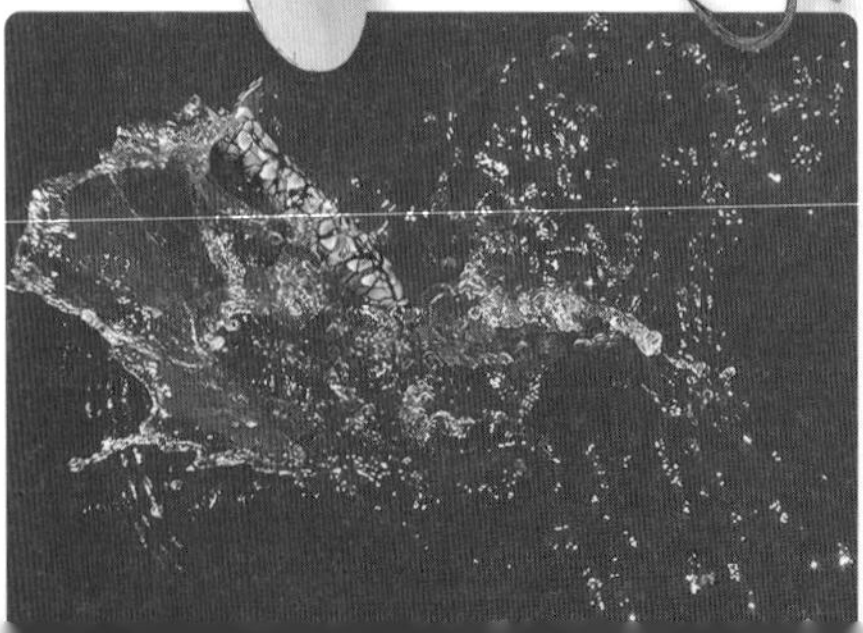

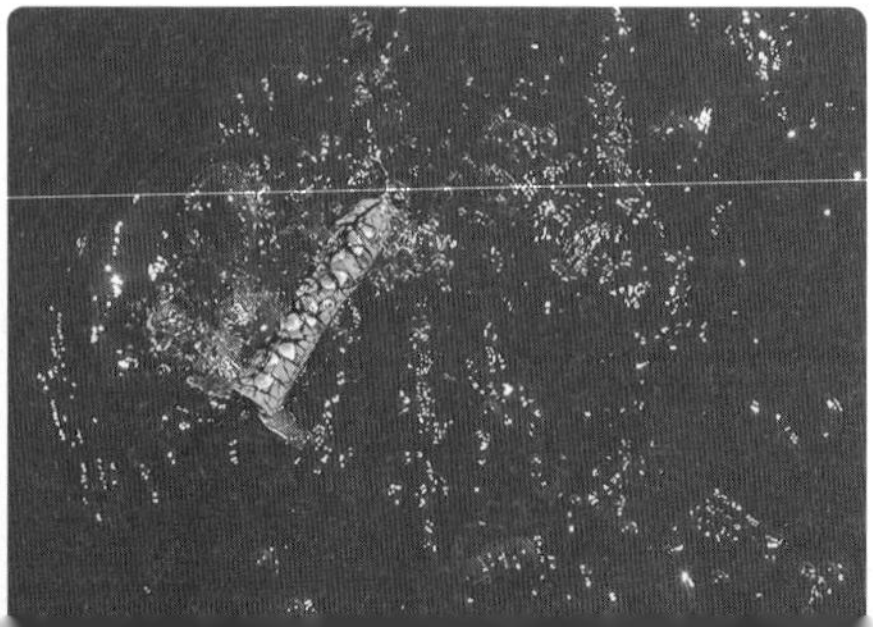

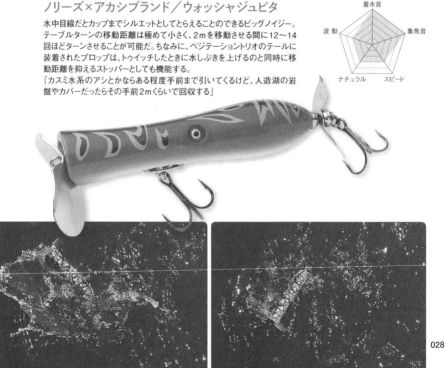

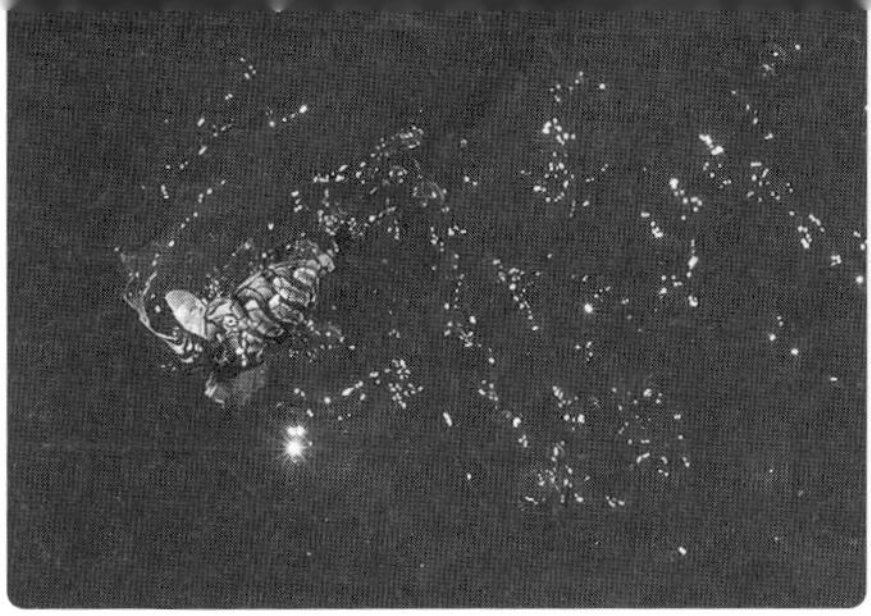

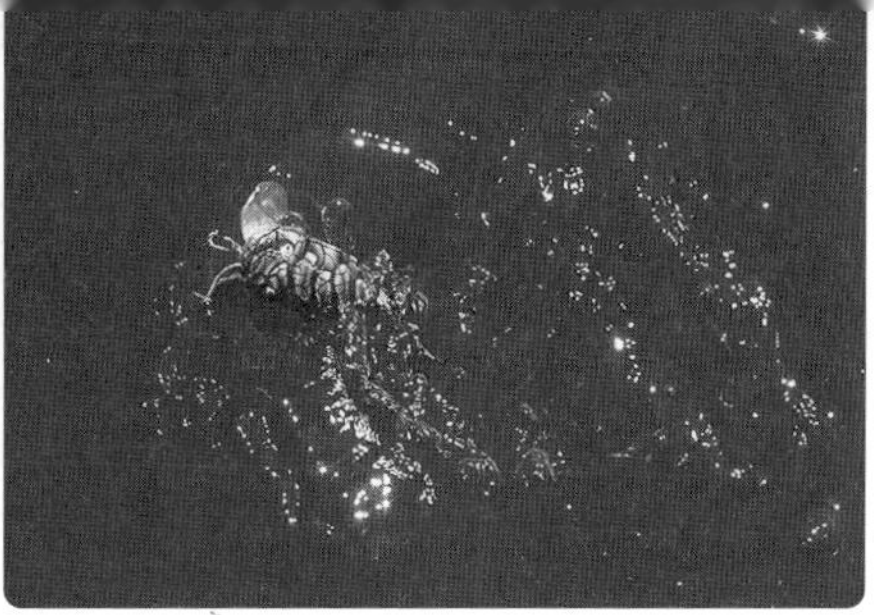

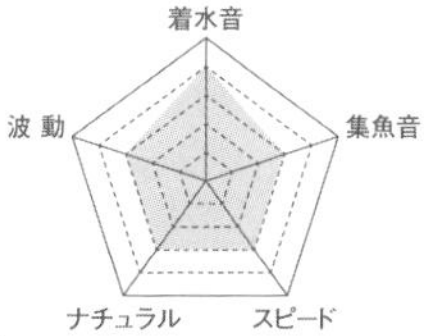

ノリーズ×アカシブランド／ウォッシャー

ストレートリトリーブでカポカポ巻いてくるのが一般的だが、大きめのカップゆえの移動距離を抑えたテーブルターンで誘うことも可能だ。「ウォッシャーは高滝とか亀山のちょっとした岩盤とか竹のレイダウンの先端とかで使うことが多い。ベジテーションの中では着水音も一番ソフトで、極端にいったら大きなムシルアー的な位置づけだな」

「デカい虫系っていうイメージだと思っていいよ」

取材2日目は極めて強い雨に見舞われた。晴れからの雨で水中の溶存酸素が増えると読んでいた田辺はこの雨をポジティブにとらえた。パワーのあるルアーを選択すれば、雨の中でも存在感を出すことはできる。そして連発劇が始まった

■ケーススタディー

梅雨の高滝湖でトップウォーターに連発！

梅雨時のキーは溶存酸素

取材を行なったのは2018年6月下旬の高滝湖。関東は梅雨の最中。取材前日は快晴で、東京では真夏日を記録した。トップウォーターといえば、ローライト、あるいは水面を軽く叩く程度の小雨がベターだと思われがち。しかし、田辺の理論は真逆だった。

「とくに梅雨のシーズンは曇天とか雨が続くとトップウォーターには好ましくないというのが俺の考え方。今回の場合は、前々日まで雨が降っていて、取材前日、取材初日が晴れ、2日目が雨予報なんだよね。俺の考えが間違っていなければ今回の取材スケジュールはベスト・オブ・ベストなんだよ。とくに2日目の雨は釣れてしかるべきだよね。それをたしかめたい」

この取材で田辺が頻繁に口にしたキーワードは溶存酸素。曇天が続くことによりフードチェーンの底辺にあるプランクトンの発生が著しく低下し、水中のアクティベーションも落ちるという。緑が深くなりつつあるこの季節は晴れることで植物が光合成を活発化させ、水中にも酸

カバーとのディスタンスを詰め、ウォッシャジュピタをピッチングでカバー最奥に送り込む

素が供給されるのである。

「昨日あれだけ暑かったからだいぶ光合成していると思うんだよ。この時期の植物性プランクトンはけっこう大事。なんていうんだろうな、ちょっと緑掛かったような水の色に変化するタイミングがあって、この水になると一気に活性が上がってくる。これは調べたわけじゃないから学術的な面では定かではないんだけど、俺の経験ではかなり顕著なんだよね。ヘラ釣りをやっているときにもそう感じたことはあったしね。アオコでもいいんだけど、重要なのは水中に攪拌されず、上層にあるってことだよね。2日間晴れが続けばそれなりに酸素も入るだろうから、その翌日の雨はトップウォーター日和だと思うよ。冷たい雨っていうのだけは気になるけどね」

ちなみに、梅雨が明け盛夏を迎えると雨や風による酸素供給のほうが勝るため、快晴のトップウォーターはマイナス方向へ傾く。

梅雨時のベスト・オブ・ベスト開演！

取材1日目、田辺は本湖の有望個所のようすをうかがい、その後向かったのは養老川。

「本湖でバストしていたのは小型のワカサギねらいのバスだと思う。この時期はオイカワ食いのほうがトップで釣りやすいから深追いしなかったんだけどね」

養老川中流域まで差し掛かると水温が23℃から21℃まで落ち、上流域まで来ると目視できるバスの数も増え、ボイルが起こる頻度も高くなった。

レイダウンでおもむろにウォッシャークローラーマッスルを力強く巻くと激しくもんどりを打ってバスが出た。50㎝はあろうかという魚体が一瞬見えたが、その直後に重さが消えた。

「うわ、デカかったな。けど、これだけ晴れてても巻いたほう

ウッド特有の着水音と強い水押しのアクションで、カバーの中からバスを引っ張り上げる

が食うんだよな。これがマッスルの力なんだよ」

そして、梅雨時は光合成によりバスが活性化する午後からが勝負という宣言どおり、正午を過ぎてウォッシャクローラーマッスルでグッドサイズをキャッチしたのである。

2日目は予報どおり朝から激しい雨に見舞われた。

「風が吹いちゃうと水面が波立っちゃうから操作もままならないけど、雨はまだマシだよ。雨音でルアーの音は消されちゃうけど、それに合わせた強いものを選べばいいだけだからね。晴れだろうが雨だろうが、トップウォーターゲームは魚が上にいるっていうのが大前提。これが沈んじゃったらやばいけど、俺の読みだと今日は昨日よりいいはずだよ」

さらに雨脚が強くなり、厚手のレインギアを着用しても肌寒く感じる。

最初にバイトをとったのは養

上流からの濁った水が直接当たらないスポットで、なおかつインレット絡み。そんなスポットでは高確率で水面が割れた

老川の中流エリア。徐々に流れが増すストレート護岸のストレッチに現われる小さなポケットで、バスがザグバグスリーフックを激しく襲ったのである。その食い方からして、明らかに昨日とは状況が違うことがうかがえる。2尾目は前日にビッグフィッシュをロストしたマッスルだった。さらに、初日にボイル

ウッド素材 ベジテーションシリーズの効力

「やっぱりウッド素材の持つ力、たとえば着水音とか魚を引っ張り出す能力っていうのは別次元なんだよ。もちろん、プラスチックにはプラスチック製ならではのよさっていうのもあるよ。ラトル音だったり水を切るスピードだったり、反射板を入れられるとかね」

今回の取材でもっとも出番が多かったのがウッド素材のウォッシャ、ウォッシャクローラーマッスル、ジュピタのベジテーションシリーズトリオである。

多投したひとつの理由はキャスタビリティーにある。シリーズ最軽量のウォッシャでさえ25gの自重を誇るため、冠水したカバーの隙間にも入れやすいのだ。事実、田辺はガンタージグをプレゼンテーションするかのように、ベジテーションシリーズをピッチングでアプローチする場面がしばしばあった。また、自重が大きいため侵入を妨げる草木を突き破るようにアプローチできるのである。たとえば岩盤から覆いかぶさるまばらな草にピンポン玉を投げてもその中に入ることなく草を滑り水面に落ちるが、ゴルフボールなら草の中に入れることができるのと同じだ。それでいて、ウッド素材ならではのナチュラルな着水音で寄せる力を持ちあわせる。

「発泡素材もそうだけど、ウッド素材の着水音は独特だよね。言葉で表現するのは難しいけど、ボディー全体で優しく水面に当たる感じが絶妙なんだよ。それに加えてハネモノとカップモノは着水のときに金属パーツが開いてるっていうのも、やわらかい着水音につながるよね」

「今日はベスト・オブ・ベスト」という田辺の予想通り、2日目はバスが次々と水面を割った。結果、グッドサイズばかりを6尾キャッチ

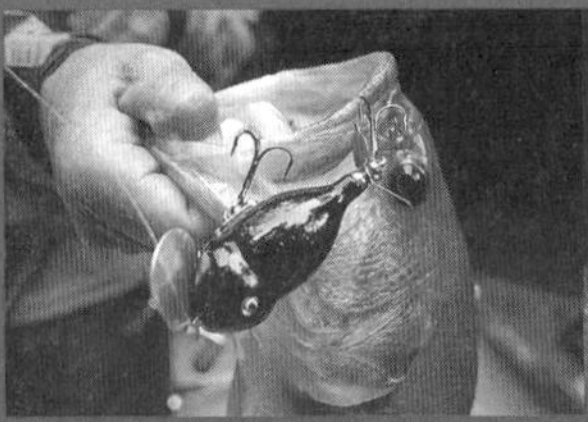

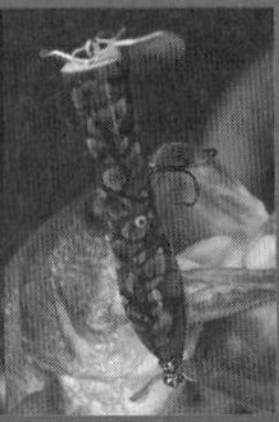

フッキングから考察する バスのポジショニング

田辺はバスをキャッチするたびに、フックの掛かり方からそのバスがどのようなポジショニングだったのかを推測する。クランクベイトやジグといった水中にあるルアーの場合は、後方から追尾して食ってくることもあれば、上から押さえつけるようにくわえることもある。ところが水面に浮いているトップウォーターの場合は横方向か下から突き上げるしかない。

「俺はフロントフックがどこに掛かってるかっていうのを気にするね。下アゴに掛かっているときは垂直方向に突き上げてくるような食い方をしていることが多いし、テールフックが上アゴに掛かってときは追わせていることがほとんどなんだよ。

フッキングを注視することで岩盤の直下に浮いているとか、ちょっとレンジが深いのかといったことを推測できる。ちょっと深いならポッパーとかジュピタみたいな移動距離の短い、強めのトップでポーズを入れながら誘ったりすることで釣果が伸びたりするんだよ」

最大魚となる50.5㎝はマッドライン+流れがプロテクトされた崩落エリアでウォッシャにヒット

が頻繁に起こっていた上流エリアでは1本目と同条件のポケットで3尾目となる45㎝アップをトリプルインパクトでキャッチした。ここまでの3尾に共通するのは流れが直接当たらないスポットのインレット絡み。また、ストライクは威勢がいいものの、速い動きには反応がいいわけではない。トリプルインパクトもウェイクベイトとしてではなく、ダイブ&ポーズの繰り返しにアタックしてきたのだ。

しばらくすると上流から濁った水がジワリジワリと下りてきて、そのころから反応が悪くなってきた。濁りの集合体を追い越すように下流に下り、釣りを再開して間もなく、竹のレイダウンの隙間に入れたウォッシャジュピタに激しいバイトがあったが、これはフッキングにいたらなかった。だが、その直後に流れを避けるポケットでウォッシャーが水中に消し込められた。この日の法則性が見事に重なる、パーフェクトといえるスポットでのヒットだった。

「完全にパターンだね。ちょうどここだけ崩落跡のポケットになってるんだ。しかも周りのカバーがフィルターになって内側だけ水がいいんだよ。トップならこのワンライン、あとはフリップ以外手の付けようがないだろっていうところで食ってきたよ」

撮影を終え間もなくすると濁りが上流から迫ってきた。濁りを追い越し追い越されを繰り返すロケーション展開で、さらに田辺はウォッシャーでダメ押しのグッドフィッシュをキャッチした。

「ただ単にマッドラインっていうのじゃなく、昨日ガブガブやってたところとか、ベイトを見たエリアで反応がいいよね。それと流れが強いエリアのインサイドっていうのもキーだろうね。そこしかバスが逃げようがないんだろうな」

ショートロッドにこだわったタックルセレクト

今回の取材で田辺は6本のロードランナーを用意し、うち4本は6ft3in以下のショートロッドだった。アキュラシーとパワー、それに操作性がその基準となった。

「ベジテーションシリーズに付いているような＃4とか＃2のトレブルフックを貫通させるにはそれなりのパワーが必要だし、かといって硬すぎたり長すぎたりするとアキュラシーを犠牲にしちゃうから、そこらへんのバランスが重要だよね。

もうひとつは、ポッパーとかカップ系は常に低い位置でラインをコントロールしないと水面から飛び出ちゃうから、必然的にロッドを下げる。となるとショートロッドになる。バスボートだったら6ft5inくらいでも問題ないけど、レンタルボートだったら長くてもせいぜい6ft3inくらいまでだな。ロングロッドはラインスラックを使いながらロッドを立てて使いたいビハドウとかウエイクプロップ用」

●ザグバグツーフック、ビハドウ80用
ロッド：ロードランナーヴォイスハードベイトスペシャルHB630LL
リール：カルカッタコンクエスト50DCクラス、SLX70、メタニウムなど　**ライン**：10Lb

●エビガエルハード、ザグバグスリーフック用
ロッド：ロードランナーヴォイスハードベイトスペシャルHB600L
リール：カルカッタコンクエスト100DC、メタニウムなど　**ライン**：14Lb

●ビハドウ110、レイダウンミノー・ウェイクプロップ用
ロッド：ロードランナーヴォイスLTT650M
リール：カルカッタコンクエストDC100、メタニウムなど　**ライン**：12Lb

●ウォッシャ用
ロッド：ロードランナーヴォイスハードベイトスペシャルHB630M
リール：メタニウムMgDC
ライン：16Lb

●ジュピタ用
ロッド：ロードランアーヴォイスLTT630MH
リール：メタニウムMgDC
ライン：16Lb

●ウォッシャクローラーマッスル用
ロッド：ロードランアーヴォイスLTT680MH
リール：メタニウムMgDC
ライン：16Lb

※ロッドはすべてノリーズ、リールはシマノ、ラインはシーガーR18フロロリミテッド（クレハ）

フカベイト
（ノリーズ×アカシブランド）
全長＝80㎜
自重＝30gクラス

1ｍほどフカベイトを追尾した後にたまらず食いついた40㎝アップ。「フカベイトは追尾してテールを食ってくることが多いから、下手にいなすよりも抜き上げちゃったほうがキャッチ率は高いんだよね」。実際このバスも抜き上げた直後にテールフックが外れた

Ｉ字系縦波動トップウォーター「フカベイト」

バスルアーは歴史が古いだけに、新たなジャンルが生まれることは近年稀であるが、田辺の探究心は常にそれを求めている。そしてたどり着いたのがI字系縦波動のフカベイトだ。

「簡単に言っちゃえばボディーを上下に動かすってこと。トップウォーター専門ブランドのなかにはでっかいプロップをフロントに付けたラウンド形状のスイッシャーとかがあって、それも縦波動系にカテゴライズされる。ビッグプロップが一回転する振動を利用してボディーが上下に揺れるタイプだよね。あの手のスイッシャーはブルブル引くのではなく、ゆっくり引いて上下にバウバウさせるんだけど、これが縦波動のヒントになった。

チェイスしてくるバスをどうにか食わせられないかな、ってやっていくうちにブレードが左右に反復運動することによって発生する動きが効くことに気づいたんだよ。風には弱いし、浮きゴミが引っかかったら動かないし速巻きにも向かないし、決して器用なルアーではないんだけど、状況によっては最強トップウォーターになる。

ちなみに、専用設計のフカブレードをスピナーベイトに付けても回らないよ。バスボートのエンジンペラが１枚欠けているようなもので、振動に特化させてあるからね」

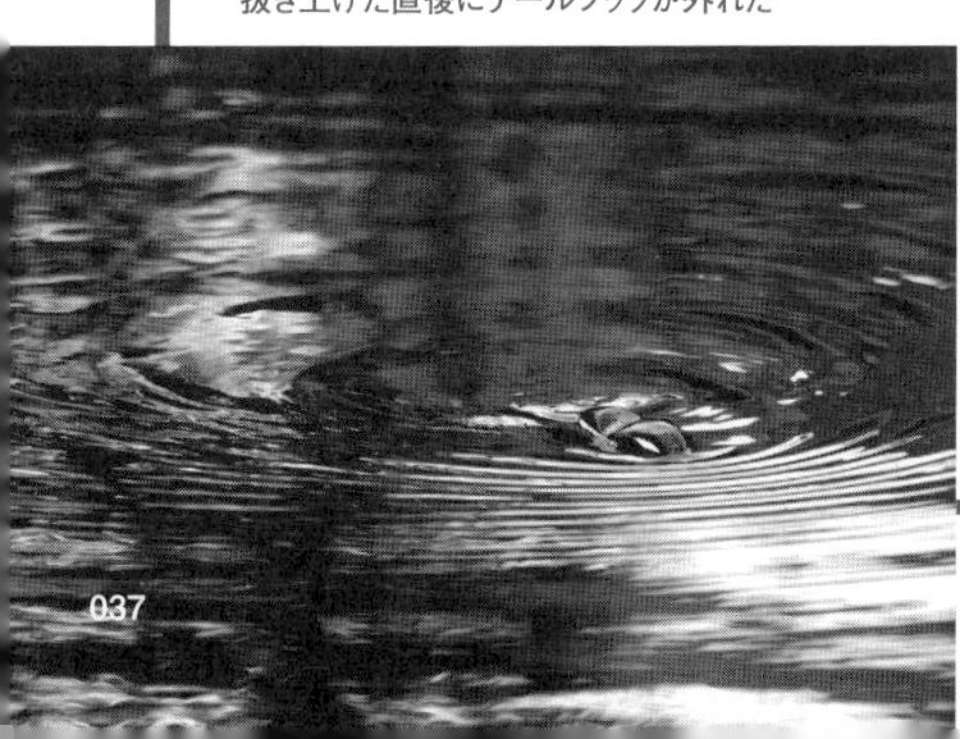

左／ボディーをわずかに左右へ揺らしながら下方向にも水を押す。ブレードがボディーに当たらないくらいの速度が適正だ

第一章　ハードベイト編

第2部
バズベイト

**ワイヤーにプロペラが取り付けられたバズベイトは
バスルアーのなかでも極めて奇天烈な部類である。
シンプルな構造ではあるがペラのサイズや出しどころを間違えなければ
計り知れないポテンシャルを発揮するトップウォーターなのだ。**

「バズベイトを最初に考えた人間は天才だよね」

田辺がバスフィッシングを始めた40数年前には、すでにバズベイトが存在したという。まだソフトプラスチックルアーも存在しない時代のことだ。日本のバスフィッシングも発展途上の過程で、ルアーを購入するのも一部のプロショップ、あるいは個人輸入に限られていた。当時の日本でバズベイトといえばインラインタイプにバックテール（牡鹿の尾毛）やリビングラバーが装着されているものが主流だった。現在のように上下にワイヤーで構成されたものとは違い、ファストリトリーブではボディーが回転し、スローではI字系に近い弱波動で直進する、お世辞にも使い勝手のいいものではなかったようだ。

「当時のバズは2本のワイヤーガードが付いているものが多かったね。今思うとジョンソンのシルバーミノーに代表されるリリーパッドを引くウイードレススプーンにプロップが付いているものがあって、時代背景の前後は定かじゃないけど、もしかしたらそこからの派生なのかもしれないね」

調べたところ現在主流の上下にワイヤーが別れたタイプは70年代後半にランカールアー社

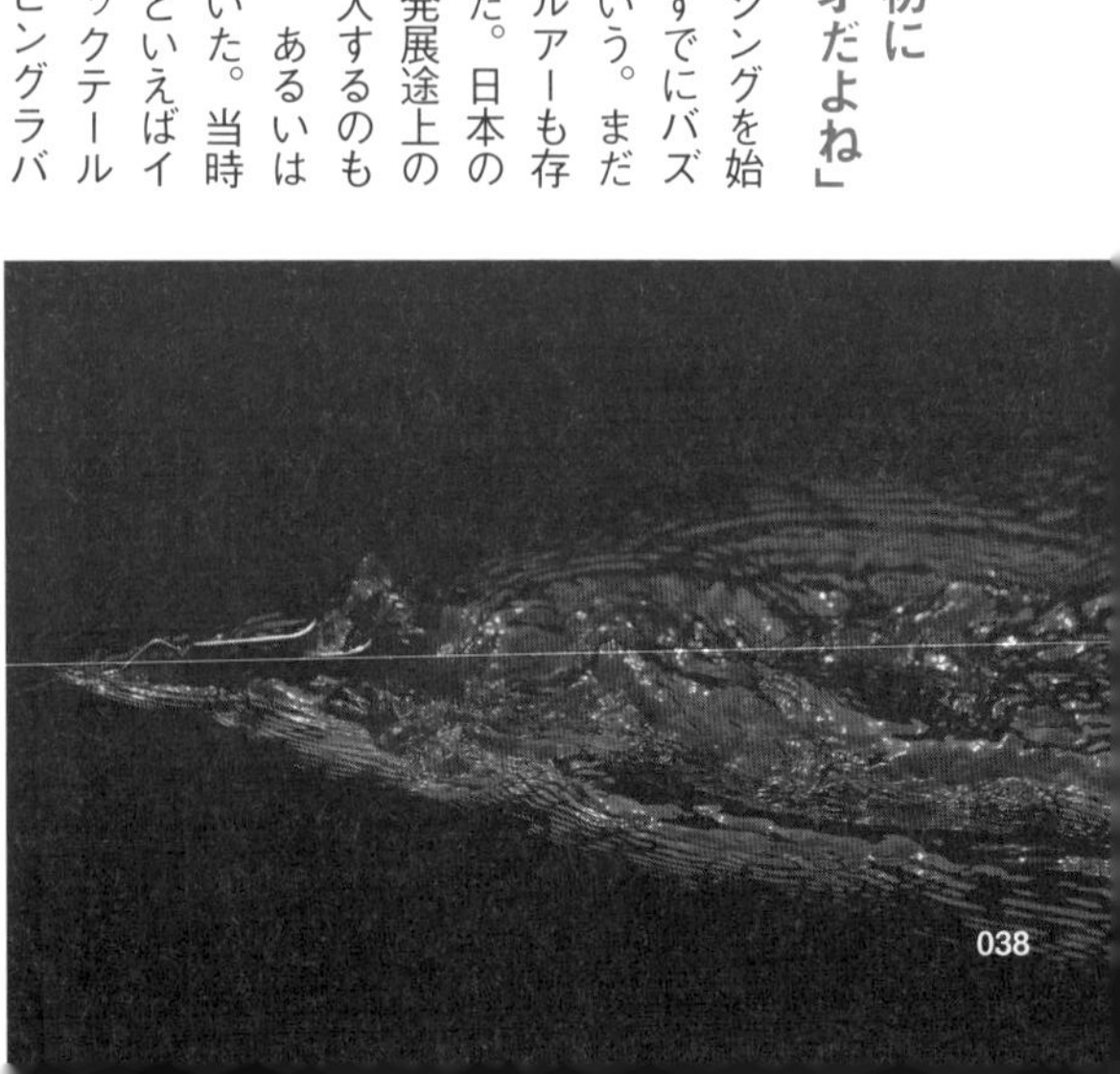

が最初にリリースしたとのこと。いずれにせよ、不思議なルアーであることにはかわりはない。スピナーベイトならブレードがベイトフィッシュを模すると説明もつくが、バズベイトの場合は理解不能である。百歩譲ってプロップの反射がフラッシング効果をもたらすとすれば、定番のブラックプロップは意味をなさないことになる。

「おそらく回転体の波動が捕食スイッチを入れやすいんだろうね。ベイトが逃げるときの波動に近いんだと思う。現にやる気のあるバスほどペラを食いにくるから。スピナーベイトも同じだけど、引っ張り出せる強さを持ち合わせるっていうのがバズベイトの絶対条件。人間サイドからしてみれば逸脱したスイッチを持ち合わせたルアーだから、他のトップウォーターが効かないときでも釣れることが多々ある。もちろん捕食モードの魚のほうが釣りやすいんだけど、真夏のドピーカンでも魚にスイッチを入れられるトップウォーターでもある。真冬は例外だけど、バスが追うことのできる水温であれば時合や天候に関係なく投げてみるべきルアーだよね」

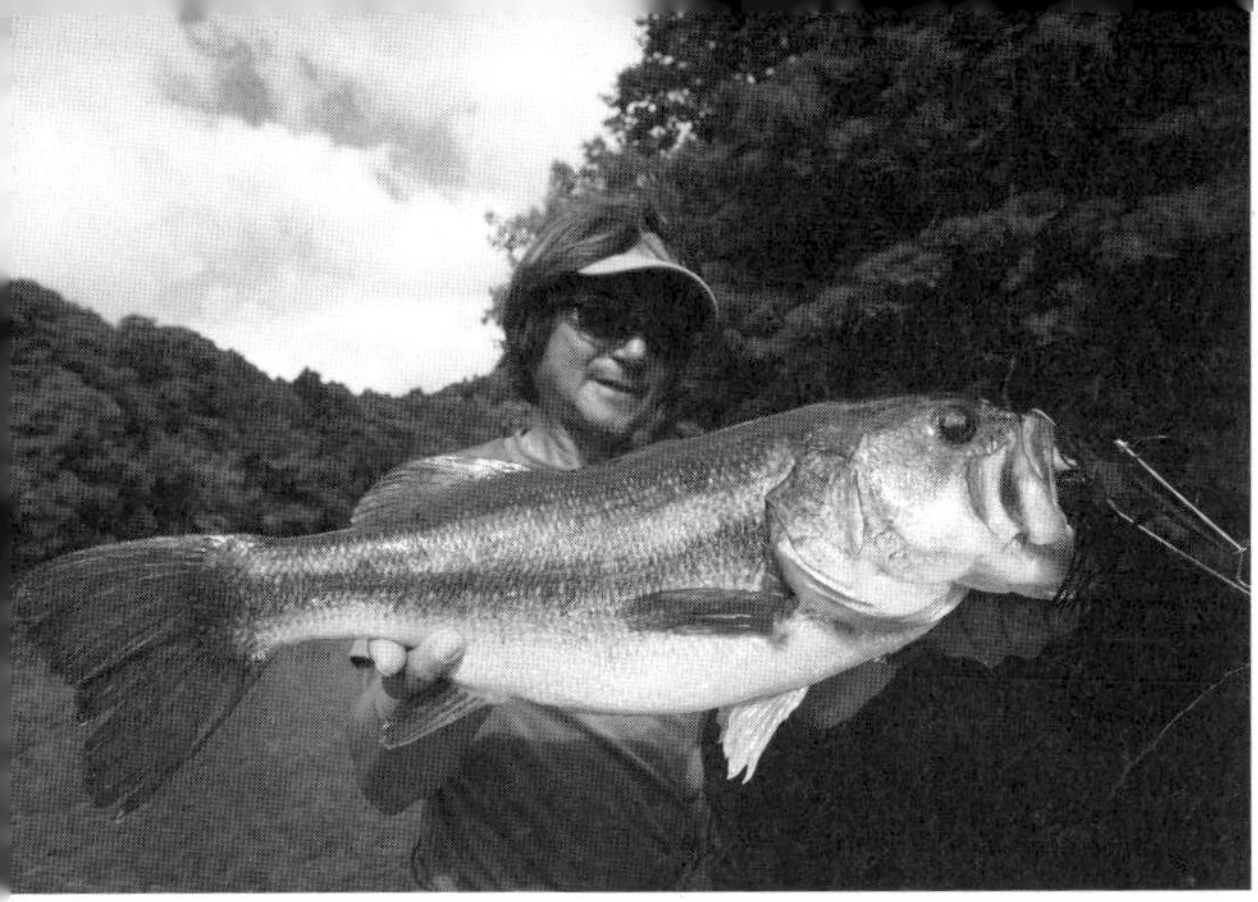

真夏のドピーカン、ほかのルアーでは手も足も出ないバスにもスイッチを入れられるのがバズベイトだ

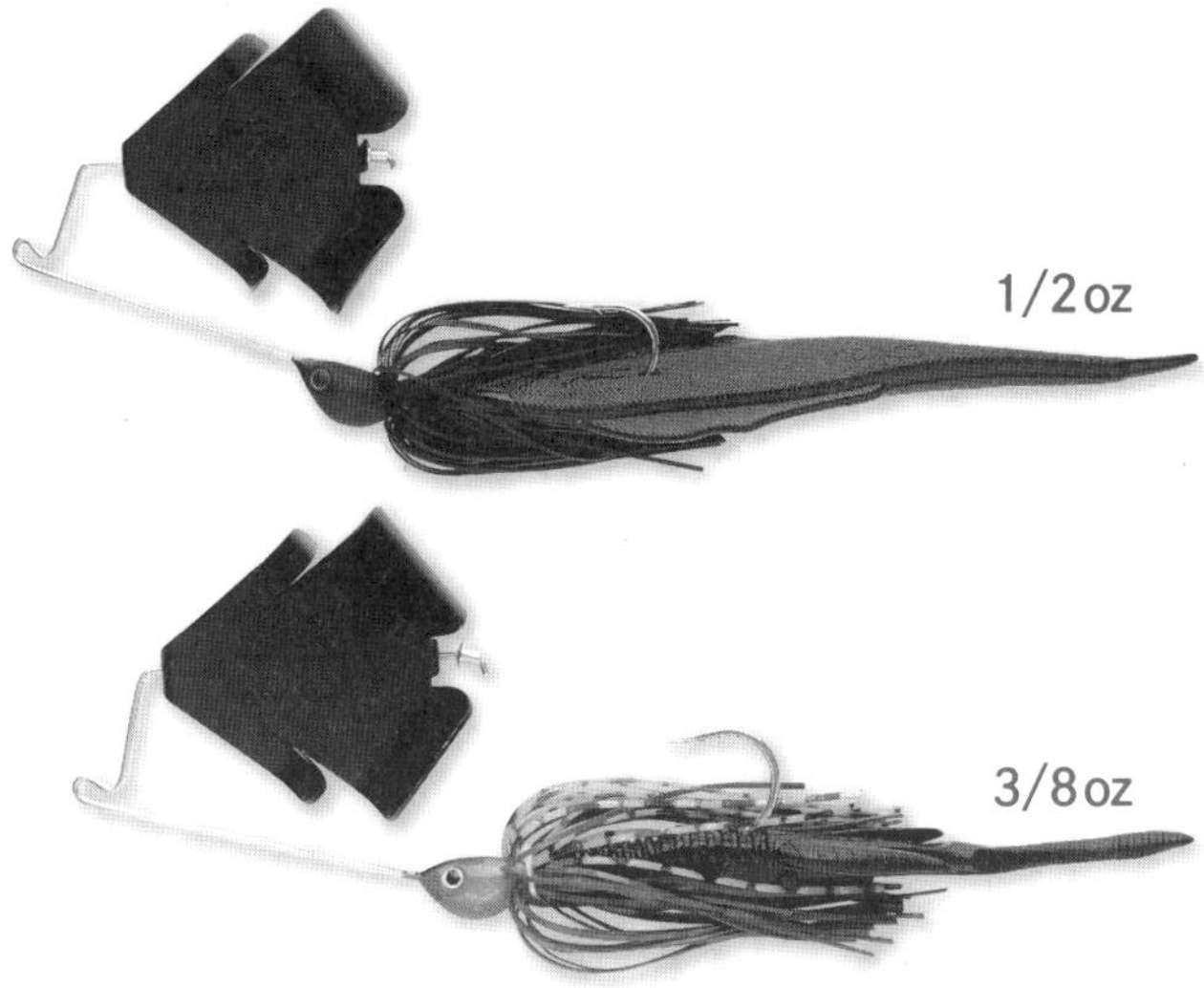

ボルケーノグリッパー（ノリーズ）

ノリーズが誇る人気バズベイト。ひと際目を引くのがその特徴的なグリッパーブレードだ。通常のプロップは最後尾のアールが水を噛み、はじめて水を撹拌するのに対し、グリッパーブレードはより速く水を捉えることで立ち上がりを極限まで高める。水噛みがよくなったことでスローリトリーブでも水面をキープしやすいデザイン。サイズ展開は2タイプで、3/8ozは#50、1/2ozは#55のペラを搭載。ベースとなるのは3/8ozだが、バスとの距離が遠い場合いや濁りがきついときには1/2ozを田辺は選択する。

「同じボディーのクランクでワイドリップとスモールリップを使い分けるのと同じ感覚だよね。すべてのバスに共通することなんだけど、魚を釣ったりぶつけてワイヤーの角度が変わっちゃったりするとまっすぐ泳がなくなるから、オリジナルの角度を記録しておくといいよ。引いてて傾くようであれば、傾いた側にペラを曲げると修正できる。それと、リベットと接触するペラの接触面、さらには、ペラの回転穴が接触するワイヤー部分に中目くらいの平ヤスリを斜めに当てて少しだけ削ると数投できしみ音が出るようになる」

ビッグトレーラーは視覚的効果よりも浮き上がりを早くするための装置として機能する

バズベイトのトレーラーがもたらす意味とは

昔はワイヤーベイトのトレーラーといえば細身のツインテール、あるいはスプリットテールといわれるものが主流だった。ニュアンス的にはシルエットをよりベイトフィッシュっぽくさせる視覚効果が目的だった。しかし、田辺はやり込むほどにトレーラーの意味がそうでないことを痛感。

「今どきのトレーラーの考え方って、どの魚に合わせて調整すべきか、っていうところだよね。普通に巻いて食うのであればトレーラーはいらない。一番のメリットは浮き上がりのよさ、つまり着水と同時にペラを回転させられること。リザーバーのスティープな岩盤についてる魚であればとくに有効だよ。イメージ的には最初の（リール）3巻きで食わせる感じ。要はいかに短いストライクゾーンでゆっくり巻くことができるかだよね。トレーラーが小さすぎると立ち上がりが遅れちゃうから、レディーバランスのような、ある程度のボリュームが必要なんだよ」

いわゆる点の釣りである。ビッグトレーラーワームは、岩盤に沿って浮いているバスをテリトリー内で食わせるためのスパイスアップといったところ。また、ビッグトレーラーを付けることで着水音がナチュラルになるのも利点といえる。

「逆に琵琶湖とか牛久沼のパッドやパラガマみたいに線で引く

レディーバランス（ノリーズ）

バズベイトやチャターベイト系のトレーラーを想定してデザインされたスティックワーム。「最近よく感じるのは、動きの大きい大型トレーラーをビッグフィッシュが好んで食うことが少ないんだよ。レディーバランスはそこに着目してボディーはクネらないように、テールだけが振動するように設計してある。だからフラチャットにつけてもスピナーベイトにつけても、元々の動きを相殺しないちょうどいいバランスなの。両サイドのウィングは着水音をソフトにして一定のレンジを引きやすくするための設計。もちろんノーシンカーでソフトジャークベイトとして使ってもワークするよ」

ときは、ある程度の距離を追わせるから、基本的にはトレーラーは不要だよね。もちろんボリュームがあったほうが反応はいいとか、ベイトフィッシュっぽいシルエットのほうがいいこともあるけどね。

　ちなみに、トレーラーフックに関しては出るけど乗らないとか、産卵から回復してやっとルアーを追えるようになったとか、よっぽどのコンディションじゃないとあまり使わない。しいて言うなら速めのリトリーブで線の釣りで使うバズベイトやミニバズにはいいよね」

バズベイトが奏でる音と強さの使い分け

　バズベイトが発する音で最初に連想するのはクラッカータイプやノッカータイプである。クラッカーというのはアッパーアームとロウアーアームの間に可動式のブレードを設け、ペラが回転して接触することによって音が出るタイプだ。ノッカータイプはペラがヘッドに接触することにより甲高い音を奏でる。プラグに置き換えるならどちらもハイサウンドラトルといったところで、ポピュラーではあるが、一辺倒に固執してしまうと獲れるべきバズベイトフィッシュを逃すことにもなる。

「クラッカーやノッカータイプのバズは、どちらかというと線の釣りに向く。ウィードレイクやベジテーションが広がるエリアで離れた魚にも気づかせるためだと思っていいよ。深いところから引っぱってくるというよりは、横に散っているバスを拾っていくタイプ。個人的には日本のフィールドでは出番が少ないかな。単にそういうフィールドが日本に少ないっていうのもあるんだけど、音が強すぎてバスがおびえちゃったり、音に対して学習して釣りにくいっていうのもある。それよりはグリッパーみたいに水押しの強いほうが、とくに亀山とか相模湖みたいなハイプレッシャーレイクには向いているよ」

　もうひとつ重要なのが、ペラが水面を掻き回す音。一般的なペラは金属製の2枚タイプなわけだが、その中でも素材や形状

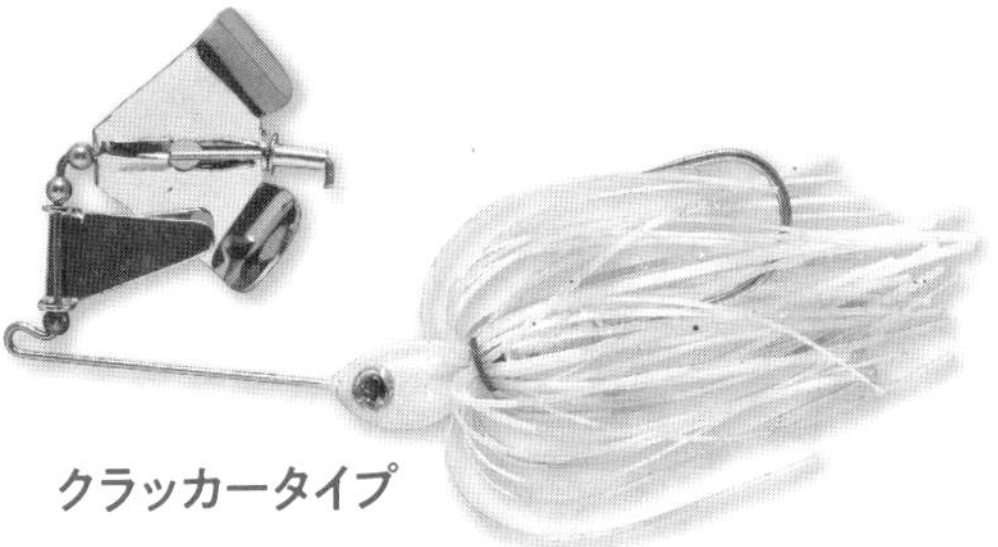

クラッカータイプ

ノッカータイプ

大音量を奏でるクラッカーやノッカータイプのバズは広い範囲からバスを引き付ける「線」の釣りに向いている。アピール力は強いが、それがバスに嫌われることも多い

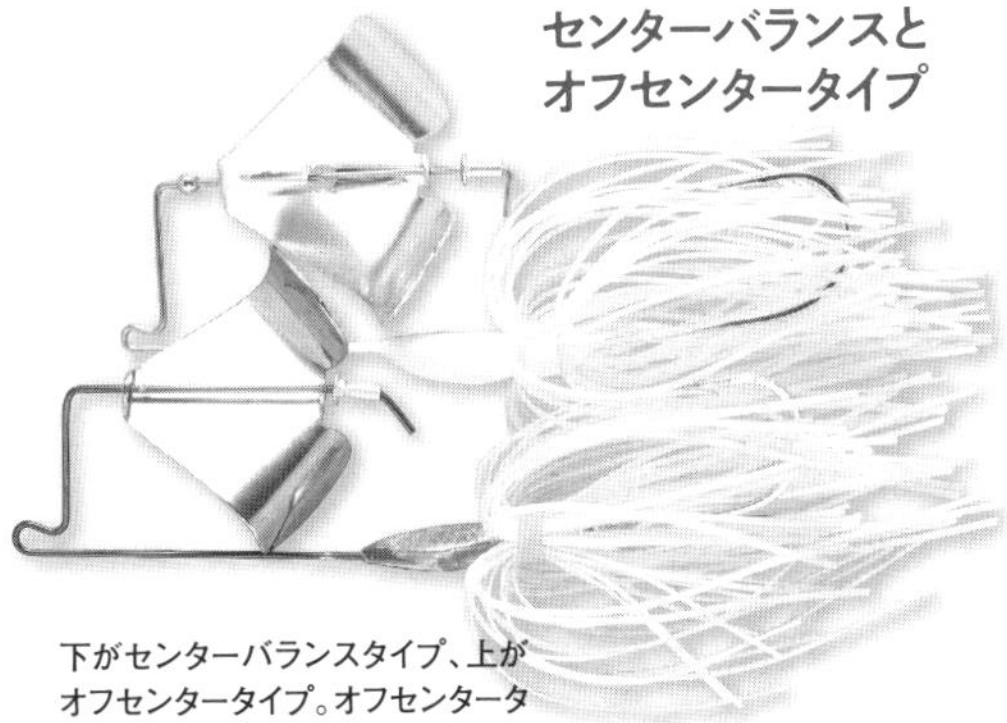

センターバランスとオフセンタータイプ

下がセンターバランスタイプ、上がオフセンタータイプ。オフセンタータイプは滑らかに回転しづらい反面、バイブレーションが強くなる

ボルケーノⅡバイトサイズ(ノリーズ)

いわゆるミニバズと呼ばれる1/4ozサイズ。他のカテゴリーではルアーサイズを下げることで反応が上向きになることも多々あるが、ことバズベイトに関しては、それは当てはまらないようだ。「出しどころとしてはスピナーベイトを引いて5〜6cmの小ベイトがピチャピチャ跳ねるようなところ。そこでスピナベにもノーマルサイズのバズにも反応しないときにチビバズがハマったりすることはあるよね。かなりシチュエーションを選ぶんだけど、スモールペラだからこそ釣れる魚がいるのも事実。だけど総体的に見ればノーマルサイズのバズには及ばないから、埋もれちゃうんだよね。メーカーとして生産ラインに乗せるためには、もっとみんなが理解してバズを適材適所で使い分けてくれることだよね」

ボルケーノⅡ(ノリーズ)

初代ボルケーノのペラの厚みやワイヤーの長さを改良してリファインされた、進化したオーソドックスバズベイト。『グリッパーの時合が終わった直後』『無風で魚との距離が近いとき』『沖のボイルフィッシュ』『減水シャローフラットの赤土バンク』『産卵直後のメスを無理矢理拾う』。「ちょっと考えただけでもボルツー(ボルケーノⅡ)が活躍するシチュエーションっていくらでもあるよね。簡単に言えば強すぎるバズがNGな場面ってことだよね。グリッパーを作ってなければ、いまだにボルツーばっかり投げているだろうな。それだけ完成度の高いバズだよ」

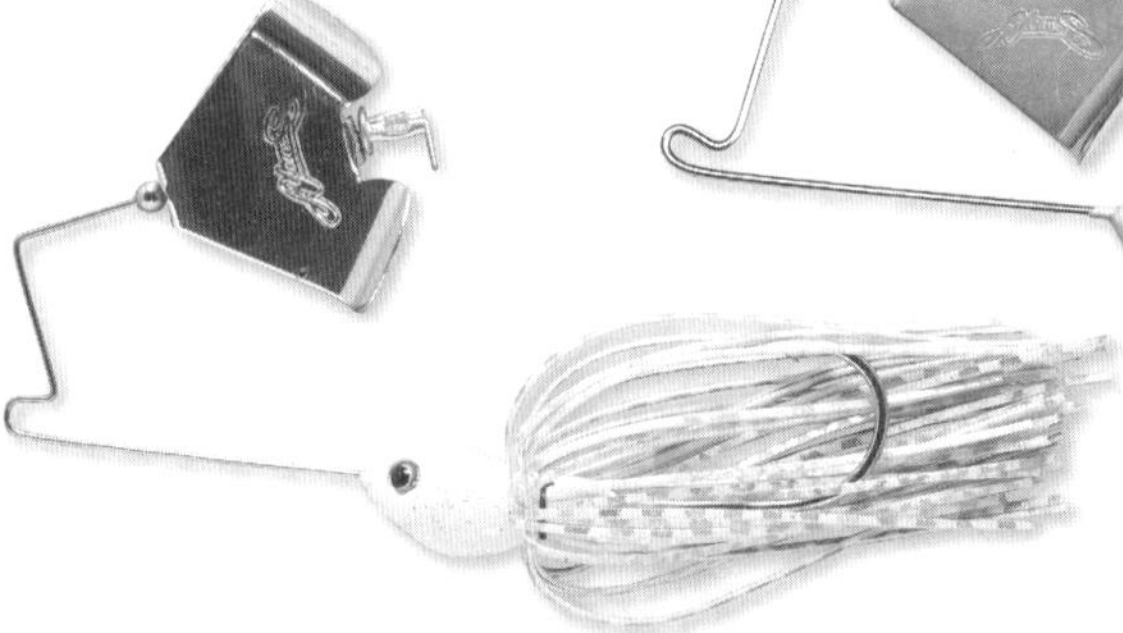

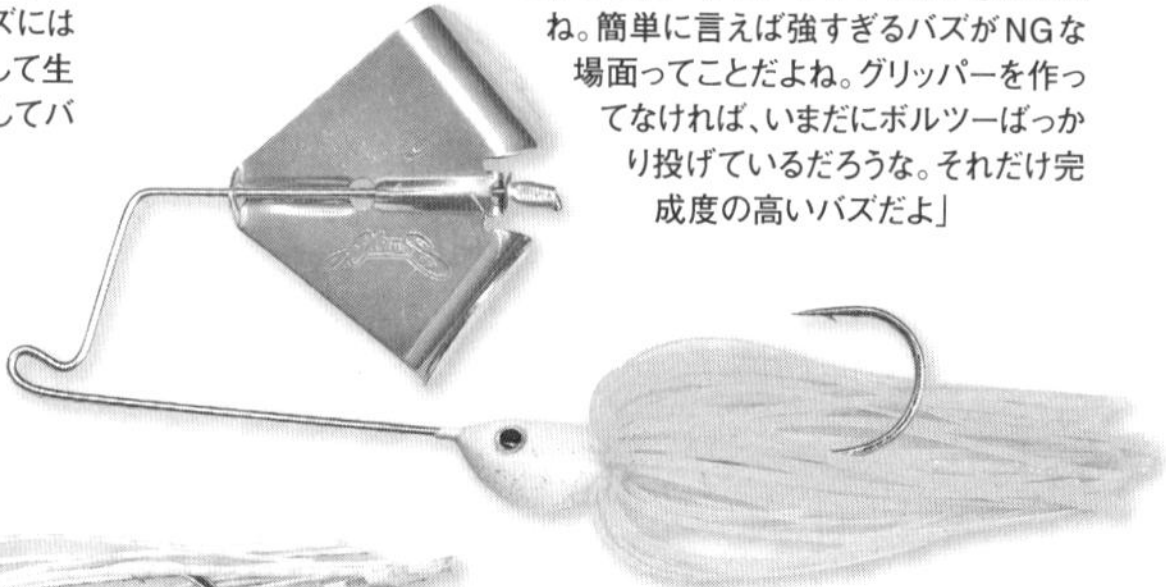

TACKLE DATA

●ボルケーノグリッパー1/2oz
ロッド:ロードランナーLTT680H
リール:メタニウムDC HG
ライン:シーガーR18フロロリミテッド16Lb

●ボルケーノグリッパー3/8oz
ロッド:ロードランナーLTT680MH
リール:メタニウムDC HG
ライン:シーガーR18フロロリミテッド16Lb

●ボルケーノグリッパー1/2oz
ロッド:ロードランナーHB680M
リール:カルカッタ・コンクエストDC
ライン:シーガーR18フロロリミテッド14Lb

●ボルケーノⅡバイトサイズ
ロッド:ロードランナーHB630L
リール:カルカッタ・コンクエストBFS HG
ライン:シーガーR18フロロリミテッド12Lb

※ロッドはノリーズ、リールはシマノ、ラインはクレハ製

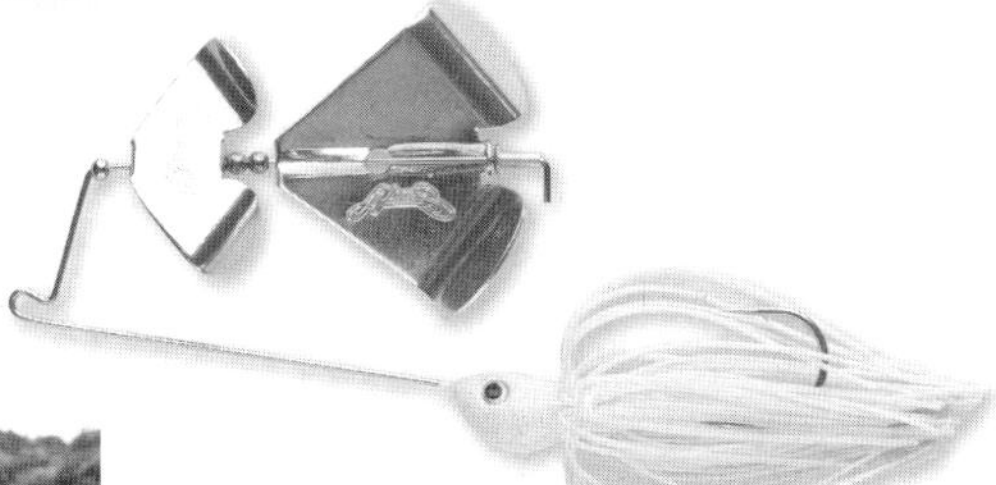

ボルケーノDB(ノリーズ)

「直進性という点では一番なんだけど、ダブルペラにはひとつ欠点があって、ゴミが絡むとものすごい外すのが面倒なんだよ。クリアウォーターでよく釣れるんだけどね」

によっても違いがある。

「例えるならグリッパーはジョボジョボ、ゲーリーのジャンボバズなんかはパタパタ系。水押しでいえばグリッパーのほうが強いんだけど、音が響き渡るのはパタパタ系。水押しの強さの目安は単純にペラの大きさに比例すると考えていいよ」

一般的なバズベイトのペラはセンターバランス設計だが、なかにはボルケーノグリッパーのようにオフセンター設計もある。オフセンター設計の意図は回転軸を故意にずらすことによって撹拌力を強くしていることが多い。同サイズのペラで比較するとわかりやすいが、センターバランスはスムースに回転するのに対し、オフセンターバランスは少しだけ滑らかさに欠ける。当然、オフセンタータイプのほうがバイブレーションも強く、ヘッドに伝わる振動も大きくなる。

「他にもインラインとか2枚ペラとかトリプルウイングもあるけどね。プラスチック製の3枚ペラはエレキのペラといっしょで音も控えめでトルクも落ちる。力を弱くしてバズベイトを使うのは極めて特殊な状況だから、俺の中では出番は減ったね」

ロッドを立てて引いた時のラインのたるみの出しやすさ、ブレードの負荷がかかった状態でのフッキングのしやすさを考慮し、よほどキャストアキュラシーが求められる場面以外は、やや長めかつ強めのロッドを選びたい

バズベイトのロッドはやや長めが正解

バズベイトのポテンシャルを最大限に引き出すためにはロッド選びも重要なところ。最大のポイントはラインをややたるんだ状態で巻くこと。ラインテンションを緩くすることでペラの水噛みがよくなるばかりか、吸い込みむときに魚へ違和感も与えにくい。となるとロッドレングスも必然的に長めを選択することになる。

「バズベイトの場合はスピナーベイトと違ってアワセた時にペラの水圧も掛かるから若干強めのほうがいい。理論は大型のトップウォーターと一緒。1/2ozグリッパーならLTT680H、ビッグトレーラーを装着するならパラボリックヘビー(LTT690PH)くらい強いほうがいいね。速巻きのときは逆にノリ重視のHB680M、ノーマルサイズをスローに引くことを前提にするなら、太いナイロンを使うのもアリ。太くすれば伸びもないからちゃんとフッキングが決まるよ」

第一章 ハードベイト編

第3部

フロッグ

フロッグの魅力はカバーゲームとトップウォーターを
同時に楽しむことができるところ。
コミカルで愛くるしい表情とは裏腹に、
攻撃的かつ極めて実践的なカバー特化型ルアーである。
そして田辺のフロッグゲームもまた実践的だ。

田辺哲男のフロッグ流儀

　フロッグゲームと聞くと特殊なシチュエーションを連想しがちだが、実はフロッグに適したフィールドは全国どこにでも存在する。霞ヶ浦水系に代表されるフラットランドレイクはもちろん、リザーバー、野池、リバーフィールド……。駒として会得しておけば必ずどこかのタイミングで出番があるはずだ。

「元をたどるとフロッグ＝カエルではあるんだけど、俺のなかではその概念を持ち合わせていない。たしかにカエルに寄せたルアーではあるけどね。そもそもの用途としてはリリーパッドや水面まで伸びたウイードの上を器用に引くことができるウイードレストップウォーターベイトなんだよ。

　その昔、フローティングカバーの上を引くことができるルアーの代表格としては、ウイードレススプーンがあったよね。スプーンは止めると沈むけど、中空フロッグはボディー内に空気が入っているからポーズで誘うこともできる。ウイードレススプーンはフッキング率がよくないこともあってフロッグのほうが使い勝手がいいとも言えるよね。中空フロッグもトレブルフックが付いたハードボディーのトップウォーターに比べたらフッキング率は劣るけど、それでもまだシングルフックのウイードレススプーンよりはましだったよ」

　フロッグのなかにはワーム素材やエラストマーのモデルもあるが、ここでは中空タイプにフォーカスする。一般的な中空フロッグは塩ビ素材の類のソフトボディーで成形され、腹面に重心を持たせダブルフックないしはシングルフックがボディー上部に沿うように装備されている。構造上、常にフックが背面にあるためウイードレス効果が高いのだ。バスが噛むことによりボディーが潰れ、ハリ先が出てフッキングする仕組みだ。

あらゆるベイトに化けるのがフロッグだ。取材時、高滝湖の上流域で追われていたのはオイカワだった

得手不得手でいえば、フロッグはクリアウォーターが苦手だ。しかしカバーをうまく利用すれば表層でも食わせられる

フロッグは水面のカバー撃ち

「フロッグを撃つ」と書くと疑問を抱くかもしれないが、田辺はテキサスリグやジグと同じ要領でカバーへピッチングする。広大なウイードエリアなら線の釣りになるが、田辺の場合はカバーをねらう点の釣りとしてフロッグを導入することが多い。ゆえに、この表現が最も的確なのである。ターゲットになるカバーまでの距離は長くてもせいぜい4〜5m。ピッチングで冠水した植物のエッジやオーバーハングの中にマットアップするゴミ溜まりの上でピチャピチャ誘う。ターゲットゾーンはせいぜい1mといったところだ。このフロッグゲームこそが田辺の流儀なのである。

「アメリカにあるような広大なウイードベッドは、日本にはほとんどないからね。琵琶湖くらいだろ。だから日本のフロッグゲームは俺の場合9割がショートディスタンスになるんだよ。基本的にカバーの釣りだからディスタンスを取らなくても食ってくれるしね。リザーバーなら浮きゴミや浮魚礁、岩盤にリンクする冠水植物、霞ヶ浦水系や牛久沼、印旛沼だったらトレブルフックのトップを入れられない倒れたアシやガマ。フロッグはカエルではあるんだけど、他に類を見ないカバーに特化したジャンルのトップウォーターな

NF60（ノリーズ）

田辺が初めて手掛けたオーソドックスタイプの中空フロッグ。スリ抜けとドッグウォーク性能を両立させるためにたどり着いたのがウエイトバランスとノーズダウンアイ。
「昔から優秀とされていたスカムフロッグやスナッグプルーフもノーズダウンアイは採用されていなかった。NF60が初めてじゃないかな。スカートもアメリカ製は目立つように長いのが多いんだけど、俺はピンスポットで使いやすく、フッキングも決まりやすいのを出したかったから、長さも本数も散々試して一番動かしやすいようにしてあるんだよ」

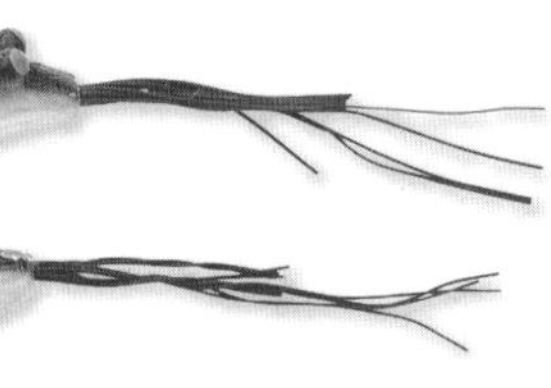

エビガエル＆チビエビガエル（ノリーズ）

霞ヶ浦水系でテナガエビパターンにたどり着いたときに、細身フロッグの必要性を感じ開発に着手。アシの隙間をすり抜けつつもポップ音を発する絶妙なカップデザインで、フックはイチから起こした専用設計だ。NF60がスライド＆ドッグウォーク系ならば、エビガエル兄弟はピンスポットでチャプチャプ誘うタイプ。チビエビガエルはどこのフィールドでもオールマイティーに使え、エビガエルは風や濁りが入って、より強力なアピール力を必要とするときに出番。
「チビエビガエルは10回出て10本キャッチしたこともある。エビガエルとそこまで大きさは変わらないんだけど、PEラインのフロッグタックルでも難なくピッチングできるウエイトがあるし、フックも伸びないギリギリの太さまで細くしてあるから、フッキング率は極めて高いよ」

右／まるでジグをフリップするようにフロッグを撃つ田辺。ブッシュやグラスカバーだけでなく、浮魚礁のようなフローティングストラクチャーもフロッグゲームのメジャーステージだ

んだよ。だって俺が作ったフロッグは名前からしてそうでしょ、エビガエルだぜ」

エビガエルは霞ヶ浦水系のテナガエビパターン攻略の一手として開発された細身タイプのフロッグだ。ルアージャンルとしてはフロッグではあるが、すべてがカエルをモチーフしたものではないことを理解しておきたい。ときにはエビ系に化けるし、オイカワやワカサギに化けることだってあるのだ。

突如発生したボイルに投じたエビガエルにビッグバスが襲い掛かった。中空素材ならではの軟らかい着水音が奏功したのかもしれない

ホショクオン（ノリーズ）

ハードベイトに置き換えて考えるなら、エビガエルはポッパーでホショクオンはペンシルベイト。穏やかな湖面でベイトフィッシュを捕食している状況下で強い。

「NF60と同じようにドッグウォークが基本。ホショクオンは左右に首を振って止めると余韻でスーッとスライドする。サイドのカップは強く引いたときに水しぶきを出すためのデザイン」

上手なフロッグのアワセ方

フロッグのフックは軸も太めでボディーに密着しているため、ほかのルアーよりもフッキングさせるのが難しい。最もやってはいけないのは、バイトの瞬間のビックリアワセだ。田辺のフッキングはジグやテキサスリグのように数秒待ってからアワセる。

「送り込むっていう表現が正しいかどうかはわからないけど、出たらしっかり持って行かせること。理想はロッドワークで3～4回チョンチョンやったところのバイトだよね。俺のやり方だと縦方向に3～4回アクションさせると、ちょうどロッドが立ったくらいの位置になる。この状態だとアワセ幅がないよね。そのまま持ち込ませてサオが倒れるくらいのタイミングでアワせるとちょうどいいんだよ。一番難しいのは回収時のバイト。PEラインだから伸びもないし、とっさにクラッチ切ることも難しいからね。回収『ゴンッ』の対処法としてはロッドを倒して

TACKLE DATA

●チビエビガエル
ロッド：ロードランナーVOICE LTT620PMH
リール：アンタレスHG、メタニウムXGなど
ライン：PE4号

●エビガエル
ロッド：ロードランナーVOICE LTT630MH
リール：メタニウムDC HG、メタニウムXGなど
ライン：PE4号

※ロッドはノリーズ、リールはシマノ

630MHは田辺が長年フロッグ用として愛用しているモデル。620PMHはフッキングパワーも充分でミスも少ないらしい。「620PMHはキャストも決まるし操作もしやすい。ビッグフィッシュをカバーから乗り越えさせてランディングするようなシチュエーションだったら、より強い630 MH、っていう使い分けだね」

撃つためのフロッグタックル

ロッド、リール、ラインを含め、フロッグタックルは意外とシビアに選ぶ必要がある。スナッグレス効果が高いルアーゆえに、ほかのルアーと兼用しがちではあるが、極論をいえば専用タックルが必要である。田辺が使うのは6ft2inと6ft3inのロッドで、いずれもミディアムヘビーパワー。

「俺のやり方はショートディスタンスがベースだから、アキュラシーを優先して短すぎず長すぎないレングスに落ち着いてる。それと、フロッグはそれなりにフックも太いし、障害物の中で掛けたり、ラインをカバーに引っ掛けながら誘うから、それ相応のパワーも必要だよね。かといってガチガチのロッドだとアキュラシーが損なわれてしまうからミディアムヘビーくらいがちょうどいいよ。PEラインは伸びがないからMHでもフッキングパワーは充分だね。逆に同じロッドでフロロを使うと、ラインが伸びるぶんフッキング率が格段に下がるよ」

PEラインも、太すぎるものはアキュラシーを欠くため、田辺流フロッグでは4号を基準にする。

「フロッグの場合は普通のキャスティングよりも少しだけメカニカルブレーキを緩めに設定することで、強めのサオを使ってもショートキャストやピッチングで低弾道かつ正確に送り込めるようになる。オープンウォーターでロングキャストするなら5号でも6号でも問題ないんだけど、5㎝の隙間にしっかり入れるなら4号くらいライトなほうがコントロールしやすい。4号といっても強度は充分だしね」

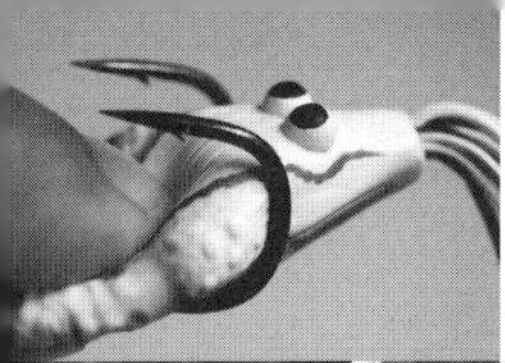

送るくらいしかないよね」

普段はノーマルギアもしくはローギアリールを好んで使う田辺だが、フロッグにはハイギアを使用する。これもフッキングと密接な関係にある。

「たとえばウッドカバー越しとかハスの茎みたいに、障害物にラインが3ヵ所も4ヵ所も絡んでからのフッキングになると、送り込みつつもスラックを素早く巻き取る必要がある。あまり長いこと送っちゃうとどんどん深みにハマってフッキングパワーが伝達しないからね。早く回収するためのハイギアではないんだよ、俺の場合は」

上／フロッグは使っている最中やバスが噛むことによりボディー内に水が入る。そのまま使っていると浮力を損なうだけではなく、バイト時にボディーが潰れにくくなりミスの原因になる。こまめな排水はマストだ　下／フックが反転し、両方のフックポイントが貫通した理想のフッキング

また、フロッグはその構造上、バスが噛むことによりボディーが潰れハリ先が出る。フックとボディーのクリアランスがそこまで広くないため、フックが反転する掛かり方が理想的という。

「フロッグをやり込んでるアングラーはシーリングとかチューンをするけど、ノリーズのフロッグはフッキングのときにねじれるように作ってあるから、フックとボディーは止めないほうがいいんだよ。ずっと使っていれば中に水が入ってくることもあるけど、水を押し出すだけの手間だから、それを犠牲にしてでもフッキングを優先したほうがキャッチ率は上がるからね」

スピナーベイトは実に奥が深い。

クランクベイトやジャークベイトはボディーとリップ、それに見合うウエイトを煮詰めれば、ある程度の理想が具現化できる。ところがスピナーベイトはどうだろう。

ヘッド形状、自重、ワイヤー径、ワイヤー寸、ブレードサイズ、ブレードタイプ、スカートの種類や量……etc.といった、あらゆるパーツの集合体で立体化される。

極論をいえば組み合わせは無限なのである。そんな1万ピースのホワイトパズルのようなルアーを30年以上もかけて突き詰める田辺の代名詞のひとつがクリスタルSだ。

マイナーチェンジを繰り返しながらも田辺が長年かけて育て上げ完成させたスピナーベイトである。6タイプをラインナップするあたりにもその愛と情熱がうかがえる。

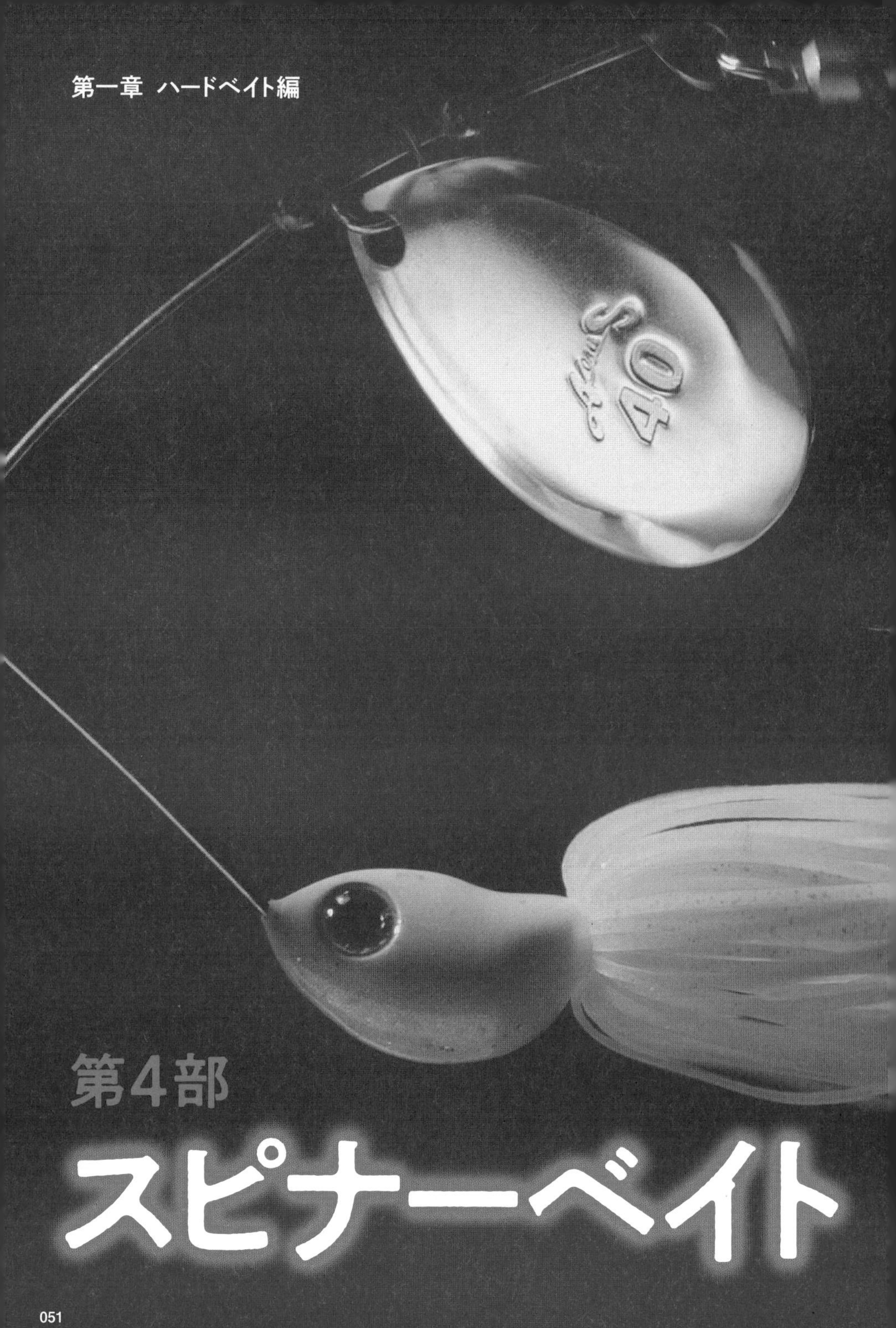

第4部
スピナーベイト

田辺哲男と
スピナーベイトとの出会い

「もしもワンジャンルのルアーだけで釣りをしろっていわれたら、俺は迷うことなくスピナーベイトを選ぶね」

そう語る田辺とスピナーベイトの付き合いは、実に40年を超える。日本のメーカーはおろか、アメリカでも現代のような精巧なものは存在しなかった時代にバスプロショップスの通信販売で取り寄せていたのが付き合いの始まりだった。

「スピナーベイトで初めて釣ったのは高校時代の津久井湖だったかな。記憶が定かじゃないんだけど、フレックのやつだったと思う」

ジグスピナーを彷彿させるショートシャンクのワイヤーに小ぶりのインディアナブレードが装着されたのがそれだ。時の流れとともに、スピナーベイトの持つ可能性に開眼した田辺が理想を追求し、自身も初めてプロデュースするルアーが完成した。

当時の田辺はアメリカに通い、発展途上だった日本のバスフィッシングマーケットにあらゆるジャンルのルアーを輸入していた。その代表のひとつにブルドッグスピナーベイトがある。ブルドッグは80年代後半から90年代初頭、日本のスピナーベイト文化を象徴するスタンレー社のバイブラシャフトとともに人気を二分していた。もともと存在したブルドッグスピナーベイトを日本のフィールド向けに田辺が改良し発注していたのである。

さまざまなジャンルが存在する中で、とりわけ、田辺がスピナーベイトに注力していたのにはこんな理由がある。

「スピナーベイトのすごいとこ

2016年秋の新利根川では、3/4ozのパワーロールでバンク沿いを高速巻きし、バスのスイッチを強制的にONにした

OFFのバスにもスイッチを入れるパワーを秘めたスピナーベイトだが、やはり理想は風やベイトなどが絡んだ状態。バンクに捕食体勢のサギがいたり、スピナーベイトを引いた際にベイトが逃げるように飛び跳ねたりしたらしめたものだ

ろはベイトを選ばないってところだよね。小魚系はもちろんなんだけど、その中でもブレードサイズを変えるだけででも、ワタカやハスみたいな大きめのベイトフィシュになるし、稚アユやワカサギにもなる。さらにいうなら、エビやザリガニを食っているバスに効くこともある。しかもオールシーズン通用する。レンジも自在にコントロールできてスナッグレス性も高い。当然、ブレードのフラッシング効果もそうだし波動で寄せることもできる。ある意味、スピナーベイトは無敵のルアーだよね」

興味深いのはベイトにマッチしないシチュエーションでも、スピナーベイトだけは他のルアーにはない力があるという。例えばスローダウンしても、何を投げても釣れない快晴無風のコンディションでもスピナーベイトは秘めた何かを持っているという。

「どこのレイクにも共通しているんだけどOFFの状態でも何尾かはルアーを追う魚がいる。そんな魚にもスイッチを入れることができるのがスピナーベイトなんだよね。例えばバスの潜んでいる岩でもレイダウンでもいいんだけど、後ろからとか横からいきなり現われると思わず食っちゃう。散々ほかのルアーを投げ続けてまったく反応がないのに、泣きの一手でクリスタルSを入れるとポロっといいのが釣れたりするんだよ。もちろん、風が吹いているとか濁っているとかONの状態っていうのが本質ではあるんだどね」

ウィードウェーダー（フレック）

田辺が初めてスピナーベイトでバスをキャッチしたと思われるのがこれ。一見アンバランスにも見えるが、今のように完成度が高くない時代にしてはいい出来だったと語る。「引き感はそんなに強くないんだけど、タイトなバイブレーションで、あの時代にしては全体のバランスがよかったと思うよ。力はないんだけど食わせる要素はあったね」。田辺の古いボックスの底にはいくつものフレック社製スピナーベイトが眠っていた。腐食したラバーを外し、新品を装着

スピナーベイト（ブルドッグ）

米国製でがまかつフックを初めて搭載したモデル。「もともとアメリカで売ってたんだけど、まあ作りが雑だった。でっかいコロラドが前後についているとか、アームの長さもアンバランスだったね。それをもっと使えるように俺が日本向けにデザインしたんだよ。落とし込み用にショートシャンクのコロラドモデルとかいろいろやったよ」

クリスタルSファミリーの全貌

田辺がクリスタルSをリリースしたのはノリーズを創立して間もなくの１９９５年。ロードランナーとクリスタルSはブランドを象徴するキープロダクトであり、その歴史は今もなお継続されている。リリースされてから四半世紀が経過し、多少のマイナーチェンジは施されてきたが根本は発売当初と変わらない。

スピナーベイトは異なるパーツの集合体ゆえに、全体のバランスが重要なわけだが、なかでも田辺がこだわったのはブレードである。それまでのスピナーベイトといえば鱗のようなテクスチャーが施されたハンマードタイプ、あるいは湾曲したプレーンブレードがスタンダードだった。

しかし、田辺の求めるものはどちらでもなかった。

「ミラーボールよりは鏡一枚のほうが、より遠くに存在を訴えかける」

そんな理論のもとに誕生したのがVブレードだ。それまでの湾曲したものとは異なり、ブレードの大部分をフラットに仕上

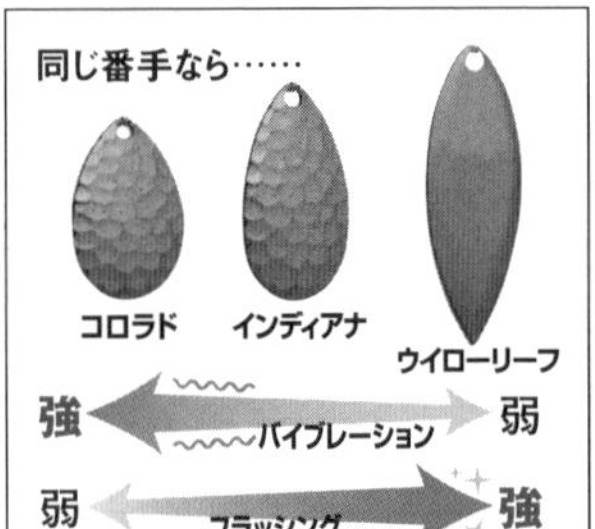

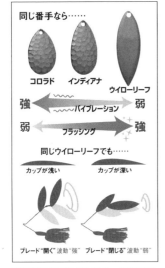

同じ番手で比べた場合のブレード形状ごとの特徴。あくまで一般論であり、ブレードの細部のデザインやアーム系などによっても変わるのであくまで目安。バイブレーションが強いと浮き上がりやすい傾向もある

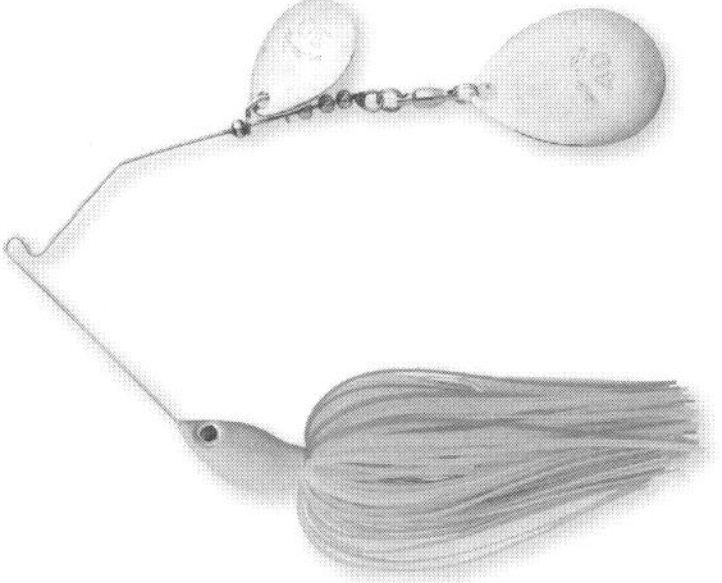

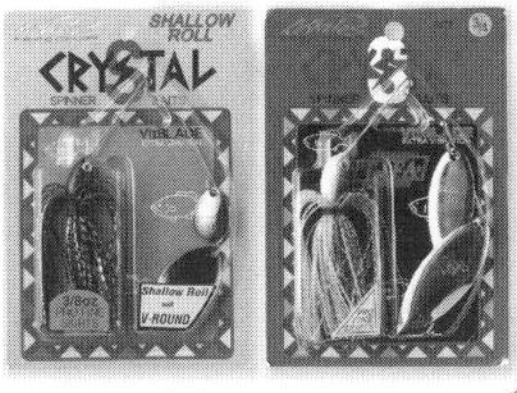

1995年にデビューした
クリスタルS。
初期は紙パッケージだった

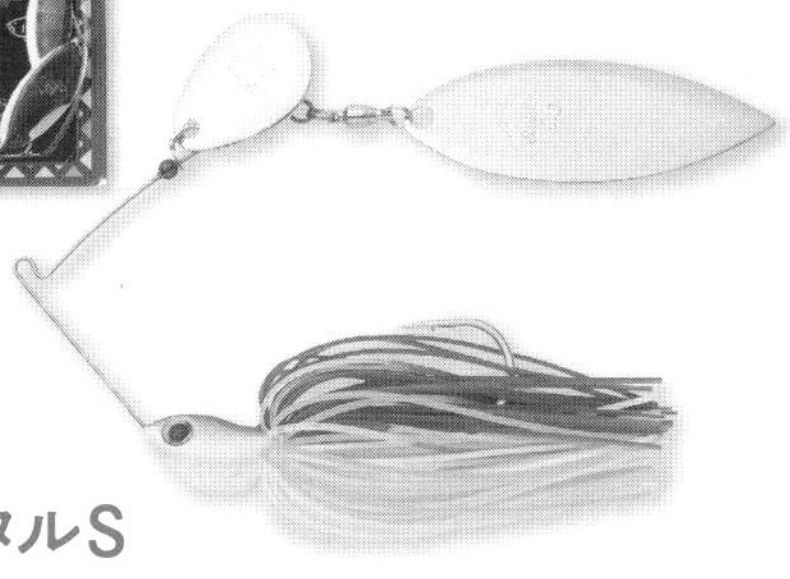

シャローロール

タンデムとダブルウイローリーフが主流の昨今には希少なダブルコロラドタイプ。その名が示すようにシャローゲームに特化したモデルだ。オリジナルのクリスタルSよりもシャフトが長く、クランクしたアームが特徴的で、クリスタルSシリーズの中では強い部類に入る。となると、バスの活性が高いタイミングが必然と考えるのが一般的ではあるが、どうやらそういい切ることもできないようだ。

「魚の活性が高いときっていう考え方は正しいんだけど、シャローロールはクリスタルSファミリーの中でも、最もスローに巻くことができる。つまりどういうことかっていうと、冷え込んだときとか、遅いエサを食っているときにもいいんだよ。代表的なところだとエビとかザリガニを食っているようなシチュエーション。もうひとつは、極端に水が濁っているとき。こういう場合はバスがテリトリーから離れてまでルアーを追わなくなっちゃうから、速すぎるのはよくないよね。水深が40～50㎝しかないようなアシ際を引くときも、オリジナルの3/8ozだと早すぎちゃったりするけど、シャローロールは揚力が高いから底をこすることなく、確実にバスの目の前を引くことができるんだよ。軽い力でカバーを乗り越えることができるから、誰が使っても引きやすいよ」

シャローをスローに巻くというコンセプトのもとに、アームとヘッドをギリギリのバランスで設計しているため飛距離は望めないが、シャローのスピナーベイトゲームには欠かすことのできないモデルなのだ。

「いわばシャローロールはシャロー盤のスローロール。オリジナルクリスタルSのツーサイズとシャローロールはスピナーベイトを語るうえで絶対に外すことができないから、必ずボックスに入れておきたいモデルだよね」

クリスタルS

クリスタルSファミリーの中でマスターピースとなるのがオリジナルモデルだ。以前は1/4ozやダブルウイロータイプも存在したが、現在は最も使用頻度の高いタンデムウイロー3/8ozと1/2ozに限定されている。

「3/8ozと1/2ozは単にウエイト違いって誤解されがちなんだけど、それぞれに見合ったバランスに設計してあるんだよ。スカートの本数も違えばワイヤーの設定もウエイトに合わせてちゃんと作り込んである。ワイヤーの長さや太さを変えて、いろいろ試したんだけど、釣れる引き感や抵抗感、それにアームのフレキシビリティを追求したらショートシャンクに落ち着いたね。ワイヤーが細いほどバイブレーションが強くなって釣れると思いがちなんだけど、それは間違い。俺もそう思ってていた時代もあったんだけど、甘かったね。素材だったり長さだったり、すべてはバランスなんだよ」

オリジナルは「確実に魚を引っ張り出せる」ことが前提で、スピナーベイトを習得するベーシックモデル。フロントのコロラドでスピードを調整しつつ、リアのウイローで波動を発生させる。さらにヘッドが何かに触れた時や、一瞬止まった時にブレード同士がぶつかることによって発する音でも誘うことができるという。

「基本的には風が強いなら1/2oz、無風だったら3/8oz。軽いほど弱くっていう気持ちだよね。軽くても強くしたい場面ならダブルコロラドのシャローロールにするのが正解。例えクリアウォーターであっても、そこがスピナーベイト場ならオリジナルから投げてみるといいよ」

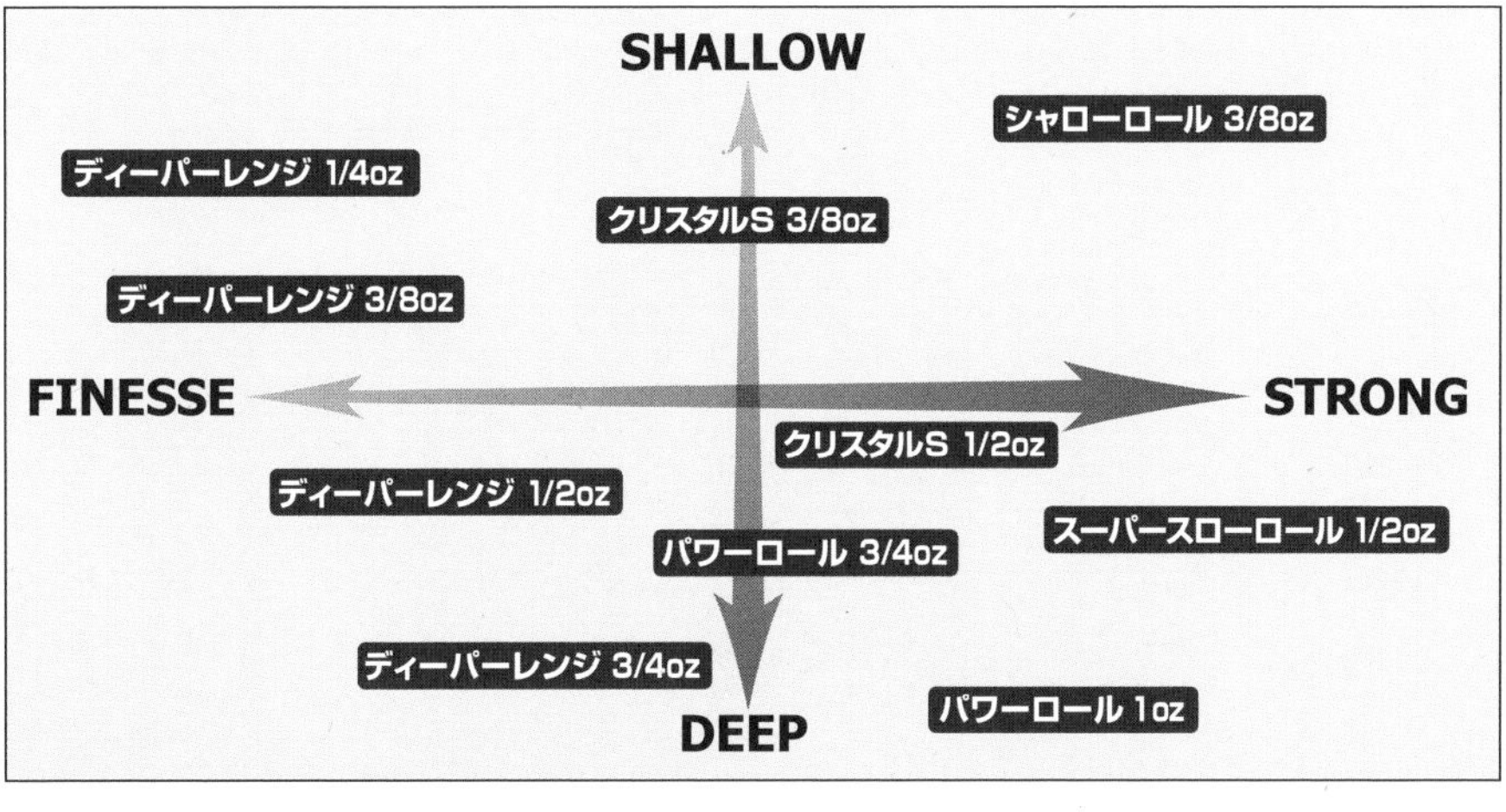

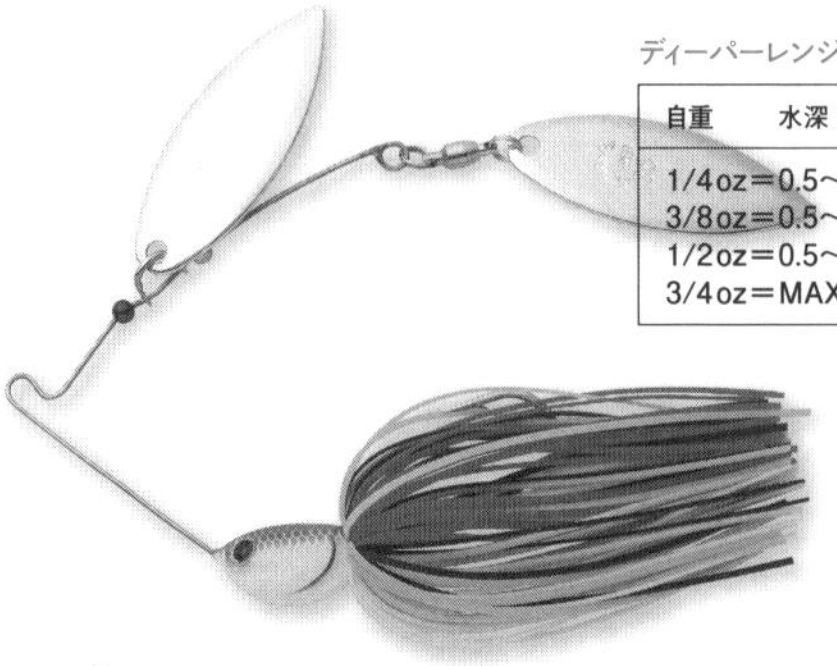

ディーパーレンジのサイズ別水深の目安

自重	水深	ブレードサイズ（フロント／リア）
1/4oz	＝0.5〜1m	（#35／35）
3/8oz	＝0.5〜1.5m	（#35／35）
1/2oz	＝0.5〜2m	（#35／40）
3/4oz	＝MAX4m	（#40／40）

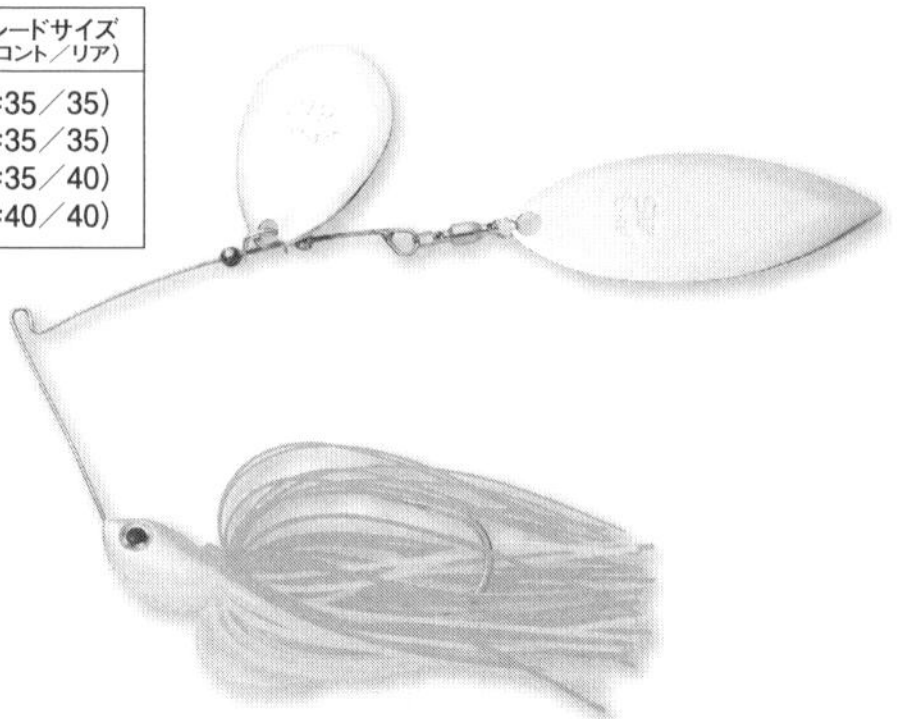

ディーパーレンジ

「ディーパーレンジのコンセプトは浮き上がりを抑え、ワンレンジ下を引くっていうのがねらいなんだけど、だいたいそういう状況っていうのはクリアウォーターに多いんだよね。だから、スーパースローロールみたいに水を思いっきり攪拌させるっていうのではなく、どっちかっていうとブレード回転の開きを抑えてフラッシングをメインに作ってある。ウイローリーフはフラッシングが得意だから、あえてワンサイズ小さめのダブルウイローにしてあるのもそういうことなんだよ。イメージ的には小魚の群れ。ベイトフィッシュのサイズに合わせてブレードサイズを使い分けるのが王道だよね。それとブレードが開かない分、飛距離も出る。オリジナルもシャローロールもディーパーレンジも、全部3/8ozで同じロッドで比較したらわかりやすいよ」

通常の水質よりもクリア、もしくは風がない状況下で投げるべきなのがディーパーレンジだ。ブレードが小さく回転の幅を制御しているぶん、スローリトリーブ向きではないが、クリアウォーターに生息する大半のバスは、ある程度の距離があっても追うことができるため、むしろスピードがあったほうが魚をだましやすいのである。

「ひと言でいうなら弱めのスピナーベイト。ワームでいえばストレートワームみたいな感じだよね。とはいえ、他のダブルウイローに比べて最弱っていうわけじゃない。なぜかっていうと、カスミ水系とか牛久沼みたいに平地のステインウォーターで使うことも前提にしているし、全国区で考えれば川だろうが天然湖であろうが野池であろうが、間口は広いよ。そういう意味では、ディーパーレンジはコンディションに関係なく、最も出番が多いかもしれないね」

ウエイトのラインナップは1/4、3/8、1/2、3/4ozの全4サイズ。ここの使い分けも気になるところだ。

「基本的にスピードというよりはレンジで分けるほうが正しいだろうね。あとはベイトフィッシュのサイズ。1/4ozを作ったのはシラウオを意識してるからなんだよ。他のスピナーベイトじゃなにも釣れないのに、これだけ釣れるっていうのが1/4oz」

スーパースローロール

フロントに大きめのVラウンドブレードを搭載することで、シリーズ最強のフラッシングと波動を誇る。つまり、水が濁っていたり、バスがONの状態であれば右に出るものはないといえる。過去には3/4ozや1ozモデルも存在したが、現在は1/2ozのみ。ヘビーウエイトモデルは沖のディープにあるストラクチャーやカバーを想定したサイズだったが、田辺自身その必要性を感じなくなったことで、3m前後までをターゲットレンジにしたハーフozに絞られたのである。どうしても必要であればディーパーレンジやパワーロールでその水域をカバーすることが可能だ。

「スローロールは魚の活性が高い状態が出し時。とくに魚との距離感がわからないとか、スタンプが点在しているエリアとかフラットを巻く時にいいよ。強いから魚に気づかせることができるし、濁っているからこそスローに引かなくちゃならないっていうときに結果を出しやすい。ちゃんと出しどころを間違えなければ最強にハメることができるのがスーパースローロール。逆にいえばOFFの状態だと強すぎちゃうからまったくワークしないんだけどね」

クランクで例えるならシャローロールがピンスポットのカバーをねらって釣るショット、スーパースローロールは広範囲に輪切りするオーバー5といったイメージだ。

「ある意味、スピナーベイトの釣りって諸刃の剣みたいなもんで、コンディションが整わないと機能しないんだよ。その代わりにコンディションが整ったときの爆発力はほかのどのルアーにもないポテンシャルを発揮する。スーパースローロールはその辺の部分が顕著だよね」

げてフラッシング効果を強調した。さらには、ブレードが描く弧の幅や振動にこだわり、後発のスーパースローロールシリーズとともに、不動の地位を築き上げたのである。

ユーザーもバスも満足の行く完成されたスピナーベイトと思われたが、ひとりだけそれに疑問を抱くアングラーがいた。まぎれもない、田辺本人だった。デザインした本人だからこそわかる微妙な差に気づいたのである。

「クリスタルSは完成されたものだと俺だって信じて疑わなかったし、実際によく釣れた。当時はアメリカのファクトリーで作っていたんだけど、その工場が閉鎖して他のところで作ったら微妙に動きが変わってたの。最初はそこまで気にしてなかったんだけど、ある日妙に気になって昔のモデルを引っ張り出して検証してみた。いろいろいじっていくうちに、

ウインドレンジ

スピナーベイトゲームにおいて味方につけたいのが風の存在だ。空気抵抗の大きいスピナーベイトは、風下に向かってキャストするぶんには支障はないが、横風やつむじ風が舞うような状況下では思うようにコントロールが利かなくなる。そんなシチュエーションでも投げやすく設計されたのがウインドレンジだ。ショートアームに小さめのブレードを装着し、通常のスカートよりもボリュームを減らすことで空気抵抗を抑え、キャスタビリティーに特化させた。キャスタビリティーを優先すると肝心のスピナーベイトが持つ本来の性能を犠牲にしがちだが、ウインドレンジのオリジナルモデルは前後ともにコロラドVブレードを搭載し、明確な引き感を持たせてある。そのコンパクトさは、どことなくジグスピナーを連想させる。

「確かにジグスピナーっぽいよね。実際、裏技的に、スカートを外してリングマックスみたいなカーリーテール系を付けてもよく釣れるからね。スピナーベイトを投げ込んでるアングラーはウインドレンジを水深8mとか10mまで入れたりするんだけど、俺の使い方はどちらかというとピンの釣りだね。カスミ水系だったら斜めに入った杭なんかにショートキャストで入れて、着底したらプルプルプルってテナガエビっぽく巻き上げてくるとかね。イメージ的にはワームの釣りに近いよ。だからサオも680MHとか、スピナーベイトにしてはちょっと硬めのモデルを使うんだよ」

パワーロール

クリスタルSシリーズの中で最後発のパワーロールはもちろん通常のスピナーベイトと同じように使うことも可能だが、とりわけボトム付近の釣りで真価が発揮される。一見すると他のクリスタルSファミリーとそれほど変わらないが、実はヘッド内部の構造が大きく異なるのだ。イラストを参照してもらえれば一目瞭然だが、通常のスピナーベイトはヘッドの先端でワイヤーが屈折している。一方のパワーロールはヘッド内部で曲げられている。この構造にすることで、まるでフットボールをボトムで這わせるように引くことができるという。

「これは今までにないコンセプトだと思うよ。ハードボトムとかロッキーなボトムを常にコンタクトしながら引けるんだよ。砂煙を巻き上げながらボトムを小突いて、ヘッドが接触する音で誘うこともできるしね。パワーブレードのすごいところはスローに引いてもしっかりブレードが回転するし、浮き上がりにくい設計だから深いところの障害物もヘッドで乗り越えながらトレースできるんだよ」

同じ3/4ozで比較してみると、ディーパーレンジの3/4ozがマックス4m設定なのに対し、パワーロールは5mをスローに巻くことができる。かといってディープ専用というわけではなく、橋脚や杭といった、シャローからミドルレンジにおける縦ストラクチャーの中層リトリーブにもいいのだ。

「感覚的にはディープクランクを思いっきり飛ばしてボトムをベタベタに引いてくる感じだね。14Lbのフロロで水深4mくらいはすぐに到達するよ。1ozだったら10mまで入れることもあるよ」

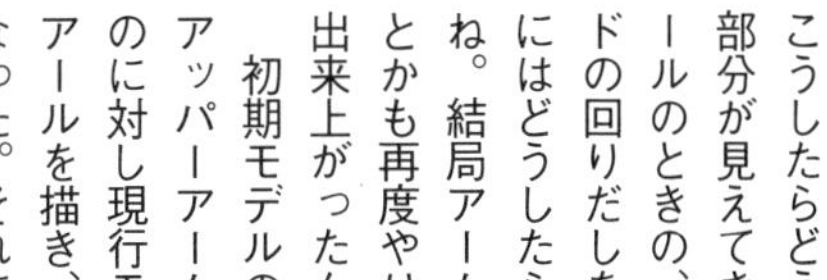

こうしたらどうだろうっていう部分が見えてきた。カーブフォールのときの、フロントブレードの回りだしをもっとよくするにはどうしたらいいのか、とかね。結局アームの長さとか太さとかも再度やり直して今の形が出来上がったんだよ」

初期モデルのクリスタルSはアッパーアームがストレートなのに対し現行モデルは緩やかなアールを描き、よりパワフルになった。それに伴いスカートもラバーバンド式からハンドタイ仕様に変更され、ウエイト毎に本数の見直しもされたのである。

スカートの留め方だけでもブレードの回転幅が変わってしまうのだから、スピナーベイトは突き詰めるほど奥が深い。ゆえに、オリジナルのクリスタルSのほかにシャローロールやディーパーレンジといった特化型モデルに派生するのは、スピナーベイトを知り尽くした田辺にとって自然の流れだったといえる。

■ケーススタディー

テクニカルスピナーベイティング実例集

前進しながらリーリングすることで適度なラインスラックを保持することができる。軟らかいHB630Lで抵抗の強いシャローロールを巻いているにもかかわらず、ティップが曲がっていないのがわかる

①ラインスラックを生かしたフレキシブルリトリーブ

巻く手を止めれば沈んでしまうスピナーベイトは、リーリングにより水圧を受けることで揚力が発生し、初めてムービングベイトとして機能する。一般的に「ただ巻き」といわれる引き方の中にも釣れる方法がある。田辺がスピナーベイトを引くロッドのティップはほとんど曲がらない。それは1/4ozのディープレンジを引くときにも、3/4ozのパワーロールを引くときにも際にも共通していえる。

「要はラインスラックを出しながら巻くってことだよね。なかなか言葉で説明するのは難しいんだけど、若干ラインにたるみをもたせることでアクションがフレキシブルになるんだよ。クリアな水域で引き比べてみるとわかりやすいんだけど、スラックを出すことで水をかき分けすぎなくなるの。

たとえばラインを張った状態でクランクベイトを2m引くのとスラックを出して巻くのでは、スラックを出しているほうが左右に振る回数が多くなるっていうのと同じイメージだよね。ピッチが増すっていうと大げさかもしれないけど、よりフレキシブルに引くことでもっと釣れるようになるよ」

自船の斜め前方にキャストしボートを前進させることで、絶妙なラインスラックをキープしながら巻くことができる。この操作法はラインスラックを設けるために染み付いた、田辺の巻物全般における一連の動作だ。

②ウインドレンジの縦スト攻略

スピナーベイトは巻いて使うのが基本だが、それだけに留まらないのが田辺のスピナーベイ

河口湖のアシに、まるでジグを放つかの如くスピナーベイトを撃ち込み、バイトを引き出していった

ティングである。このテクニックはアメリカのバスマスタートーナメントに参戦していた時代にも他を圧倒した。

「当時はまだウインドレンジもなかったからオリジナルのクリスタルSだった。初日はパートナーの釣り（当時のバスマスターインビテーショナルはプロとプロが同船し相談のうえ場所を決めていた）に付き合ったんだけど、2日目は俺の場所に入ることができて、枯れたリリーパッドを撃ってスコアを出した。みんなジグを撃ってるんだけど、俺だけひとりスピナーベイトを撃って釣ったんだよ」

このテクニックは田辺道場連載の河口湖で披露した。使用したのはウインドレンジの1/2ozと5/8oz。キャスティングで巻くのではなくピッチングでジグやテキサスリグのように、カバーへダイレクトに入れフォールでリアクションバイトを誘う。ガードの弱いジグですらスタックしそうなベジテーションにも、これが驚くことにまったくといっていいほど根掛からないのである。水深1m前後のボトムから水面に突き出たガマや冠水植物をめがけダイレクトに入れ、3〜4回リフト&フォールして誘い回収する。

「ジグやテキサスには反応しないけど、スピナーベイトだけは食ってくることがあるんだよ。これがスピナーベイトの秘めた力だよね」

③スーパーディープのスローロール

ルアーを転がすようにゆっくり操るスローローリングはスピナーベイトやバイブレーションなど、主にシンキングルアーに適応されるテクニックだ。リーリングでゆっくり、あるいはロッドのストロークで引きずるようにスイミングさせる。レンジはスピナーベイトの重さとブレードタイプでコントロールすることはできるが、ディープの釣りに用いられることが多い。ディープといっても許容範囲はせいぜい5〜6mだろう。ところが田辺が10月の西湖取材で未知

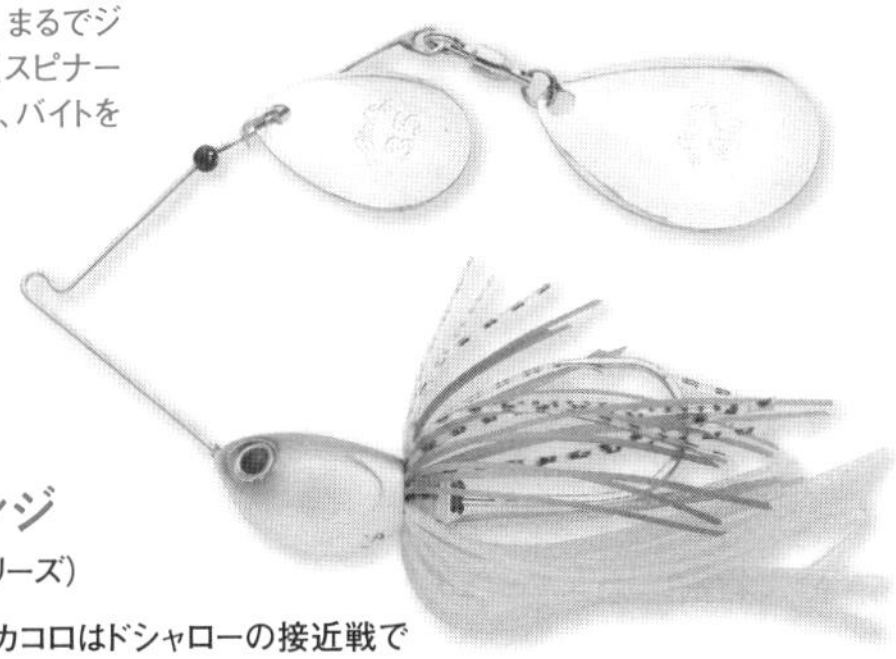

ウインドレンジ デカコロ（ノリーズ）

ウインドレンジデカコロはドシャローの接近戦でも着水と同時にブレードが水をつかみ、スカートをなびかせる。ジグ&ポークにはないリアクションスイッチが働くのかもしれない

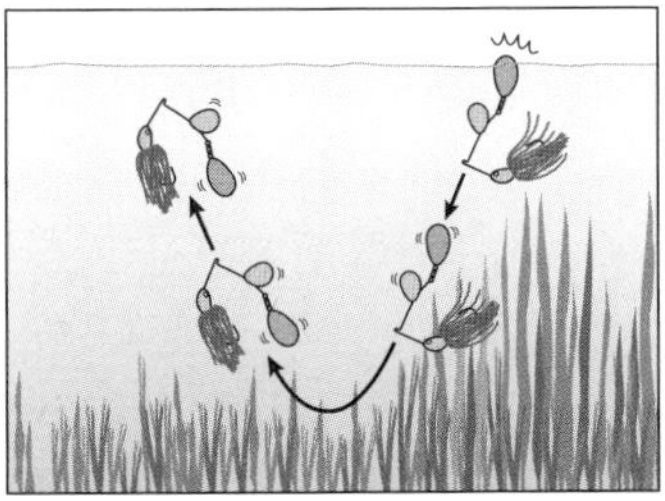

この時に使ったパワーロールは、早く沈めることができて浮き上がりを抑える目的で、リアブレードを#45から#40にワンサイズ小さくしてある

なるレンジにパワーロール1ozを通して結果を出したのだ。
　時は10月上旬、天気は晴れ。シャローをチェックしてから徐々にレンジを下げていった。たどり着いたのは水深9～11mのディープフラット。30m四方にびっしりワカサギの群れが映しだされた。2時間ほどメタルジグ各種で探るが、一度だけダイラッカにチェイスするような魚影をライブスコープが捉えた以外は何も起こらなかった。何かを閃いた田辺が取り出したのがパワーロール1ozだったのである。あれだけメタルジグを集中投下した後の1投目に即答したのが、右上の写真の46㎝。パワーロール1ozをフルキャストして着底するまでは、田辺のカウントで45（45秒ではなく田辺のリズムのカウントダウン）。そこからゆっくり5～6巻きしたところで食ってきた。以下はその時のコメントだ。
「だいぶロープの向こう側に投げたから、正直なところロープに付いていたのか追って食ってきたのかはわからない。たぶんさっきダイラッカに付いてきたのもバスだったんじゃないかな。上下の動きから横の動きに変えただけでこれだぜ。釣った俺もびっくりだよ」
　バスが身を寄せる障害物が少ない西湖では、ヘラ釣り用ボートを固定するために張り巡らされたロープが定番のストラクチャーなのだ。

クリスタルSパワーロール（ノリーズ）

TACKLE DATA（右から）

●シャローロール用
ロッド：ロードランナーHB630L
リール：カルカッタコンクエストDC100
ライン：シーガーR18フロロリミテッド&14Lb

●クリスタルS3/8oz用
ロッド：ロードランナーHB640ML
リール：カルカッタコンクエストDC100
ライン：シーガーR18フロロリミテッド14Lb

●ディーパーレンジ3/8oz用
ロッド：ロードランナーHB760L
リール：カルカッタコンクエストDC100
ライン：シーガーR18フロロリミテッド12Lb

●パワーロール3/4oz用
ロッド：ロードランナーLTT680MH
リール：カルカッタコンクエストDC100
ライン：シーガーR18フロロリミテッド16Lb

●クリスタルS1/2oz用
ロッド：ロードランナーLTT650M
リール：カルカッタコンクエストDC100
ライン：シーガーR18フロロリミテッド16Lb

●ディーパーレンジ1/4oz用
ロッド：ロードランナー660MLS-SGt
リール：ステラ2500S
ライン：PE0.6号+フロロリーダー8Lb

※ロッドはノリーズ、リールはシマノ、ラインはクレハ製

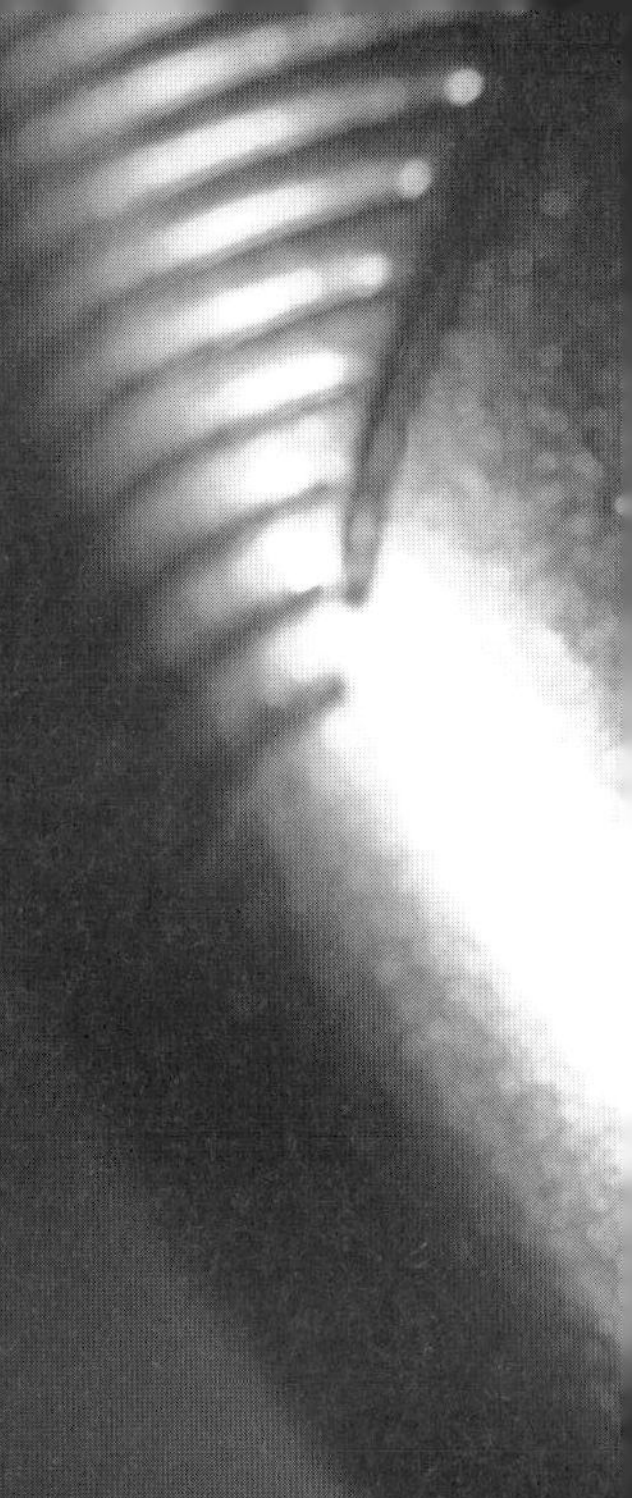

第5部
クランクベイト

クランクベイトはバスルアーを象徴する実に奥深いジャンルである。
100人にフェイバリットを問えばおそらく50種類以上の固有名詞が挙げられるだろう。
素材ひとつを取ってみてもウッド、発泡、プラスチック、
ボディー形状もラウンドタイプやフラットサイドと多種多様だ。
さらにはシャロークランク〜ディープダイバー、マグナムクランクまで
バラエティーに富んだ不滅の人気カテゴリーである。

シャロークランク

季節、場所を問わず 年間を通して釣れるルアー

　そもそもバスフィッシングでよく使われる「シャロー（＝浅場）」とは何mまでのことを示すのだろうか。霞ヶ浦水系みたいに平均水深が浅ければ1m以浅？　池原貯水池のような切り立ったクリアウォーターのリザーバーであれば2mでもシャローという人もいるだろう。

「何mダイバーだからシャロークランクって決めるのではなく、俺の場合はショートトリップのクランクベイトがニュアンス的に最も適しているかな。たとえばショットストーミーマグナムTDMは14Lbでフルキャストすれば4m近く潜る。だからといって、これをディープダイバーとはいわないからね。

　それはともかくとして、シャロークランクは上手に使い分ければ年間を通して魚に出会える可能性のある、数少ないハードベイトのジャンルだよ」

　たとえばスピナーベイトは重さ、ブレードサイズ、ブレードタイプ、ワイヤーの長さと太さなどの組み合わせにより、あらゆるシチュエーションに対応できる。クランクベイトに関してはどうだろうか。ボディータイプ、ボディーの厚み、材質、サイズ、リップ形状、ラトルの有無などなど、組み合わせはスピナーベイト以上で、無限といっても過言ではない。しかし、スピナーベイトとクランクベイトは同じファストムービングといえども大きな違いがある。それはスピナーベイトがシンキングルアーであるのに対し、クランクベイトはほとんどがフローティングであるということ。

　田辺が言う「上手に使い分ける」というのは、各々の個性を熟知し的確な出しどころを踏まえれば、というのが前提となる。とはいえマーケットに存在するシャロークランクをすべて試すのは到底不可能なこと。シャロークランクを使いこなすには、あれもこれも！　ではなく、異なるタイプを10種類くらいマスターするのがいいだろうと田辺は言う。

「シャロークランクは年間を通して釣れる可能性は高いんだけど、絶対条件がある。それはバスが障害物の上に乗っかっていること。スタンプでも立ち木でもウイードでもなんでもいい。

もうひとつというと、カバーに絡む魚はファストムービングのなかではクランクが一番食わせやすいよね。バイブレーションやスピナーベイトだと障害物に当たってもすぐにそこから離れちゃうけど、クランクは当たってヒラを打ってからリールを巻けば、また下方向へ突っ込むからね。テトラで例えるとわかりやすいよ。穴を撃つとなると大変な作業だけど、クランクならワンキャストで乗り越えては突っ込んでいくから、穴にいるバスを効率よく釣ることができる。

もちろんバスの状態にもよるんだけど、クランクが他のファストムービングと大きく違うのは障害物を舐めるようにトレースできることだよね」

シャロークランクはマッディーフィールドでこそ強いイメージがあるが、細かく使い分けることができればリザーバー、琵琶湖などのウイードレイク、そして対スモールマウスと、あらゆるフィールドと状況に対応できるジャンルである

アクションの強弱とラトル音

田辺はこれまでにシャローラビット、ゼブラシャッド、メータークランクシリーズ、ショットファミリーなどなど、さまざまなクランクベイトを世に送り出してきた。そんな経験豊富な彼でさえも、最初から状況に応じて適したクランクを導き出すのはいまだに困難と言う。

「クランクベイトはアメリカでも日本でもさんざん釣ってきたけど、『なぜここでタイトなクランクで釣れたのか』『なぜこのクリアウォーターでウォブルが強いので釣れたのか』っていうのは、今でも瞬時には判断できない。

とくに近年よく感じるのは、魚に気づかせることができるのは大前提として、そのなかでも弱めの動きっていうのがキーだと思うんだよ。昔は日本でもブリブリのアメリカ製クランクで釣れたけど、最近はバスが学習して強いクランクに反応が薄い気がする。実際マグナムクランクが流行り出したころは亀山湖あたりでもよく釣れてたしね。ところが時が経つにつれて景気のいい話は聞かなくなった。バスが学習しているとしか考えられないよね」

ひととおりのラインナップが確立されているノリーズブランドではあるが、田辺が今もなおルアーを作り続けるのは、フィールド環境やバスの癖が変化していること、さらには自身のスキルが進化しているからにほかならない。ひと昔前に作られたノリーズクランクベイトを引っ

ストーミーマグナムはサイズの存在感に対してアクションの強さは抑えてある。現在の日本のバスを釣っていて出した答えだ。台風後の相模湖釣行では11尾キャッチのマグナム祭りを演じた

張り出して現行のラインナップと引き比べてみればその意味がわかるはずだ。
「ストーミーマグナムシリーズがいい例だよね。ボディー自体はマグナム級なんだけどあえて動きを抑えてある。大きいボディーで波動まで強くしちゃうと、今の日本のフィールドだと、下手すると魚が逃げちゃうよ。S字系ビッグベイトも波動が弱いから視覚で勝負できるけど、リップ付きは濁ってるとか荒れてるとか、出し時が限られちゃうからね」

　クランクの強弱のなかには動きの他に音という要素もある。ラトルのタイプによる強弱にプラスしてフックがボディーに当たることによって発する接触音も忘れてはならない。
「小さいラトルに関しては素材に関係なく数が多いほど強くなる。おもしろいのはスチールとタングステンの違い。同じクランクに同じ大きさのスチールとタングステンを入れると、音自体はスチールのほうが響鳴する。タングステンは重く響く感じ。遠くからでも気づかせることができる。きっとタングステンのほうが側線を刺激するんだろうね」

　フックの接触音はクランクベイトの動きとフックサイズによって強弱が変わってくるが、ボディーにローリングマークが刻まれやすいものほど強いと考えるのがスマートだ。

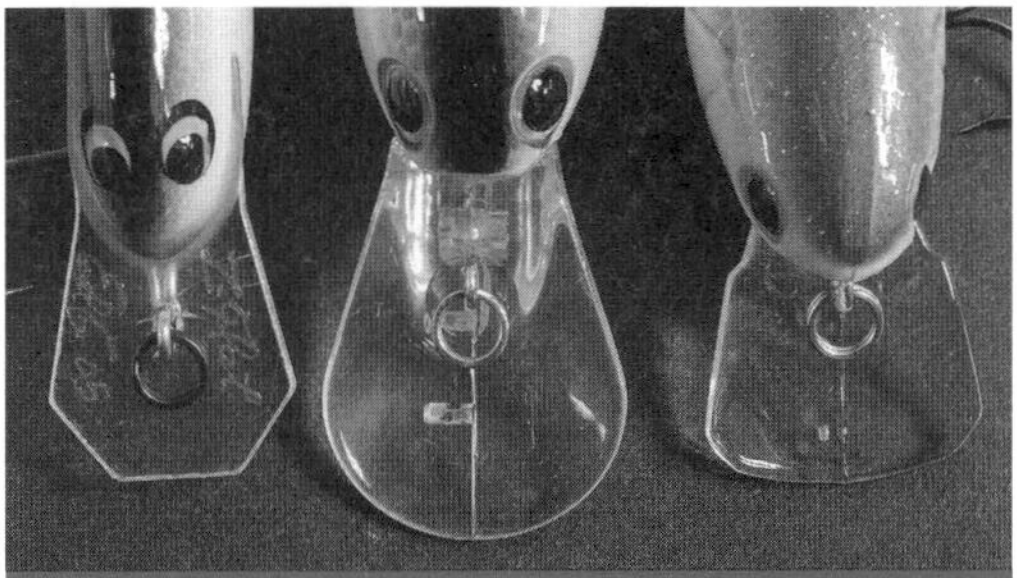

リップ形状によるアクションの違い

　クランクベイトのリップ形状はシャローランナーに限らず、大きく3タイプに分類される。最もポピュラーなのは台形のスクエアビル、次いで丸型のラウンド、棺桶を意味するコフィンリップだ。これら3タイプのリップはボディータイプやリップの角度、材質、アイの位置によって泳ぎが異なるため、「スクエアビルだから〜な動き」と断言することはできないが、それでも各々に特性がある。

スクエアビル（右）

ザ・シャロークランクベイトというに相応しいリップ形状。バルサBに代表されるファットボディーに用いられることが多い。カバーの回避力が高く、障害物にコンタクトすると前のめりにお辞儀するようにかわすのが特徴だ。リップの材質で一般的なのはポリカーボネイト製、いわゆるプラリップだ。ホームメイドクランクのなかには、厚みがなく水のキレがいいといわれるサーキットボードが採用されることもあるが、田辺は視認性が高くなってしまう上に、耐久性に難があるとの理由で、既存のノリーズ製にはポリカーボネイトを搭載。「サーキットボードは使っていくうちにリップが削れちゃう」

ラウンドリップ（中）

シャロークランクに限定すればスクエアビルの採用率が一番だが、シャロー〜ディープダイバーを含めるならばラウンドリップを装着するモデルが過半数を占める。「スクエアビルとの大きな違いは、障害物にコンタクトしたときに横方向に逃げるように跳ねること。跳ねるっていうよりは舐めるようにトレースできるっていうほうが正しいかな。物にもよるけどラウンドも障害物の回避能力は高いほうだよね」

コフィンリップ（左）

ラウンドリップのエッジをカットしたようなシェイプで、スクエアビルとラウンドリップの中間的な位置づけ。アメリカのメジャーブランドの中にはプラスチック製シャロークランクにコフィンリップを搭載したモデルをラインナップするケースもあるが、好相性なのはウッド製フラットサイドクランクベイトのようだ。「昔からアメリカではポピュラーなんだけど、日本ではあんまり人気がないよね。特徴としてはスクエアをロングビルにして潜らせすぎない仕様で、それでいて立ち気味の姿勢で泳ぐ。決して障害物の回避能力は高くないし、カバーにヒットしてからの立ち上がりも遅い。バイブレーションみたいに斜めになってヒラヒラ泳ぐイメージかな。基本的にフラットサイドはロール主体で左右にパタパタ倒れながら泳ぐんだけど、シャロークランクとしては弱い部類に入るから、なにかにヒットさせなくても中層で食わせやすいとも言えるよね」

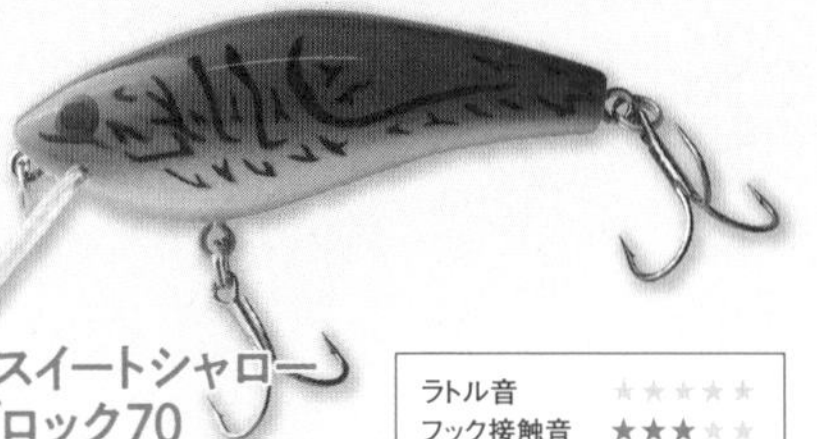

Bスイートシャローブロック70

(現コンプリートスクエア)

ラトル音	☆☆☆☆☆
フック接触音	★★★☆☆
ウォブリング	★★★☆☆
ローリング	★★☆☆☆
ボディーサイズ	★★★☆☆
ボディー厚	★★☆☆☆

ハイピッチなタイトアクションで障害物のすり抜けがいい。Bスイートが1.8mダイバーなのに対しシャローブロックは0.8m前後がターゲットレンジだ

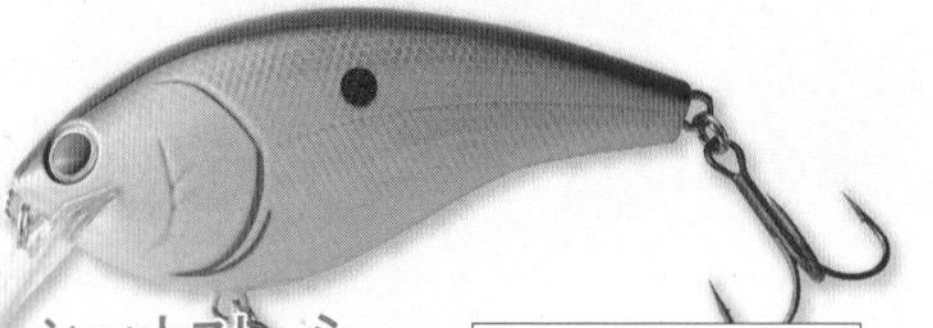

ショットストーミーマグナム

ラトル音	☆☆☆☆☆
フック接触音	★★★★★
ウォブリング	★★☆☆☆
ローリング	★★★☆☆
ボディーサイズ	★★★★★
ボディー厚	★★★★★

ハスやワタカ、巨ギルなど大型ベイトを捕食しているフロリダ系ビッグラージマウスがターゲット。日本のスレたフィールドでも食わせられるように、あえて動きは抑え気味に設計。「ボリューム的な強さはあるんだけど、動きは控えめ。それが日本のバスが出した答えなんだよ」

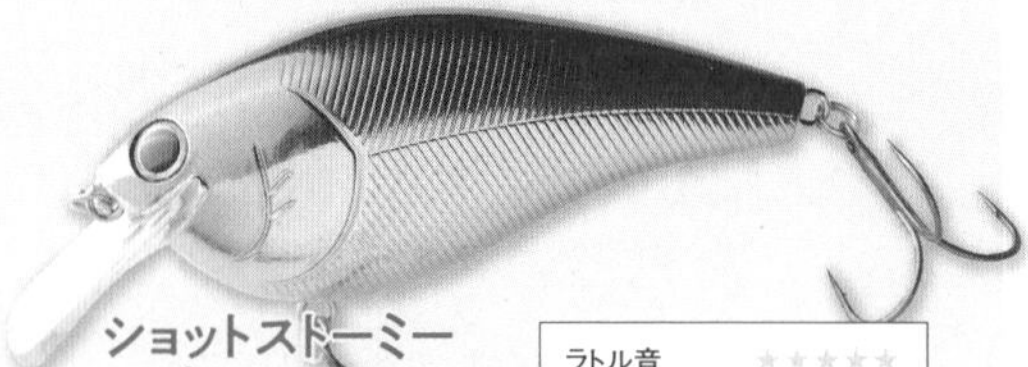

ショットストーミーマグナムTDM

ラトル音	☆☆☆☆☆
フック接触音	★★★★★
ウォブリング	★★★☆☆
ローリング	★★★☆☆
ボディーサイズ	★★★★★
ボディー厚	★★★★★

相模湖釣行でもそのポテンシャルを発揮したタイトでミッド。オリジナルのストーミーマグナムよりもさらに動きをタイト方向へ設定し、14Lbのフロロカーボンでフルキャストすれば、最大で3.8mレンジまで到達する

TACKLE DATA

●オメガビッグ用
ロッド：ロードランナーVOICE HB640ML
リール：カルカッタコンクエストDC100
ライン：シーガーR18フロロリミテッド14Lb

●Bヒララ用
ロッド：ロードランナーVOICE HB680L
リール：カルカッタコンクエストDC100
ライン：シーガーR18フロロリミテッド12Lb

●ストーミーマグナムTDM用
ロッド：ロードランナーVOICE LTT690PH
リール：カルカッタコンクエストDC200
ライン：シーガーR18フロロリミテッド14Lb

●ストーミーマグナム用
ロッド：ロードランナーVOICE HB680XH
リール：カルカッタコンクエストDC200
ライン：シーガーR18フロロリミテッド16Lb

※ロッドはノリーズ、リールはシマノ、ラインはクレハ製

田辺が相模湖取材で使用したロッドは全部で4セット。うち、2セットをマグナムクランク用に使用した。ストーミーマグナムTDMにLTT690PH、ストーミーマグナムにHB680XHを組み合わせたが、これは絶対的な理由はない。むしろ、どちらのモデルもマグナムクランクにマッチする。しいていうならば680XHのほうがショートディスタンスでの低弾道キャスタビリティーが勝るということ。琵琶湖取材においてはLTT690PHに14Lbをスプーリングすることで、TDMを3～4m潜らせることを想定したのだ。また、マグナムクランクはそのボリュームゆえ、フッキング時に大きな負荷が掛かるため、ワンランク上のパワーを持ったロッドが好ましい

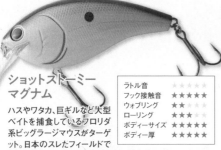

クランキングをマスターするならそろえておきたいノリーズクランク11選

【シャロークランク編】

ショット・シャロースクエア55

ラトル音	☆☆☆☆☆
フック接触音	★★☆☆☆
ウォブリング	★★★☆☆
ローリング	★★☆☆☆
ボディーサイズ	★☆☆☆☆
ボディー厚	★★★★☆

マッディウォーターでエビや小型のザリガニを捕食するバスをターゲットにデザインされた。ショットよりもショートリップで波動もあえて抑え気味にしてある

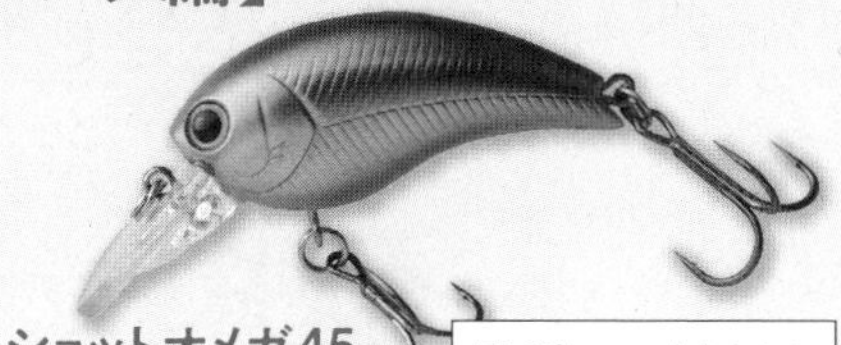

ショットオメガ45

ラトル音	★★☆☆☆
フック接触音	★★☆☆☆
ウォブリング	★★★★☆
ローリング	★☆☆☆☆
ボディーサイズ	★☆☆☆☆
ボディー厚	★★★★☆

シャロースクエアはリップラップなどのハードマテリアルでの出番が多いのに対しオメガ45はウイードや冠水植物などソフトマテリアルカバーを想定。カバーコンタクトした瞬間の横っ飛びも大きめ

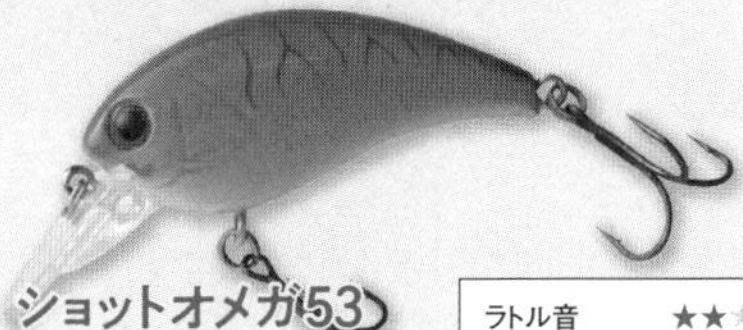

ショットオメガ53

ラトル音	★★☆☆☆
フック接触音	★★★☆☆
ウォブリング	★★★★☆
ローリング	★☆☆☆☆
ボディーサイズ	★★☆☆☆
ボディー厚	★★★★☆

いわゆるスモールクラシクといわれるサイズ感で、45に比べると自重が重い分アキュラシーに長けている。45同様にウイード系のカバーと相性がいい

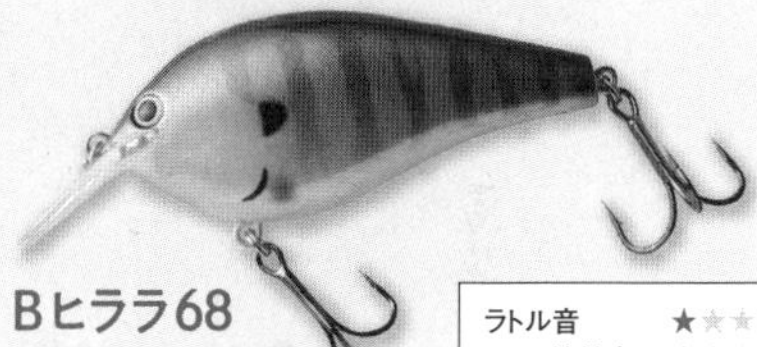

Bヒララ68

ラトル音	★☆☆☆☆
フック接触音	★★☆☆☆
ウォブリング	★★★☆☆
ローリング	★★☆☆☆
ボディーサイズ	★★★☆☆
ボディー厚	★☆☆☆☆

フラットサイドでありながらウォブルは強め。無風時や流れのない、いわゆるカームコンディションでも食わせやすい。リップラップ、消波ブロックはもちろん、杭や立木などの縦ストラクチャーにサスペンドするバスにも効果的だ

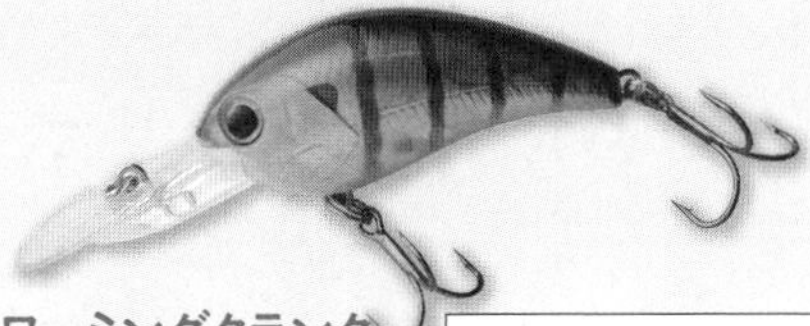

ワーミングクランクショットフルサイズ

ラトル音	★★☆☆☆
フック接触音	★★☆☆☆
ウォブリング	★★☆☆☆
ローリング	★★★☆☆
ボディーサイズ	★★☆☆☆
ボディー厚	★★★☆☆

ワカサギや小～中型のオイカワなどのベイトフィッシュを意識したシャッド系クランク。とくに霞ヶ浦水系をはじめとするマッディウォーターのワカサギパターンにいい。「シャッドだとちょっと弱いって感じるときにいいよ」

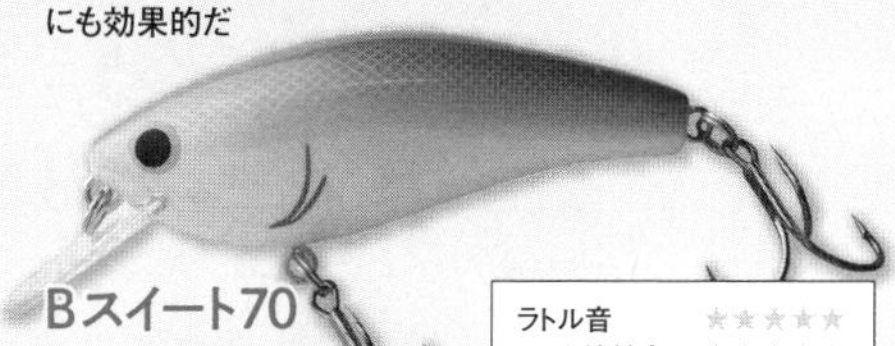

Bスイート70

ラトル音	☆☆☆☆☆
フック接触音	★★★☆☆
ウォブリング	★★☆☆☆
ローリング	★★★☆☆
ボディーサイズ	★★★☆☆
ボディー厚	★★☆☆☆

ショートリップでありながらロールが強いのが特徴。Bヒララよりも動きはやや控えめ。「これもワカサギやハク（ボラの稚魚）を食っているようなシャローフラットやリップラップでよく使う。さらにいうなら、弱いゆえに中層でも食わせやすいクランクだよね」

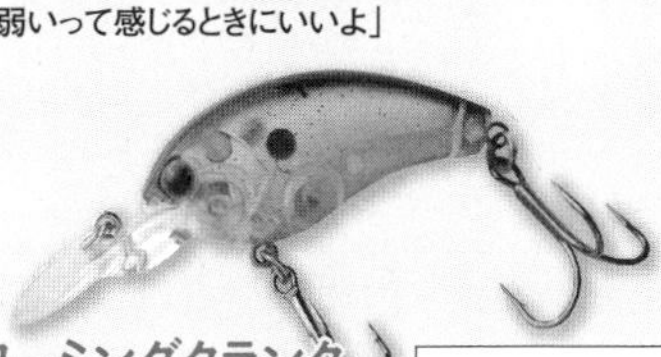

ワーミングクランクショット

ラトル音	★★☆☆☆
フック接触音	★★☆☆☆
ウォブリング	★★★★☆
ローリング	★★★☆☆
ボディーサイズ	★★☆☆☆
ボディー厚	★★★☆☆

タイニーボディーゆえの視覚的アピールのハンディキャップはワイドウォブルでカバー。マッディウォーターのビッグフィッシュねらいに対応すべくリアフックは#5が標準装備

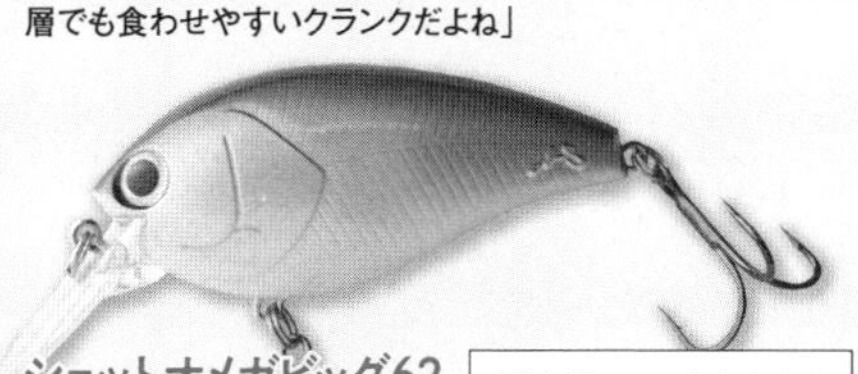

ショットオメガビッグ62

ラトル音	★★★★☆
フック接触音	★★★☆☆
ウォブリング	★★★★☆
ローリング	★☆☆☆☆
ボディーサイズ	★★★★☆
ボディー厚	★★★★☆

カバーやベイトの種類を選ばない、オーソドックスなシャロークランク。「ノリーズクランクの中では一番クセのないオールラウンダーだね。アキュラシーもいいから誰にでも扱いやすい。とくに活性が高いときにいいよ」

ディープクランクベイト

ディープクランクベイトのベーシックとアドバンス

「ディープクランクベイトの特徴は急角度で潜って障害物に容易にぶつけられること。一般的なファットボディータイプの他にも、マグナムサイズやフラットサイドもある。そのすべてに共通するのがぶつかったときに、魚にスイッチを入れられるっていうところだよね」

　ディープクランクベイトは巻き抵抗も重く、サイズ感から敬遠されがちなジャンルではあるが、意外に汎用性が高く適材適所で使いこなすことができれば、決して難易度の高いルアーではない。ディープクランクベイトは深く潜るのは当然のこと。しかし田辺の捉え方は少し違っている。何m以上潜るタイプだからディープクランク、という定義ではなく、潜行角度の急なタイプこそが田辺の考える現代のディープクランクベイトという。

「例えば水深5mのボトム付近にベイトが溜まっているとするよね。この場合は障害物がなくてもロングキャストで5mダイバーを入れることで、5mボトムを使ってトレースできるからまだ食わせやすい。だけど10mボトムの5mにベイトが浮いているところに投げてもなかなか釣れない。よっぽど大荒れとか気象条件が合ってないと、ほぼ食わないと思っていいよ。同じ条件でネチネチとライトリグをやれば、同じ場所で複数本キャッチできるかもしれないけど、ディープクランクはずっと釣れ続くことはないよね。とくに最近のスレた日本のフィールドでは滅多にない。ただ、ディープクランクはライトリグで獲れないような強い魚だったり障害物に身を寄せているようなビッグフィッシュを食わせることができる。どっちかっていうと、一撃系の釣りなんだよ。もっと言うなら長く張り出した岬とか沖の

立ち木みたいに目視できないストラクチャーやカバーもスピーディーに釣りやすいっていうところ。スピナーベイトもカウントダウンさせればディープレンジを引くことができるけど、ディープクランクに比べるとスピードのコントロールが難しい。その代わりスピナーベイトは障害物に当てなくても中層の魚を食わせやすい。クランクベイトはリップがあるがゆえに、最初からフィックスされたレンジを引きやすいっていうところがスピナーベイトとの決定的な違いだよね。実はディープクランクはベーシックなルアーなんだよ」

シンキングのスピナーベイトに対し、ディープクランクベイトはキャストの距離をコントロールすることでレンジ調整もしやすくなるという利点もある。マーケットに並ぶ各社のディープクランクベイトは、必ず任意のターゲットレンジがパッケージに記載されているわけだが、大抵の場合はそのクランクの最大到達深度が表記されており、ロングキャストして初めてその深度に達する。キャスト距離が短ければ最大深度には到達しないが、それを逆手にとることで効率もアップするから有効な手立てともいえる。

「俺がよくやるのはディープクランクならではの急潜行を活かして、きっちり障害物に当てながら引く方法。目視できる障害物でも、あえてディープクランクを使うんだよ。例えば水深1mの岩にシャロークランクを当てるには3mの助走距離が必要とするところを、ディープクランクなら1mくらい先に投げればコンタクトできる。とくに最近の日本のフィールドでは大遠

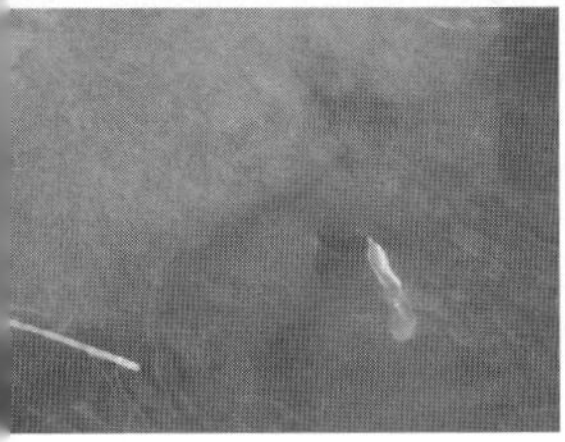

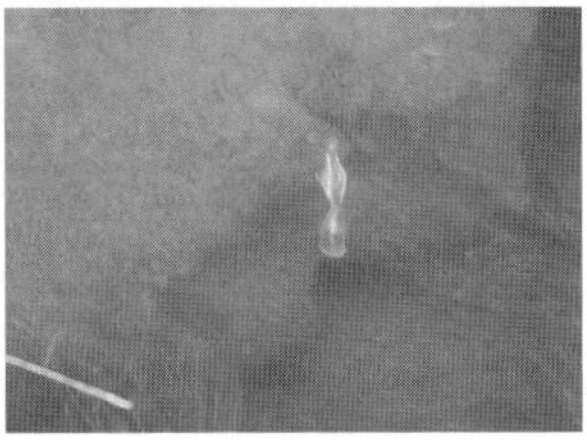

クランクベイトは障害物にコンタクトさせることがバイトを誘発する引き金になる。ショートリップのシャロークランクよりも潜行角度の急なディープクランクのほうが、じつは効率がいい時がある。とくにこういった岩場に潜むバスに効率よくアピールしたいときに有効だ

ショットオーバー5は田辺が絶大な自信を誇るディープクランクだ。ロングビルの弱点であるキャスタビリティーと重い巻き抵抗を独自のデザイン『クランキンリップ』で払拭。10Lbのフロロカーボンでフルキャストすれば、マックス6mレンジも攻略可能。厚めのリップ先端は、ショートディスタンスによるピンポイント攻めを想定し、カバーの隙間に挟まりにくいように設計されているのだ

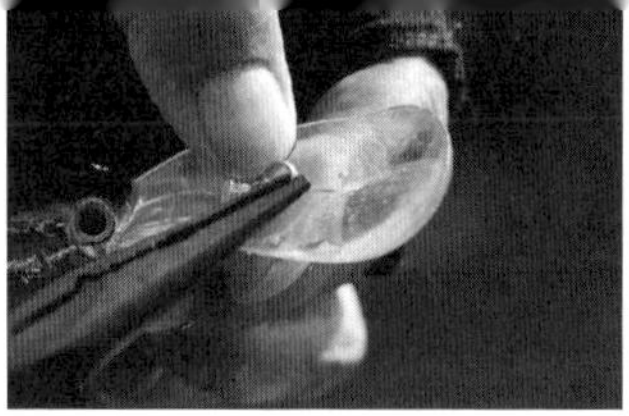

ディープクランクベイトに限らずリップ付きのルアーは徹底したトゥルーチューンがマストだ。少し斜めに泳ぐだけでもディープクランクは任意のレンジに到達できないだけでなく、根掛かりのリスクも高くなる。「アイチューンするときはスプリットリングを外してやるほうが、より正確にできる。よく聞かれるのがスプリットリングにスナップを付けていることなんだけど、これに関してはリック（クラン）に教わったんだよ。動きがよくなって釣れるようになるってね」。リック・クランとは言わずとしれたクランクの名手

投して巻き続けるよりも、障害物をきっちりねらって当てていくほうがよっぽど釣果につながるよね」

田辺的ディープクランクは永続的にボトムを小突くのではなく、カバーのトップあるいはサイドをかすめるように当てるイメージだ。

「ハードベイト全般に言えることだけど、当然風や濁りがあるほうが釣りやすい。ただ、クリアウォーターで晴れているときでもカバーに着いているバスなら食わせられる。目の前に急に現われて障害物に当たった瞬間にスイッチが入るからね。キャストしてから『巻いて、当たらない、当たらない、ぶつかった、食った！』っていうのが理想的」

ディープクランクは線のルアーと思いがちだが、むしろ昨今のフィールド状況では点の釣りとして捉えることが正解なのかもしれない。

右／ディープクランクをより深く潜らせるにはふたつのメソッドがある。そのひとつは、田辺はほとんどやることはないが、ラインを長めに出してエレキで動きながら引きずるドラッギング（ラインイングともいう）、もうひとつが通称ニーリング（ニーイング&リーリングの略）といわれる方法だ。ロッドを水中に突っ込んで巻くことでルアーによっては1m前後深度がアップする

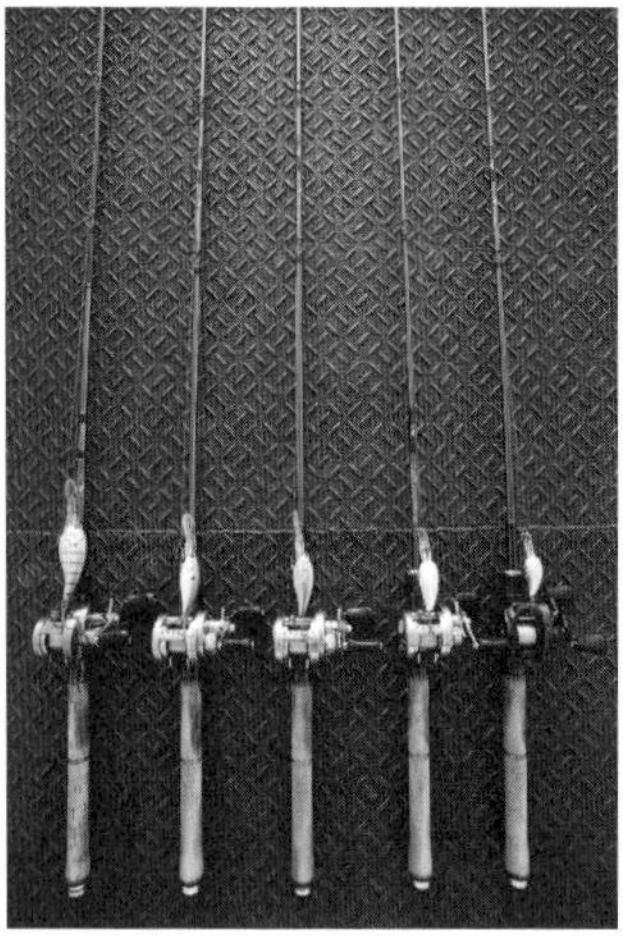

TACKLE DATA

●ショットフルサイズ、ディープフラットサイド用
ロッド：ロードランナーVOICE HB710LL
リール：SLX MGL70HG
ライン：シーガーR18フロロリミテッド10Lb

●ショットオーバー3用
ロッド：ロードランナーVOICE HB680L
リール：カルカッタ コンクエスト100DC
ライン：シーガーR18フロロリミテッド12Lb

●ショットオーバー5用
ロッド：ロードランナーVOICE HB760L
リール：カルカッタ コンクエスト100DC
ライン：シーガーR18フロロリミテッド10Lb

●ショットオーバー5用
ロッド：ロードランナーVOICE HB760M
リール：カルカッタ コンクエスト100DC
ライン：シーガーR18フロロリミテッド14Lb

●ストーミーマグナム5用
ロッド：ロードランナーVOICE LTT690PH
リール：カルカッタ コンクエストDC200
ライン：シーガーR18フロロリミテッド14Lb

※ロッドはノリーズ、リールはシマノ、ラインはクレハ製

ラインサイズの落とし穴

ディープクランクをより深く潜らせる方法の常套手段はラインサイズを細くすること。例えば12Lbのフロロカーボンでクランクベイトをフルキャストして巻いたときに4.5m潜るとする。これを8Lbで同じ距離を投げれば1～2割深く潜らせることができる。その理由はラインが受ける水の抵抗が小さくなるためだ。いうまでもなく強度は太いほど強い。オープンウォーターのディープフラットを線で釣るのであれば8Lbでも問題ない。が、障害物に当てることを前提にするのであればラインサイズを落とすのは危険というのである。

「とくに岩系の硬い障害物を引くような時は細くしすぎるのはよくないよね。深く突っ込みすぎるほど手前の障害物にラインが擦れるわけだから、ラインが傷つきやすくなる。だから障害物をねらって釣るようなディープクランキングなら最低でも10Lb、俺の場合はベースで12Lbくらい。最大震度を求めるような使い方をするなら別だけど、基本はディープクランクだからといって細くしすぎないことだよね」

クランキングをマスターするならそろえておきたいノリーズクランク8選

【ディープクランク編】

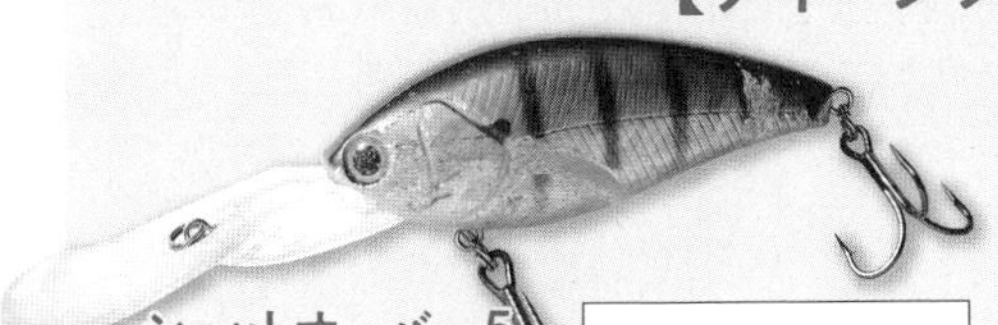

ショットオーバー5

オーバー4をベースに「どうやったらもっと潜らせられるか」というところから開発が進んだ。いきついたのはクランキンリップ。「このサイズのリップだと抵抗が大きすぎてキャストもしにくいし巻き抵抗も強すぎちゃうんだけど、クランキンリップがすべてを解消したよ。俺の中で一番出番の多いディープクランク」

ラトル音	★★★☆☆
フック接触音	★★★☆☆
ウォブリング	★★☆☆☆
ローリング	★★★★☆
ボディーサイズ	★★★☆☆
ボディー厚	★★☆☆☆

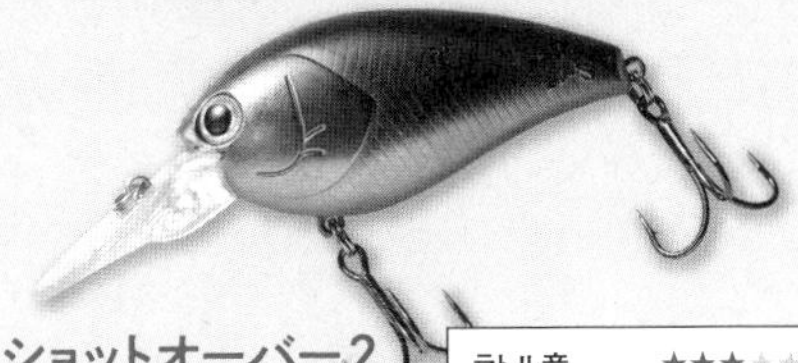

ショットオーバー2

ピッチ、ウォブルともに強めで障害物の回避力も高い。「投げやすく引きやすい優等生だよ。クリアウォーターよりも、水に色がついた水域での出番が多いよね」

ラトル音	★★★☆☆
フック接触音	★★★★☆
ウォブリング	★★★☆☆
ローリング	★★☆☆☆
ボディーサイズ	★★☆☆☆
ボディー厚	★★☆☆☆

ショットフルサイズ

ファットラウンドタイプでありながら、アクションの質はシャッドよりなタイトウォブラー。「俺がよく使うのはステイン～マッディ系のワカサギレイク。霞ヶ浦とか八郎潟での使用頻度が高い」

ラトル音	★☆☆☆☆
フック接触音	★☆☆☆☆
ウォブリング	★★☆☆☆
ローリング	★★★☆☆
ボディーサイズ	★☆☆☆☆
ボディー厚	★☆☆☆☆

ショットオーバー3

「場所を選ばず2.5～3mを引きやすい」。比較的タイトアクションで、主張しすぎないコトコト系ラトル音が特徴

ラトル音	★★★☆☆
フック接触音	★★☆☆☆
ウォブリング	★☆☆☆☆
ローリング	★★★☆☆
ボディーサイズ	★★☆☆☆
ボディー厚	★★☆☆☆

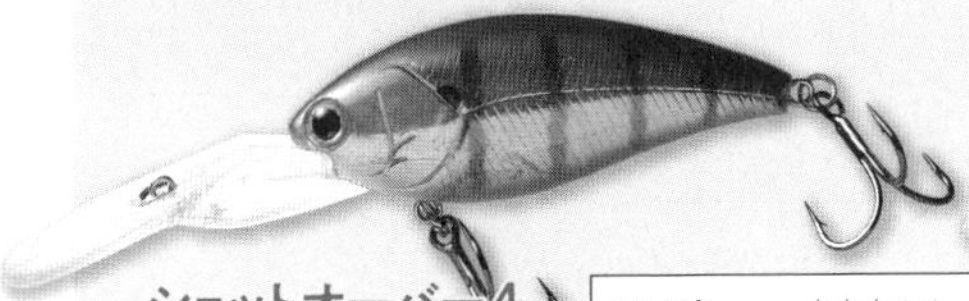

ショットオーバー4

ショットトリプルフルサイズにタングステンウエイトを搭載したチューンドモデル。「クリアウォーター向けの仕様なんだけど、房総のリザーバーみたいなステインでもよく釣れるよ」

ラトル音	★★★☆☆
フック接触音	★★☆☆☆
ウォブリング	★★☆☆☆
ローリング	★★★★☆
ボディーサイズ	★★★☆☆
ボディー厚	★★☆☆☆

ストーミーマグナム5

「オーバー5のでかバージョン的立ち位置。マグナムクランクを急潜行させて岩盤やスティープな場所を釣る、『冬のマグナム』がコンセプト」。アクション自体は控えめだが、圧倒的インパクトのマグナムボディーは存在感充分

ラトル音	☆☆☆☆☆
フック接触音	★★★★☆
ウォブリング	★★★☆☆
ローリング	★★★☆☆
ボディーサイズ	★★★★★
ボディー厚	★★★★☆

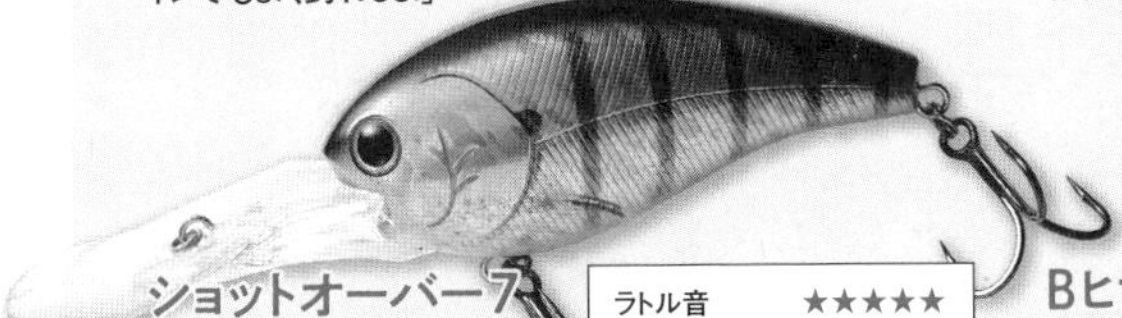

ショットオーバー7

キャスティングで7mに到達できるマックスレンジダイバー。急角度で潜る能力を活用して10～15mのキャストで3～4mレンジを攻略するのにもいい。「アメリカ製みたいなイケイケのツヨツヨではなく、日本のフィールドでちょうどいい強さに抑えてある」

ラトル音	★★★★★
フック接触音	★★★★☆
ウォブリング	★★☆☆☆
ローリング	★★★★☆
ボディーサイズ	★★★★★
ボディー厚	★★★★☆

Bヒララディープ68(改)

ラウンドボディーに比べると障害物の回避力は劣るが、反面、オープンウォーターの中層でも食わせやすい。「これをベースに改良を進めてるんだけど、どこのフィールドでもよく釣れるようにテストしてるところ。立ち上がりも早いフラットサイドならではの明滅も効くと思う」

ラトル音	☆☆☆☆☆
フック接触音	★☆☆☆☆
ウォブリング	★★☆☆☆
ローリング	★★☆☆☆
ボディーサイズ	★★☆☆☆
ボディー厚	★★☆☆☆

**ハードベイトの原点ともいえる小魚をイミテートしたオーソドックスなフォルムは、
日本ではミノー、アメリカではジャークベイトとカテゴライズされる。
その大半はシャロー〜ミッドレンジを想定し
徐々に水温が上昇する春の定番として知られる。
リアルなシェイプでありながら唯一無二のリアクションベイトである。**

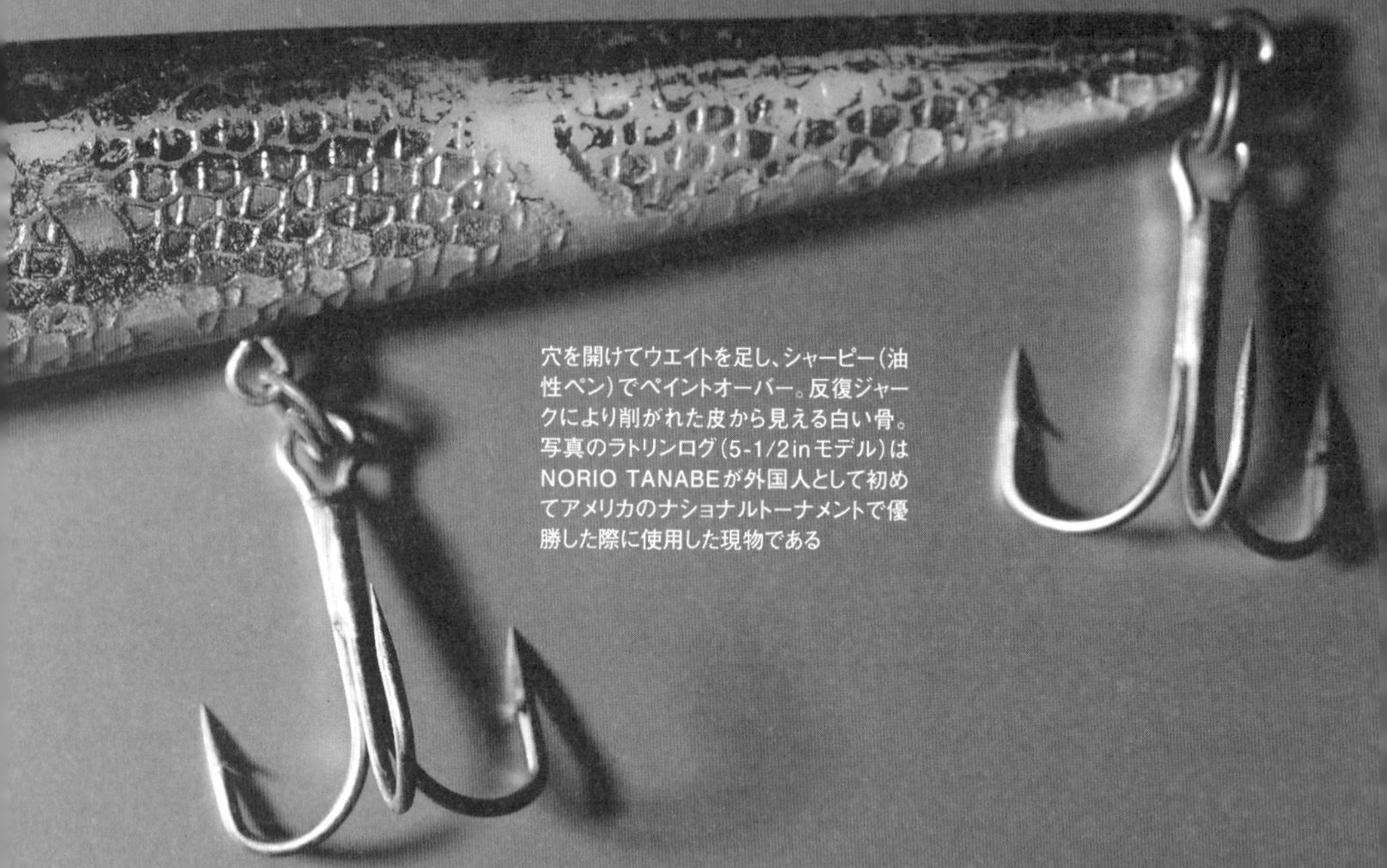

穴を開けてウエイトを足し、シャーピー（油性ペン）でペイントオーバー。反復ジャークにより削がれた皮から見える白い骨。写真のラトリンログ（5-1/2inモデル）はNORIO TANABEが外国人として初めてアメリカのナショナルトーナメントで優勝した際に使用した現物である

「過去の栄光はいいよ。それよりも俺が大事にしたいのは今と未来だからさ」

田辺はそう言うが、ジャークベイトを語る上では避けて通れないエピソードがある。

それが起こったのは1993年4月7〜9日にケンタッキー州ケンタッキーレイクで開催されたバスマスターインビテーショナル戦。田辺はジャークベイト一本で、日本人はおろか外国人では初となるB.A.S.S.戦勝利を挙げたのである。バスマスターインビテーショナルとは、今でいうバスマスターエリート、つまり最高峰のサーキットだ。その功績は過去のデータが一掃されリニューアルされたバスマスターのサイト内の年表にも下の見出しのように刻まれている。

当時のバッグリミットは1日6尾のウエイト制で、およそ300名のアングラーで競われていた。初日をリードしたのは32Lb強をウエイインしたリッ

a B.A.S.S. event, taking the Kentucky Invitational on Kentucky Lake.」

第6部
ジャークベイト

ク・クラン。一方の田辺も7Lbのラージマウスと6Lbのスモールマウスを含むビッグリミットで28Lb10ozを持ち込みクランを脅かした。明くる2日目はサンダーストームによりキャンセルになったが、この天候がコンディションを激変させた。初日はプラクティスで見つけていた6ヵ所のうち3ヵ所だけでビッグウエイトを揃えたクランだったが、最終日は2尾で7Lb弱と失速、田辺は苦しみながらも3尾で14Lb12ozをキャッチし逆転優勝を果たしたのである。

そのときに実際に使っていたのが写真のラトリンログなのだ。

「厳密にいうと、メインで使っていたログはアワセ切れしちゃったんだよ。ラインの途中で切れちゃったから必死になって探したんだけど見つけられなかった。それで、急きょこのログを使ったの。これがなかったら優勝できてなかっただろうね」

「Tokyo's Norio Tanabe becomes the first international angler to win

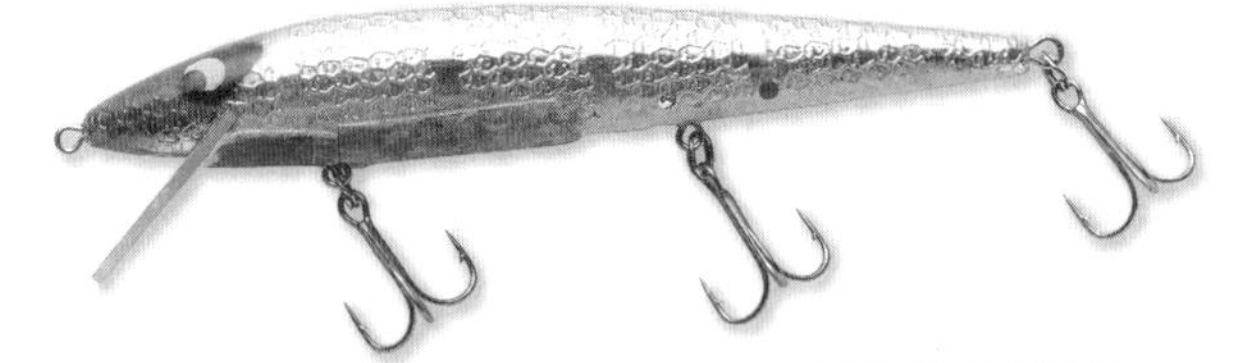

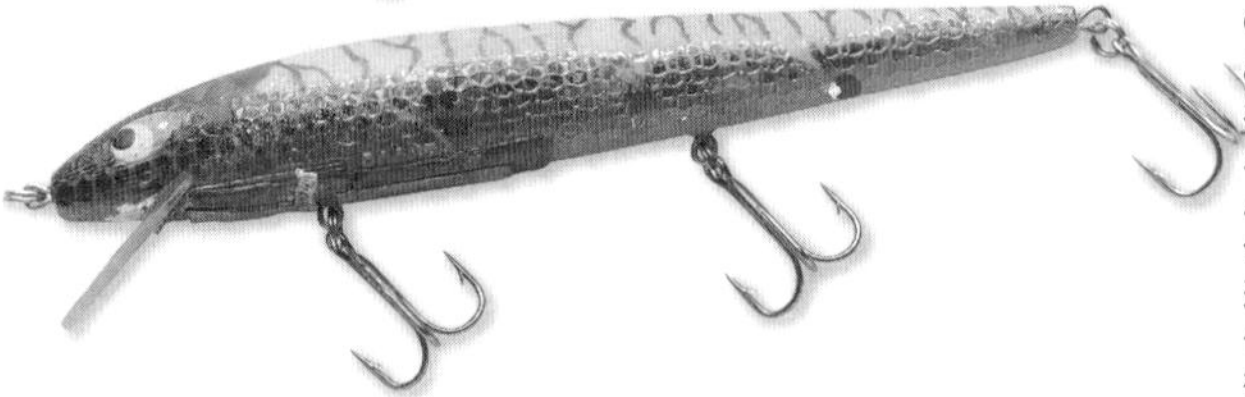

ラトリンログ（スミスウィック）

リアルさからは遠くかけ離れる外見だが、特有のラトル音と当時のアメリカ製ジャークベイトにはなかったクイックなダートアクションが、バスのみならずアングラーをも魅了。ショートリップで水深1m以浅、ミディアムリップが1.5～2mをターゲットにする。意外なことに最初期のラトリンログには同ルアー最大の特徴でもあるラトルが入っていなかったようだ。「ログはボディーのちょうど真ん中くらいを支点に動くんだけど、ただ巻きではあの音は出ないからあんまり意味がない。ジャークして初めてそのポテンシャルを発揮できるよね」。ちなみに、田辺がラトリンログを初めて使ったのはバスマスタートーナメントに参戦する以前のこと。ロッドを上げて左右にダートさせる方法でよく釣れたらしい。まるで神主が神祭用具を振るような動作から「お祓いメソッド」と呼ばれたとか

ロングA（ボーマー）

以前は日本のフィールドでも投げる場面はあったが、レイダウンミノーファミリーが完成してからはすっかり活躍の場が減ったようだ。「こっちは頭から1/3くらいのところに重心があって、よりテールを大きく振る。ロールもウォブルもログよりはだいぶ強い。使い分けとしては、より浅いところとか濁っているときにロングA、ログはどっちかっていうとクリアウォーター～ステインウォーター向きだよね」

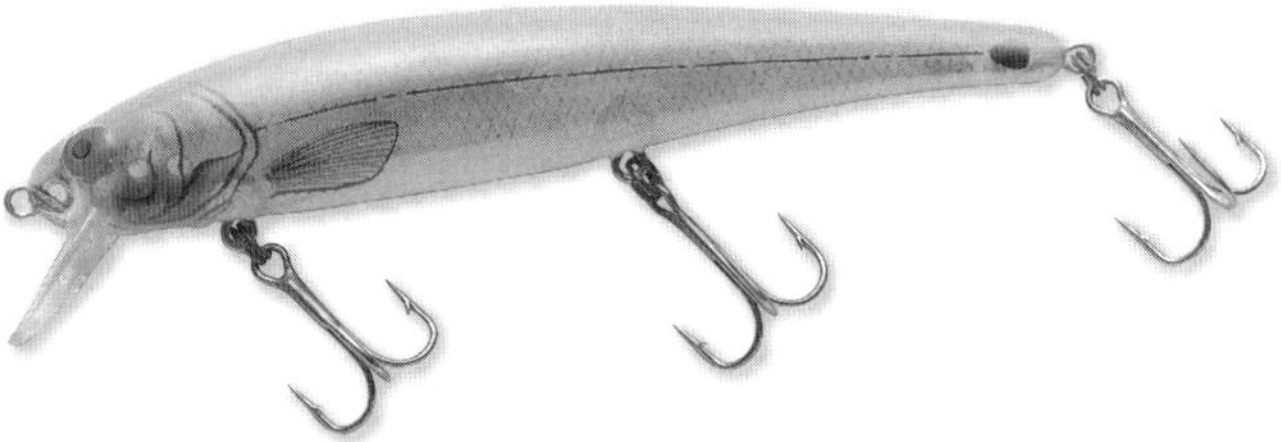

当時のトレンドは ラトリンログとロングA

今でこそ日本にはノリーズのレイダウンミノーシリーズをはじめ、ラッキークラフトのビー・フリーズ（ポインター）、メガバスのヴィジョン・ワンテンといった有能なジャークベイトが陣容するが、田辺がアメリカで戦っていた当時は、日本製ルアーはもとよりアメリカにも一軍に匹敵するものが少なかったという。

「あのころのジャークベイトといったら、ラトリンログ、ロングA、バンゴーミノー、レッドフィンくらいしかなかったんだけど、なかでも支持されていたのがログとロングAだよね。バンゴーはキャスタビリティーに欠けるし、レッドフィンはレンジも浅いし強すぎるからかなり特殊な状況に限られる。後にハスキージャークが出てきて話題になった。あれはログを目指したんじゃないかな。リップの角度も長さもそっくりなんだよ。けど実際は、音も動きもちょっと違うんだよな。キャスタビリティーに関していえばログも同じ。ぜんぜん飛ばないんだけど、完成度が高かったよね。あの時代にボディーだけボーン素材でリップにクリア素材を使うところは確信犯だと思うよ。ボーン素材は浮力が高いし、リップをクリアにすることでより視認性を抑えてある。それにプラスしてあのジャラジャラ音だぜ。ウォブルもロールもロングAほど強くないけど、ログじゃないと呼べない魚は間違いなくいるよね」

1993年、田辺は「外国人として初めてB.A.S.S.戦を優勝」という歴史を作った

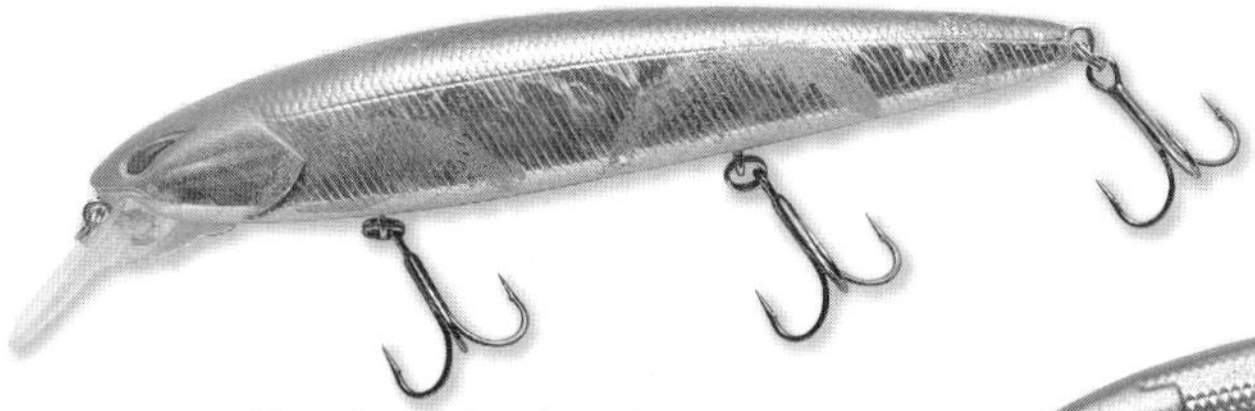

レイダウンミノーミッド110（ノリーズ）

左右へのダート幅は大きめでレイダウンファミリーのなかではウォブルもロールも強めの設計。アクション的にはザ・ジャークベイトというべくウォブルとロールをミックス。動きの質はラトリンログとロングAの中間的といったところ。「110ミッドはサスペンドとフローティングとハイフロートがあるんだけど、レンジ的にはサスペンドとフローティングが1m、ハイフロートが0.8～0.9mくらいだね。フローティングはプリやアフターでいいよ。カバーやウィードエリアなんかでトゥイッチして引っ張りやすい。そこまで浮力も高くないからね。ハイフロートは特別なスイッチを入れるためのトップウォーターミノーといったところかな。ジャークして潜らせて背中で上に水を押しながら急浮上するんだよ。フローティングで出ない魚がハイフロートにはもんどり打って食ってくることもある」

ハスキージャーク（ラパラ）

田辺が一時愛用していたモデル。「ログを目指して作ったんじゃないかな。リップの角度も長さもそっくりなんだよ。けど実際は、音も動きもちょっと違うんだよな」

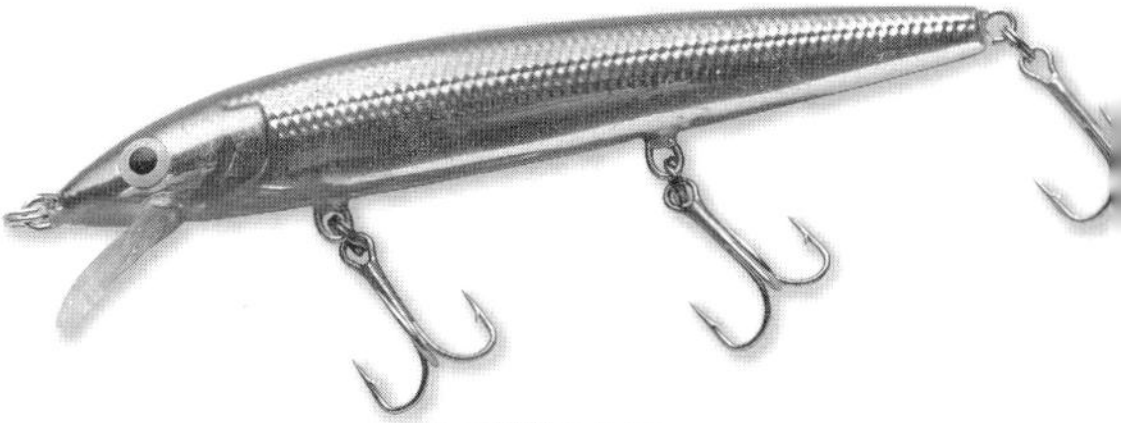

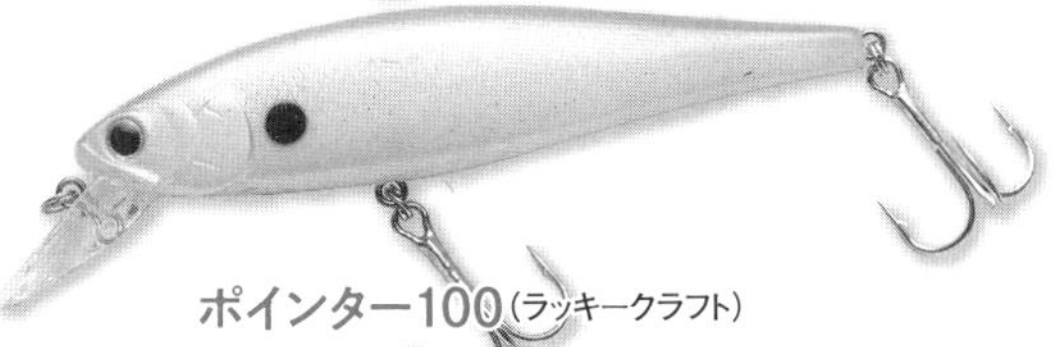

ポインター100（ラッキークラフト）

日本名はビー・フリーズ。アメリカでジャパニーズクオリティーの地位を築き上げたルアーのひとつで、リアルなルックスに加えてキャスタビリティーやダートアクションといった使い勝手がアメリカで受けた。「俺もアメリカで使ったけどかなり強い部類だよね。食いが立っているコンディションでは独壇場。通常サイズのリップでワンレンジ深く潜るっていうのもポピュラーになった理由だろうね」

レイダウンミノー・レギュラー（ノリーズ）

あえて横っ飛びをさせないための湾曲リップを搭載。ただ巻きでは0.8mレンジを力強いウォブリングを見せる。「リップが水を受ける面積は大きいんだけど横に広くないからハイピッチなウォブリングで、止めたときにふらつくのが特徴。通常のエイトリングではなく特殊形状のリグを使っているのもこだわっている部分だね」

レイダウンミノー・レギュラーミッド

「コンセプト的には110ミッドと同じように強めのウォブルでジャークしたときのダートも大きくしてある。ボディーサイズを補うために入れたジャークベイトで、レンジが合っていればオールシーズンいける使用領域の広いジャークベイトだね」。とくに高活性時や濁りの入った水域、また、スモールマウスにも実績

ラトリンログはオリジナルといわれる4-1/2inモデルが一般的だが田辺がケンタッキーレイクで使っていたのはもうひと回り大きい5-1/2inのモデルだった。どちらにもショートリップとミディアムリップがあり、サスペンドモデルもラインナップされていた。

「当時のサスペンディングモデルはフローティングとはまるで別物であまり動かなかった。メインで使っていたのはミディアムリップのほうなんだけど、それが切れちゃったから、ショートリップに自分で穴開けてウエイトを入れたやつを使ったんだよ。色もブラックバックのオレンジベリーっぽくするためにマジックで塗ったんだろうね。今見るとひどいもんだな（笑）。ビッグログは生産が終了しちゃったのかわからないけど、当時は見つけたらとりあえず買っとけ、っていうくらいよく投げたよ」

レイダウンミノー・ディープレギュラー（ノリーズ）

固定重心でありながら、変形ベンドリップを採用することで飛距離も確保。ディープダイビングミノーとしては強いほうだがボディーの振り幅、つまりウォブルはそれほど大きくない。「出番が多いのは11～12月。ディープクランクだとちょっと強すぎる、かつ、オイカワやワカサギを食っているときだね。基本はただ巻き」

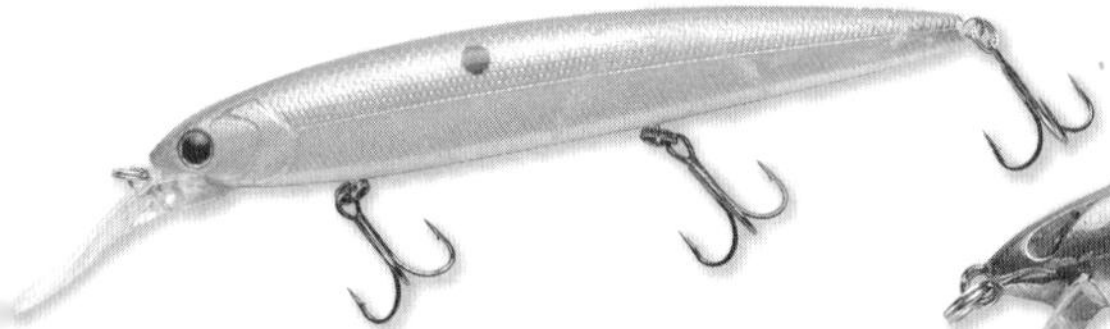

タダマキ112（ノリーズ）

レイダウンミノーシリーズでは届かないレンジを攻略するために開発された。通常のダイビングミノーは頭下がりになりがちだが、田辺は水平よりもやや頭下がりの姿勢にこだわった。「少しだけ頭下がりにすることで泳ぎだしの『プルッ』っていうレスポンスがよくなってキラキラしたロールが伴うんだよ」12Lbのフロロカーボンで扱うことを基準にした際、ターゲットとなるレンジは1.8～2m前後。リップの長さの割にはレンジが深いのは、その形状にある。「タダマキのベンディングリップは俺のオリジナルなんだけど、長くしちゃうと飛距離が落ちるし姿勢も頭下がりになりがちなんだよ。それをこの特殊形状のリップで解消したの。結論としてはジャークベイトが届かないレンジのやる気のある魚を拾えるんだよ。シャッドとジャスワカディープが同カテゴリーだとしたら、タダマキはクランク寄りのダイビングミノーっていう感じだね。とくに12～1月くらいによく釣れる。基本はただ巻きだけど、ポーズを入れることもあるしジャークしても釣れるよ。けどまあ、割合的には8割がただ巻きだね」

レイダウンミノー・ジャストワカサギ（ノリーズ）

ネーミングどおりワカサギやオイカワのサイズに特化させたのがジャストワカサギ、通称「ジャスワカ」だ。タイトウォブル＆ハイピッチアクションは、レイダウンミノーシリーズでは最弱クラス。テスト時にはスーパーセレクティブな高滝ダムのバスがダブルヒットした実績もあり、その個体がそのまま本型に採用された逸話もある。「食わせる力は最高だけど、その代わり引っ張る力は弱いね。ミッドのジャークなら引っ張れるけど、ノーマルのジャスワカは、基本はただ巻きで使うことが多い」

レイダウンミノーディープ・ジャストワカサギ（ノリーズ）

「小さくてリップが長いから空気抵抗もあるんだけど、ちゃんと飛距離が出る。飛距離が出るっていうことはそれだけ潜るってこと。4Lbだったら2.5m、10Lbでも2mは潜るからね。強い食わせ系のダイビングミノーなんだけど、サイレントだからシャッドで食わない魚が釣れたりもするんだよ」

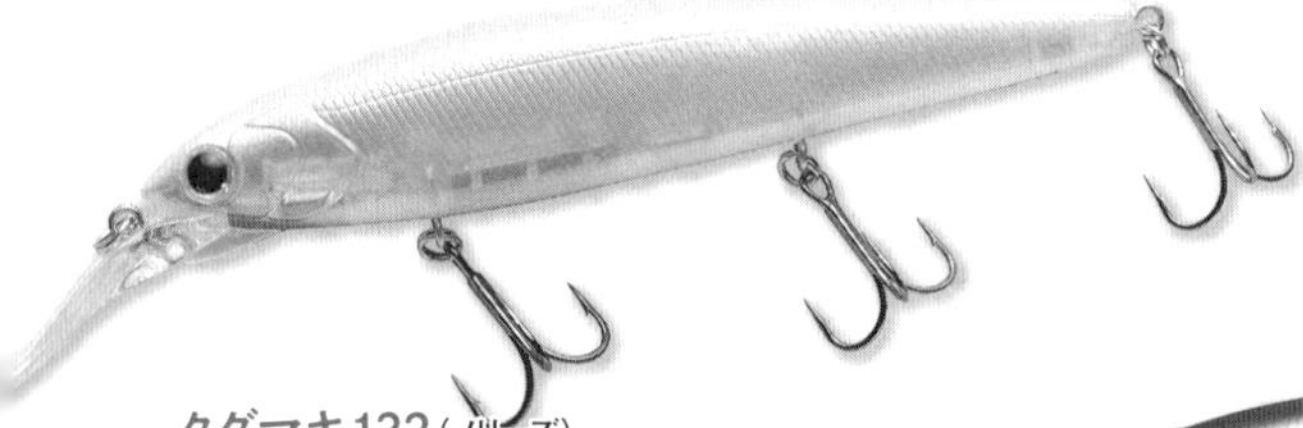

タダマキ132（ノリーズ）

112を大きくした意味のひとつはダイビングレンジにある。112よりもさらに0.5m深い2.5mがターゲットレンジだ。「112のリップを長くしてもただのダイビングミノーになっちゃうからね。場所にもよるけど根本的にはオイカワ、ワカサギ食いよりもハスやハヤみたいな大型ベイトの多いレイクでの出番が多い。これもやっぱり冬のミドル～ディープに強いんだけど112よりはゆっくり巻くことを念頭に置くといいよ。イメージ的にはフラットサイドクランクの細身バージョンっていう感じかな」

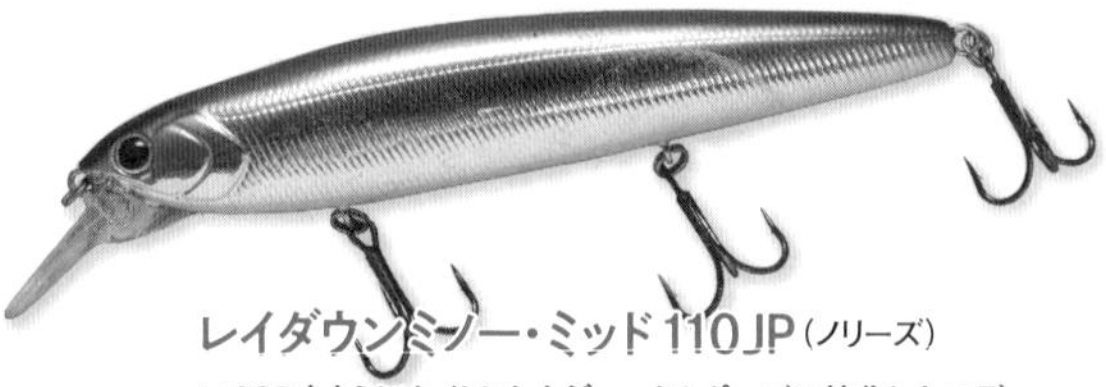

レイダウンミノー・ミッド110JP（ノリーズ）

110SPをさらにタイトにしたジャーク＆ポーズに特化したモデル。ジャークした時はウォブルもロールも控えめ、ポーズではほぼ水平姿勢をキープしバスを魅了。まだ水温が上がりきらない低水温期のバスを浮かせて食わせるのに最適

3月初旬に取材を行なったのは早明浦ダム。朝の気温は氷点下、水温は8℃というまだ冬に近いコンディションだったが……

ジャークベイトとサーモクラインの密接な関係

「春のまだ水温が低いときはジャークベイト、トラップ（バイブレーション）、スローロールが俺のなかで三種の神器のようになってたね。実際にアメリカの春の試合ではこのどれかが優勝に絡んでいることが多かった」

フィールド環境が異なるゆえに日本で常に当てはまるかとは限らないが、いずれのルアーにも共通点がある。キーワードはサーモクラインだ。サーモクラインというのは水の比重によりできる水温躍層のこと。たとえば、湯を張った浴槽にしばらくしてから浸かると、ある層を堺に下層が冷たく上層が温かい。その境がサーモクラインである。これを湖に置き換えると日本では2月中旬ころから起こる現象で、それまでは水温の安定していたディープで過ごしていた魚が冷水を嫌いサーモクライン付近に浮き始めるのである。

シーズナルなバスのコンディションに対し、強さ、スピード、レンジといった要素が最適に働くのが田辺のいう三種の神器というわけだ。

「魚探の画面にチリのようにゴミが映りだして、ディープの魚が釣れなくなってきたらジャークベイトのサイン。春先にジャークベイトがいいのはサーモクラインができて魚が浮き出してから。ジャークベイトは浮いたバスを引っ張り上げるだけの間を取ることができるっていうところが最大の強みなんだよ。シルエットも細身だし、ルアーとしてはそこまで強いジャンルではないっていうのも状態に合っている。根本は他のハードベイトと同じように、やる気のあるバスを拾っていくゲームだよね」

通常、ジャークで使用するジャークベイトはスローフローテ

基本のジャークは2回

ジャークするリズムは多種多様ではあるが、田辺の場合は短めのストロークで2回下方に振り下ろす。3〜4回刻んでしまうとティップが下がりすぎてしまい、フッキングのストロークが足りなくなってしまうのが理由である。度合いとしては2回のジャーキングでジャークベイトが直線距離にして50〜60㎝ほど移動するイメージだ。

強さは水の色やシチュエーションによって変わるが、ささ濁り程度なら、ラインが水切り音を立てないくらいの、比較的ソフトに行なう。2回ジャークしてからのポーズを設けロッドを横にスーッとドラッグしアタリを聞く。この一連の動作がジャークベイトの基本となる。

「琵琶湖のウィードの中から引っ張り上げるとか、もっとリアクションをねらうような時は強くジャークして、もっとサイドに飛ばして目立たせることもあるよ。基本的にジャークベイトはこっちから攻めるっていうよりは、『オマエから来い!』っていうバスに気づかせて食わせるっていう釣りだからね。食わせるっていってもフィネスみたいに無理矢理じゃなく、真っ向勝負っていう部分が楽しいところ。ある意味、ハマればものすごい爆発力があるんだけど、ダメなときはぜんぜん効かない諸刃の剣的なゲームだよ」

TACKLE DATA

●レイダウンミノー110JP用
ロッド：ロードランナーVOICE LTT630M
リール：カルカッタコンクエストDC100
ライン：シーガーR18フロロリミテッド12Lb

●タダマキ112用
ロッド：ロードランナーVOICE HB680L
リール：カルカッタコンクエストDC100
ライン：シーガーR18フロロリミテッド12Lb

※ロッドはノリーズ、リールはシマノ、ラインはクレハ製

ィングないしはサスペンドタイプが一般的だ。春のバスは初夏や秋に比べれば動きはスローで、ルアーを追うスピードも遅ければ距離も短い。また、しっかり吸い込むことができず、いわゆるミスバイトが多発する季節でもあるため、トレブルフックが大きなアドバンテージとなる。これらの観点を踏まえ、バスの習性とコンディションに合致す

ケンタッキージャークと縦ジャーク

基本のジャーキングとは別に、応用編として田辺が実演したのが縦さばきのジャークと強いジャーク。縦さばきとは目でルアーを追うことのできるレンジで操作するメソッドで、水面直下で反応がいい状況やドシャローで有効だ。また、ロッドティップを下げて操るジャークベイトは左右にダートするのに対し、縦さばきでは上方に飛ぶトリッキーなアクションも加味される。一方、強いジャーキングは田辺がバスマスターケンタッキーレイク戦で優勝した際に実践した方法で左右に激しくダートさせるときに用いる。「ケンタッキーレイクで勝った当時はグラスロッドにナイロンラインでラトリンログを使っていたんだよ。普段は左手でジャークするんだけど、バスの状態がイケイケで強くジャークする時は右手でジャークして、左手に持ち替えてスラックを巻き取るの。この持ち替えるときのポーズがちょうどいい食わせの間になるんだよ」

濁りやベイト、水温が上がる夕刻の時合を捉え、2日間で圧巻の11尾キャッチ。早春におけるジャークベイトの有効性を実証した

るのがジャークベイトというわけだ。ターゲットレンジまでダイブさせたところからロッドを下方へ切り裂くようにジャークするわけだが、重要なのはポーズを入れること。ポーズは「浮いたバスを引っ張り上げる間」に直結する。コンマ数秒で敏速に短い距離を移動した物体が止まり、また瞬間移動。いわば究極の静と動が備わった唯一無二の存在なのである。

　ジャークする際のポイントはラインを張らずにスラックを出すこと。スラックを設けることでルアーが横方向へ飛ぶため前方向への移動距離を制御できるのである。イメージとしてはペンシルベイトのドッグウォークに近い。仮にリーリングで行なえば直進して、移動距離が大きくなってしまうので、ダートさせるためにはやはりロッドで操る必要がある。もちろん、ストレートリトリーブが有効な場面もあるが、ジャークベイトの基礎はスラックラインを意識することだ。

　食わせの間に加えて重要なのがレンジである。昨今の高性能な魚探であれば、なんとなくでもサーモクラインはわかるはずだ。機種によって映り方は異なるが、大抵はノイズのような細かいドットがボトムラインから一定層まで表示される。

ジャークベイトのレンジはせいぜい深くても2～2.5mまでだろう。表層から2mにサーモクラインがあるならば1.5～2mまで到達するものを選ぶところまでは想像がつく。それ以上深いレンジならロングビルを選択するのが一般的な考え方だが、田辺の答えはNOだ。

「ロングビルも選択肢として間違いではないんだけど、最近の俺の経験上レンジが深いところのバスはそこまでアクティブじゃない傾向が強い。4mに浮いている魚を3m潜るロングビルのジャークベイトで引っ張り上げることがなかなかできなくなった。やる気のある魚を相手にするなら、まだタダマキ132を巻ききったほうが獲れる確率が高くなったように感じているよ」

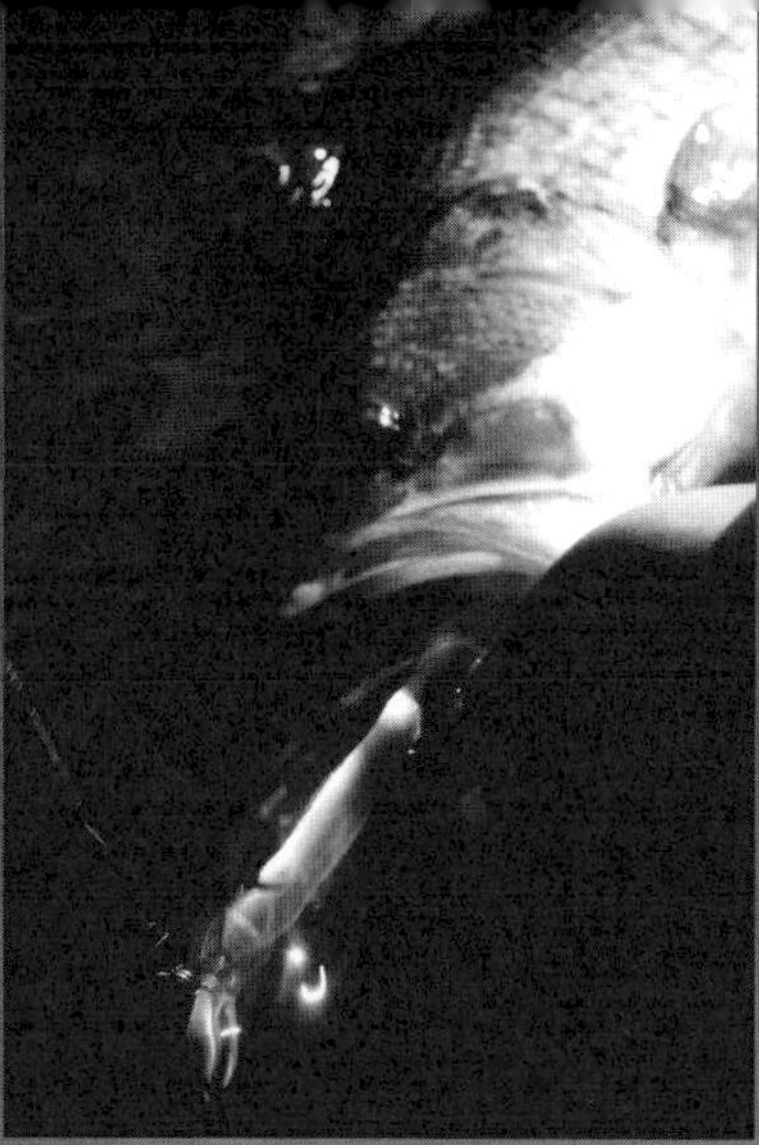

試作中の110JPのテストに同行したのは1月下旬の亀山湖。小櫃川の中〜下流域の水温は8℃だったが、上流は6℃台しかなかった。引き返したくなる数字だが、田辺はワカサギが溜まりそうな地形へレイダウンミノー・ミッド110JPのプロトタイプを投入。数回のソフトなジャークの直後にひったくったのは55cm!! 2500gを優に超えるビッグフィッシュだった

今や不動の地位を築き上げ、
ときにはメジャートーナメントで
ウイニングベイトになることも
珍しくないチャターベイト系ジグ。
シンプルゆえに奥が深く、
トレーラーやブレードの立ち方
ひとつで釣果を左右する。
『キモ』は未知数で、
可能性は無限大なのである。

系ジグ

第7部 チャターベイト

21世紀の革命的ルアー『チャターベイト』

2005年に全米を震撼させたチャターベイト。当時ノンボーターでバスマスターやFLWツアーに参戦していたブライアン・スリフトが公にしたのがきっかけだった。ノーガードのジグにコフィンシェイプのメタルプレートを装着した、ありそうでなかったスイミング専用ジグがそれである。オリジナルのチャターベイトを作り上げたラドルアーズがスポンサードしていたのがスリフトとアンディ・モンゴメリーだ。大学時代からローカルトーナメントに参戦していたスリフトはチャターベイトをひた隠し、ナショナルクラスのトーナメントプロに登録すると同時にその存在を明らかにしたのである。スリフトいわく、チャターベイトだけでバスボート3艇分は勝っているとのこと。ひとたびチャターベイトの存在が知れ渡るとオークションサイトでは定価6ドルほどのルアーが100ドルを超える高値で取引されていたのである。ラドルアーズが抱えたバックオーダーの総額は日本円で1億円を超えるとまでいわれ、一大センセーショナルとなったのである。

「チャターベイトっていうのは商品名だから、バイブレーションプラグの総称としてラトルトラップと呼ぶのと同じ。厳密にはブレーデッドジグ、もしくはチャターベイト系って呼ぶのが正しいよね。それだけ認知された存在だっていうことで、俺自身も流行りだした当時に入手はしていた。初めて釣ったのは潮来マリーナの横にある富士見池だった。何かのイベントでいったときの空き時間にどんなものかっていう気持ちで投げたんだけど、確かによく釣れた。けど、自分のなかでは『これじゃないといけないのか?』って感じだった。なんで釣れるかっていうところまで理解度がついていけてなかったんだよ」

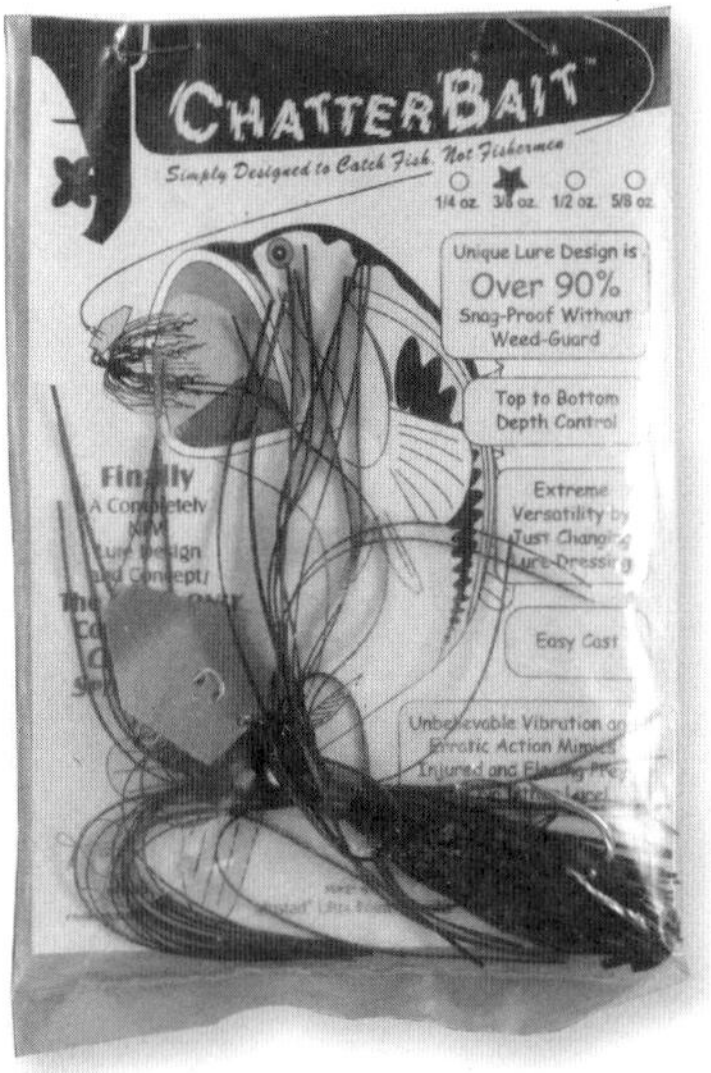

このジャンルのオリジナルはラドルアーズ社の「チャターベイト」。チャターベイトはもともと商品名だった

アメリカではチャターベイトの爆発的人気とほぼ同時に各社がこぞって同タイプのジグを発売したのはいわずもがな。日本でも何社かがその波に乗ったが、アメリカのような評判を即座に得ることはなかった。時は流れ田辺がチャター系に改めて着眼するきっかけとなったのがスイムジグの流行だった。厳密には、日本でスイムジグの流れが来たのは米国チャターブームの後の話である。

「俺自身、最初はチャター系はブレードのフラッシングとかバイブレーションが効くっていう程度の理解度で、そこまで深くは突っ込まなかったんだけど、スイムジグの強いバージョンと位置づけることによって興味が深まっていったね。要は同じリップがついたルアーでもミノーとクランクベイトの違いみたいにね」

もちろんハードベイトほどの強さはないが、横方向の釣りのコマとして強さ配列の中に新たなものとして加わったのである。

「チャター系はスイムジグをはじめとするハイブリッド系の中では一番強い部類に入る。配列としては、いわゆるジグヘッドのスイミングから始まりスイムジグ、ブレードを装着したブリトロ、そしてチャター系になる。ブリトロって呼んでいるのはフットボールジグにシャッドテールとブレードを装着したルアーで、スイムジグのちょっと強い版っていったらいいのかな。これもかなり強い部類ではあるんだけど、それよりも強いのがチャター系だよね。もちろん装着するトレーラーにもよって強弱のコントロールはできるんだけど、俺の中でチャター系はそんな位置づけなんだよ」

田辺が求める チャター系とメカニズム

田辺がチャターベイト系に着手したのは意外に遅く、オリジナルチャターベイトのブレイクから5〜6年が経過してからのこと。その理由は前述したとおりだが、さらに探求することでチャター系の長所と短所が色濃く見えてきたという。

「俺が最もこだわったのはスナッグレス性、音、それとウォブリング」

ブレーデッドジグはウイードや冠水植物といったベジテーションカバーとは相性がいいが、ロックやウッドなどハードマテリアルカバーは得意としない。ヘッドとブレードが可動式ゆえに一度根掛かってしまうと外すのが極めて困難なのである。大抵のケースはフックが障害物に引っかかるのではなく、ブレードとヘッドのジョイント部分がカッチリ挟まってしまい回収困難になる。ましてやクランクベ

フラチャット（ノリーズ）

独特のヘッド形状とクラッカーサウンドが特徴的なチャターベイト系。サイズラインナップは7、10、14、18gの4種で14gのみワンサイズ大きいブレードを搭載。18gはファストリトリーブとバルキートレーラーでの使用を想定し、あえてノーマルサイズのブレードが装着されている。ただし、フックは他サイズと同じ線径でワイドギャップにしてある。またリーリング時にスカートがすぼみすぎないように内側をカットしボリュームを出しているのも田辺のこだわりだ

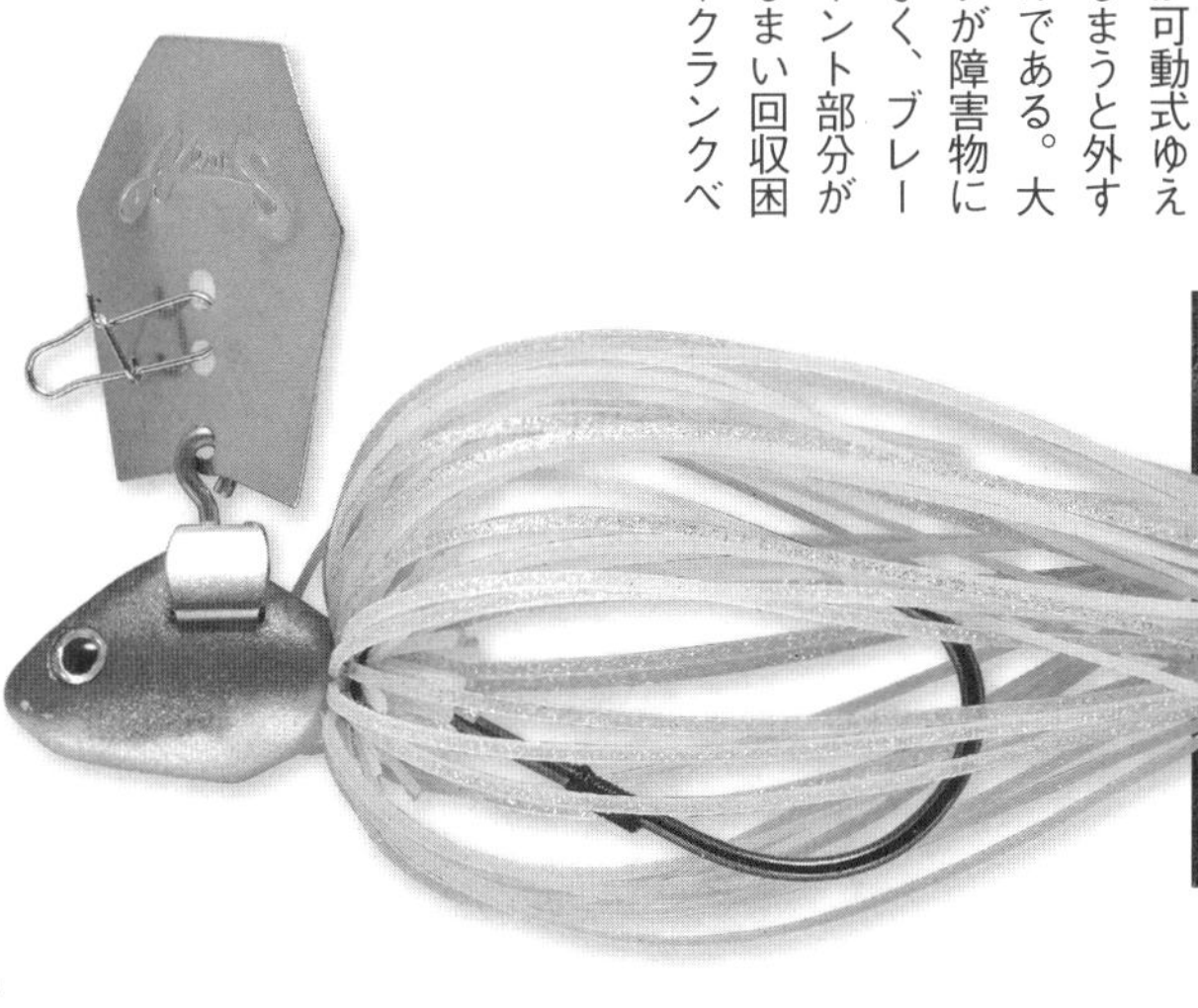

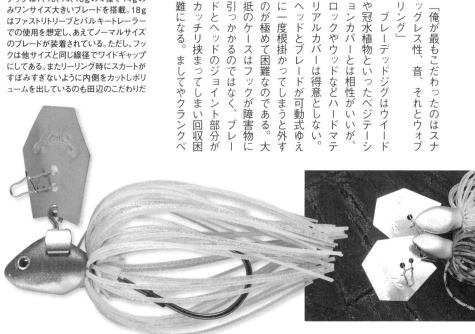

イトとは違いシンキングのため、回収率はさらに低くなる。それをいかにしてチャターベイト系特有の水押しを犠牲にすることなく、引っ掛からずにトレースすることができるかがフラチャットのスタートとなった。

「まずチャター系を理解するうえで大事なのは、チャター系ならではの強さ。そこを突き詰めていってたどり着いたのがブレードを立てるということ。ブレードの平面を正面に向けることで当然水を押すよね。極端な話をすればブレードが左右に動かなくても何もないスイムジグより遥かに水押しは強くなる。アンダーリップのジグとかもあったけど、あれも考え方は同じ。動きだけを考えると、泳いでいるときにリップが斜めになるくらいのほうがウォブリングは強くなるんだけど、動きばかりを気にしすぎるとせっかくのブレードデッドジグなのに魚に気づかせることができなくなっちゃうんだよ。もちろんフラチャットを作るときもブレードを寝かせたものとかいろいろ試作したんだけど、水が抜けちゃう感じで、意外と釣果が伴わなかった。結果的に俺が行き着いたのは垂直に立つリップでボディーが水平姿勢をキープするもの。それでいて動きが大きすぎないっていうところだね。クランクベイトのくくりで例えるなら、フラチャットはハイピッチなスクエアビルって感じかな」

特筆すべきは根掛かりに対する回避力である。ヘッドに注目してみるとすぐに気づくだろう。そう、ヘッド形状はプロリグスピンをベースにフラチャット用にモデファイされたのである。ノーズダウンした特徴的なシェイプはヘッドで障害物をかわし、それでいてフッキングを妨げることのないギリギリのバランスを保つ。また、チャターベイト系の宿命ともいえる、リーリングによる浮き上がりも制御してあるという。

もうひとつ目を引くのはヘッドに設けられたステンレス製のプレートである。リーリングにより水を受けるとブレードが左右に倒れ、その際にヘッドに覆いかぶさるように付属されたステンレスプレートに接触することでカチカチ音を発するのだ。クランクベイトやバイブレーションでいうところのラトル的要素を加味したのである。

「チャター系は、ただ巻くだけじゃもったいないよね。ボトムでコンタクトさせたり、せっかくいろんな使い方ができるジャンルなのに、根掛かったらもともこもないだろ。自分の中で理解して、あらゆる要素を吟味して作り上げていったから時間はかかったけどね」

実際に現場で結果を出し、納得がいくまでテストを重ねる田辺ならではの物づくりに対するこだわりは、フラチャットにも色濃く見られるのだ。

ガードレスでも障害物をかわす設計なのがフラチャット。高滝湖の浮魚礁を係留するロープさえもするりとかわした

早春プリスポーナーとアフタースポーナー

チャターベイト系はリフト&フォールやカーブフォールといった使い方もできるが、基本はファストムービングベイトである。つまり横方向に巻いて威力を発揮する部類。田辺がフラチャットを多用するのは早春とアフタースポーンシーズンから回復傾向にある時期。いずれの場合でもベイトがリンクしているのが条件である。

「早春の場合、とくに亀山ダムをはじめとする房総のリザーバーで俺が意識するのはアカガエル。だからといってアカガエルが落ちてきそうな流れ込みとか岩盤だけにこだわるわけじゃない。それを意識して大きめのトレーラーを装着するっていうこと。春先にフラチャットが有効な状況は濁りが入ってやる気のあるバスがベイトにリンクしているとき。わかりやすいのは雨

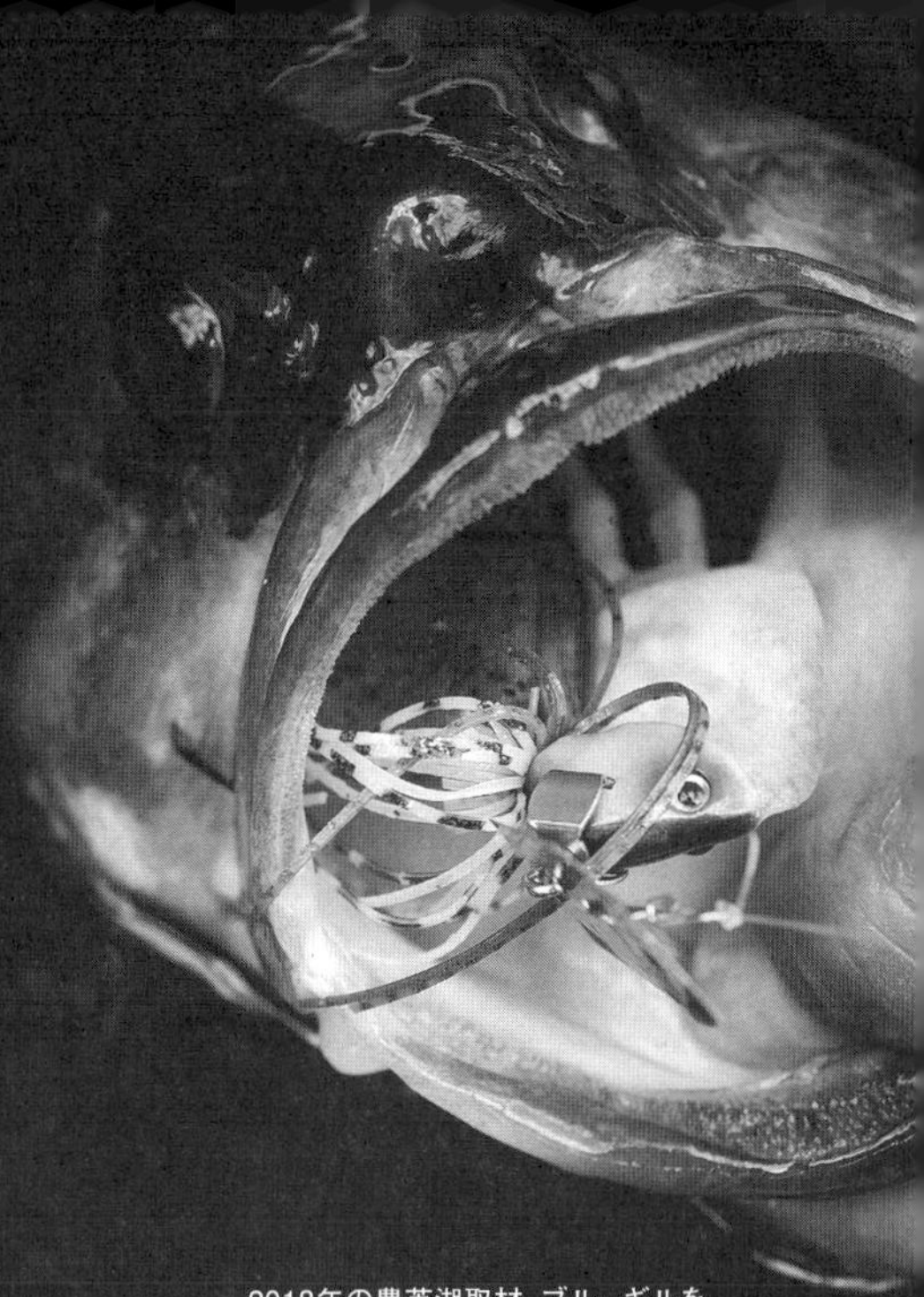

2018年の豊英湖取材。ブルーギルを捕食するバスをフラチャット＋フリップギル3.6inの組み合わせで食わせた

が降っている時の川筋とかね。スピナーベイトやクランクベイトでは強すぎる、かといってスイムジグでは気づかせることができない。この辺の兼ね合いを見ながら導入する感じだよね。引き方は季節や場所に関係なくいろいろやってみないとわからない。水平に引いてくるのがいいときもあればカーブフォールさせてからスローロールさせるとか、こればっかりは現場で試すしかないよね」

産卵から回復し、徐々に横方向へ反応がよくなるタイミングでもチャターベイト系が再燃する。とくにスピナーベイトやクランクには反応するけどフック1本掛かりやバイトが浅いときほどチャターベイト系が効くという。

「俺の経験上、ほかのハードベイトをしっかり吸い込めないっていうのは天候の部分が大きい。スピナーベイトには風が足りないとか流れがないとか、ハードベイト絶対理論にたどり着けないときこそチャター系がいいよね。引き方はその時々ではあるんだけど、ハードベイトに反応する状態にないのであれば、フラチャットでスピードを上げて無理矢理反応させるほうが結果を出しやすい。水面にベイトがいるのにオフ状態なんて状況が出し時。逆にスピナーベイトやクランクで釣れるような状況になってくるとチャター系が弱くなるよね。ここらへんも強さの配列になるんだけど、チャター系のおもしろいところはトレーラーでルアー自体を変化させられるところだよね」

チャター系は トレーラーで七変化

タックルストアに陳列されるチャターベイト系の大半はトレーラーワームが付属されている。なかには本当にこれでいいのだろうかと疑問を抱かされる商品もあるが、それはさておきチャターベイト系のトレーラーといえばスプリットテール、またはピンテール系が相場といったところだろう。チャターベイト系とトレーラーのマッチングに決まりはないが、チャターベイト系特有のウォブリングアクションを活かすのであれば抵抗の大きすぎないトレーラーを選ぶべきだろう。ここでいう抵抗というのはボリュームという意味ではなく、トレーラー自体が大きくアクションするもののこと。パドル部分の大きな強波動のシャッドテールなどがその代表だ。

「結局、後方で水を動かしちゃうとチャター自体とワームが相殺してブレードが寝ちゃうんだよね。目の前で泳がせてみるとよく動いてるように見えるんだけど、実際は引き抵抗も弱くなるし、魚が求めるものとは違うんだよ。俺がフラチャットによく使うのはフリップギル、FGダディ。チャター系のトレーラーとしてはオーバーサイズと思

真夏の津久井湖単独釣行では、FGダディの縦付けセッティングがハマった。ボリュームがあるにもかかわらず、チャターの動きを殺しすぎないトレーラーとの組み合わせがビッグフィッシュに効く

FGダディ水平セッティング

Fはフロッグ、Gはブルーギルのギルを表わすワーム素材のチャンク。早春のアカガエルを意識してフラチャットへ装着する際は水平になるようにセットする。横付けすることによりバスが下方向から見上げた際にシルエットがはっきりするためだ。巻き抵抗は重いがFGダディ自体は控えめにバイブレーションする程度。つまりフラチャットの持つアクションを妨害しないのだ

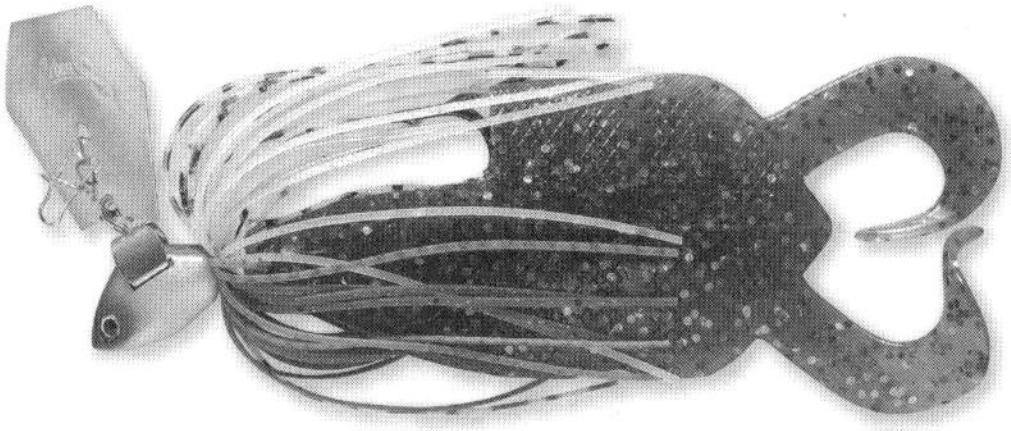

FGダディ縦付けセッティング

ファストリトリーブを想定して5/8ozとの組み合わせで使用。「実際はどうかわからないけど、イメージとしてはギルだよね。着水してスラックを巻き取る頃には1mくらいまで沈む。そこからそのレンジをキープしつつ岩や木に当てながら食わせる感じだね。ダディは水平方向のルアーだから厳密には左右非対称なんだけど5/8ozのフラチャットなら速巻きしても斜めにならずに真っ直ぐ泳ぐよ」

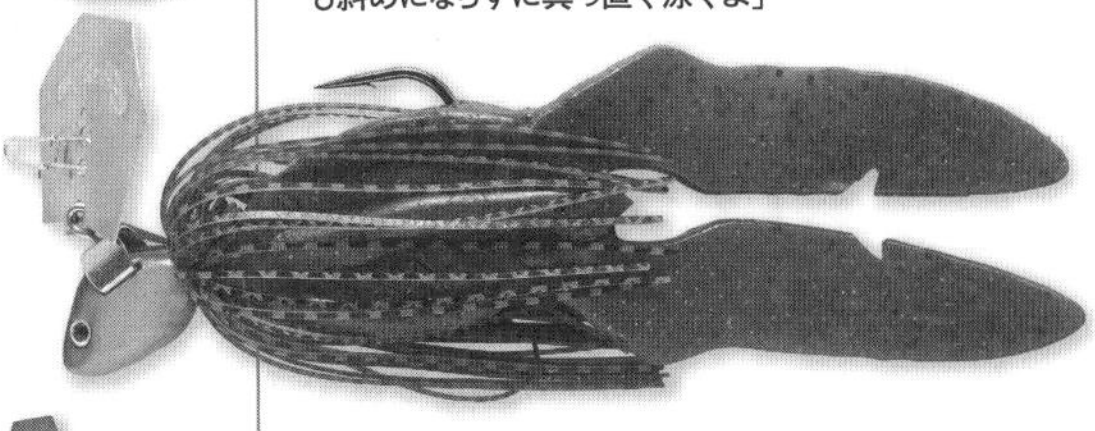

3.6in フリップコギル

「コギルをトレーラーにするのは夏のアオコが発生したときがナンバーワンだね。バスの視覚に突然シルエットのはっきりしたものが現われることで、ライトテキサスとかの真っ向勝負で口を使わないニュートラルなバスにスイッチを入れられる気がする」。FGダディ同様、フリップコギルも縦付けにすることでクイックな動きを演出できる。FGダディとの大きな違いはボリューム感。コンパクトな分、フラチャットも軽めの3/8か1/2ozとの相性がいい。ただし、5/8oz以外はレギュラーフックのため、ワームを写真のようにカットする必要がある。「シャンクの長さ分だけカットするだけでフッキングがよくなるよ」

レディーバランス

「これはハスとかオイカワみたいな細身のベイトフィッシュ系で、ややボリュームアップさせて速巻きできるようにデザインしてある」。ある意味動きを強制的におさえて、スピードのある強いI字系の動きを作り出した

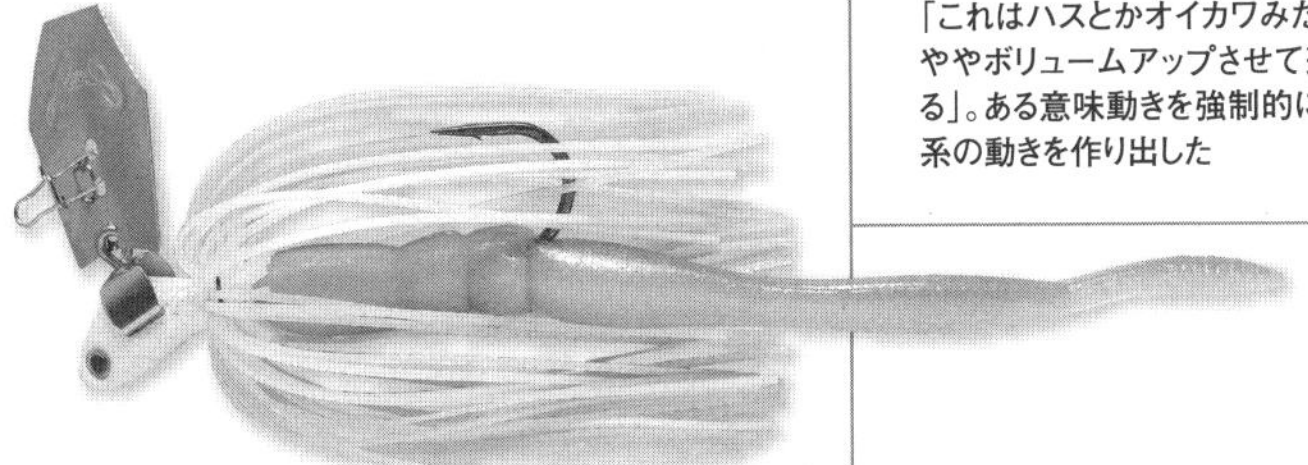

シュリルピン5inクラス

「実はフラバグのベースになったのがシュリルピンなんだよ。これにもっとボリュームを持たせて完成させたのがフラバグ。細身のストレート系はフラチャットをはじめ、チャター系の動きを相殺することなくポテンシャルを発揮するよね。ただ、動きすぎるのは俺の中ではイマイチだから、ここもトレーラーで調整することが重要なんだよ。シュリルピンはワカサギやオイカワを追ってるときにいいよ」

フラチャットにはトレーラー用として2本付属されているが、単体でも別売りされている。「季節、場所を問わず一番オールマイティーなチャター系トレーラーだよね。ワカサギ場でもオイカワ場でもギル場でもザリ(ガニ)場でもいいし、速巻き、スローロール、沈めてもオーケー!」

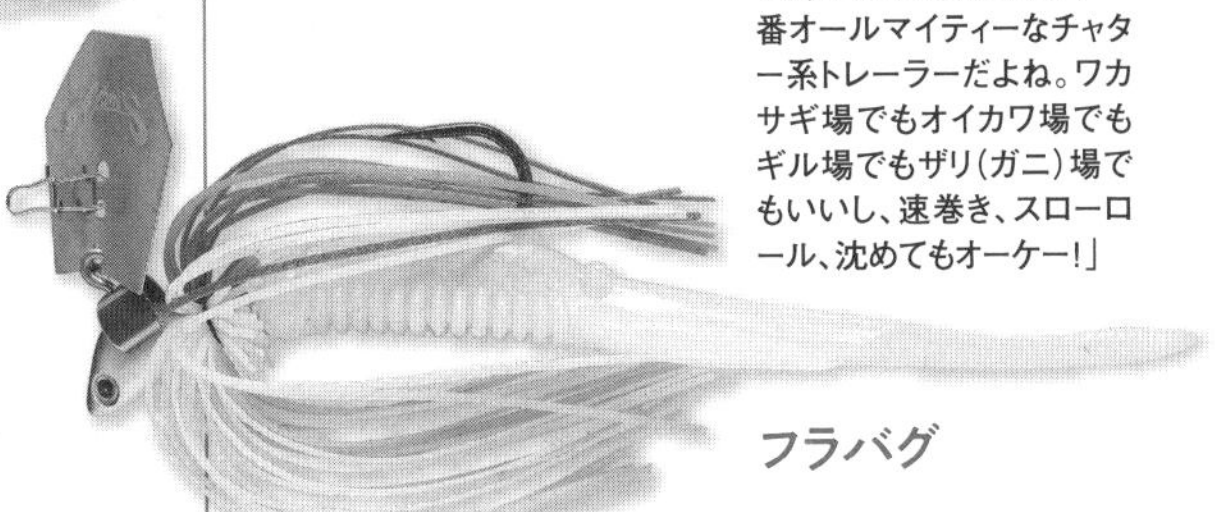

フラバグ

えるくらいボリュームがあるんだけど、抵抗自体はそこまで大きくない。実際に引いて目で見ると相殺しないことがよくわかるよ」

一見するとアンバランスな組み合わせのようだが、ボリューミーなシルエットをファストリトリーブすることでビッグフィッシュにスイッチを入れられることがあるようだ。事実、このセッティングを試し始めて間もなく結果を出している。関東屈指のハイプレッシャーレイク、津久井湖、相模湖の両湖で50㎝アップをキャッチしているのだ。

「このセッティングが効くっていう確信はなかったんだけど、興味本位でやったら朝イチから48㎝が津久井で釣れて、半信半疑でやってたら50㎝アップが釣れ、翌週に相模湖で試したらこれまた50㎝アップが釣れたんだよね。毎年、津久井湖、相模湖はそれなりに釣りしてるけど、ここまでの釣果ってなかなかないよね。別に天候が荒れてたというわけでもない夏の暑い日の釣果だから、この組み合わせが効いてるとしか思えない。5/8ozでスピードを出すっていうのがキモだと思う。

もちろんこの組み合わせが万能っていうわけではないよ。ダディやフリップギルはギル系を食っているときのほうが圧倒的に強い。ハス食いの季節だったらピンテール系のワームだね」

チャターベイト系はトレーラーひとつで顕著に釣果に差が出ることもある。

マッチザベイトを念頭にジグの重さとボリュームの関係、またトレーラーのシェイプによってスピードとウォブルの強さも変わるのだ。

チャター系ロッドはファストムービング用かジグ用か

チャターベイト系はメーカーによってフックの太さもまちまちである。当然、フックが太いほどフッキングパワーを要するため腰の強いロッドが必要となる。一方で、常に横方向へ巻くことを考えると巻き物用のいわゆる乗り調子がいいとも考えられる。

「ロッドに関しては確かに俺も最初迷ったね。軟らかすぎると障害物を弾いてくれないし、かといって硬すぎるとショートバイトを弾いちゃうからね。フラチャットはクリスタルSファミリーよりもワンランク太いフックを使っているから、サオもワンランク硬め。3/8ozのフラチャットにフラバグを付けて普通に巻くような使い方だったらハードベイトスペシャル640MLか680M、ダディみたいな大きめのトレーラーを背負わせるんだったらLTTの690PH、軽いモデルだったらLTT620PMHあたりがベストだね。ラインに関しては、俺は全部フロロカーボンを使ってる。ウイードレイクだったらPEもアリかもしれないけどね」

TACKLE DATA

●フラチャット1/4、3/8oz用
ロッド：ロードランナーVOICE HB640ML
リール：カルカッタコンクエストDC100、メタニウムなど
ライン：シーガーR18フロロリミテッド14Lb

●フラチャット1/2oz（フラバグ）用
ロッド：ロードランナーVOICE HB680M
リール：カルカッタコンクエストDC100、メタニウムなど
ライン：シーガーR18フロロリミテッド16Lb＝牛久沼、12Lb＝高滝湖

●フラチャット1/2oz（FGダディ＆レディーバランス）用
ロッド：ロードランナーVOICE LTT620PMH
リール：メタニウムDC HG
ライン：シーガーR18フロロリミテッド16Lb

●フラチャット5/8oz（FGダディ）用
ロッド：ロードランナーVOICE LTT690PH
リール：メタニウムDC HG
ライン：シーガーR18フロロリミテッド16Lb

※ロッドはノリーズ、リールはシマノ、ラインはクレハ製

高滝湖取材で新発見の「ネイキッドフラチャット」

田辺道場（『Basser』2017年8月号）の取材で訪れたのは6月の高滝湖。ニュートラルなコンディションに苦戦を強いられたが、試行錯誤してたどり着いたのがスカートレスの『ネイキッドフラチャット』だった。3/8ozにあえて高比重のレディーフィッシュを装着。こうすることで浮き上がりを制御できるのではないかという田辺の読みは的中。ワカサギに執着したバスが反応しだしたのだ。スカート付きに比べると視覚的な強さはないが、ジグヘッドよりは遥かにアピール度が高い。アオコが水中に撹拌した状況だったが、明らかにこのルアーを選んでバイトしてきたのだ。

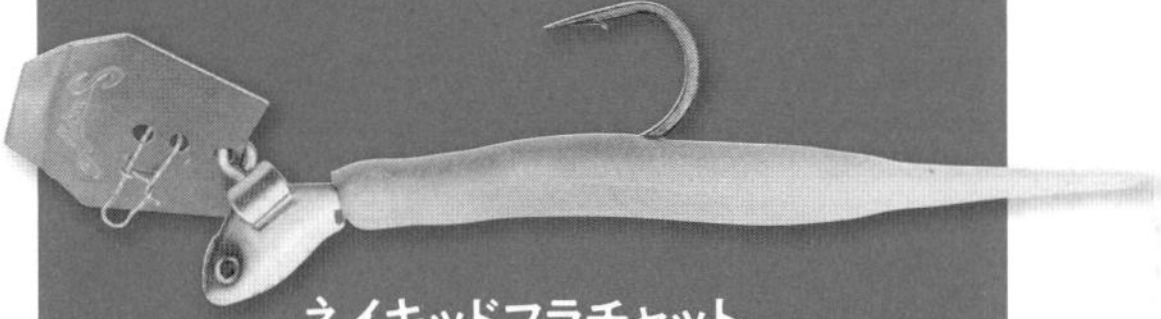

ネイキッドフラチャット

3/8ozのスカートを外してレディーフィッシュを装着。一見するとたよりなく見えるがスカートレスにすることでさらに浮き上がりを抑え、スローロールでもしっかり振動を伝える。ウォブルヘッドに代表されるスクラウンジャーの強い版といったところだろう

「道路跡」と呼ばれる高滝湖のメジャースポット。ライトリグで流したアングラーのあとから連続でバスを反応させた

ビッグスプーンとは似て非なるもの

ビッグスプーンを除けばメタルジグと呼ばれるものは、せいぜい1ozがマックスクラスで、金属の塊でできているのが一般的だが、さまざまなタイプが存在する。ベースとなる3種類を大別するとワサビーに代表されるジギングスプーン、テールにブレードが装着されたスピンテール、それにメタルバイブが代名詞のブレードジグである。

共通するのは、素材はもちろん、どれもコンパクトボディーであること。コンパクトさがメタルジグの特徴のひとつであり、これこそが冬のバスを釣るために重要な要素のひとつと田辺は言う。

ところでメタルジグの釣りは冬のものと思われがちだが、それも一概にはいえない。冬はバスのレンジが深くなるため効率よく探れる点で考えればメタル

第8部
メタルジグ

**メタルジグは冬のディープの定番だが
それだけで終わらせるのはもったいないと田辺は言う。
メタルワサビー、インザベイト、ジャカブレードの
ノリーズメタル三本柱に加え、
ダイラッカのノウハウを余すとこなく解説する。**

ジグが有利であるのはたしかだが……。

「まずメタルジグの利点を考えてみると、1ヵ所で上下に操ることができることだよね。それと最近一番感じるのは小ささゆえの食わせる力があるということ」

冬が進むにつれ水温が低下すると、バスのみならずベイトとなる小魚やエビなどもディープに移動する。最もわかりやすい例を挙げるならワカサギである。冬のワカサギ釣りは、湖の平均水深にもよるが10mより深いタナを釣ることも珍しくない。ワカサギ釣りの仕掛けにブルーギルの稚魚や他魚種が掛かることもよくあることだ。ベイトフィッシュを主軸に考える田辺の釣りにおいては、メタルジグのサイズ感がマッチ・ザ・ベイトそのものなのである。むろん、オイカワやほかの中〜大型のベイトフィシュも冬のディープレンジを生息圏とすることもあるが、

低水温期の低活性のバスはそれらを追い回して食うことが困難というのが田辺の見解だ。ただし、日並みによっては冬のダイラッカもある。もちろんベイトとリンクされるのが前提だが。

「メタルジグはボディーも小さいんだけど、小さい中にもフックがボディーに干渉することによって発する音やブレードがぶつかる音、それに着底音っていう効果も見込める。よく不規則フォールによるリアクションバイトって言われるけど、それは人間の思い込みの部分が強い。もちろん、目の前に落ちてきたら条件反射的に食って来ることもあるけど、一番のキモは小さいっていう部分だよね。俺も昔は冬のバスは条件反射と思ってたけど、やっていくうちにそれだけではないことに気付いたんだよ。それともうひとつ言えるのは、メタルジグはどんなコンディションでもいいかっていったら、そうではない。バスがハードベイトを追うようなコンディションじゃないとダメだということ」

　ベイトフィッシュのサイズ、バスのレンジに合わせて効率よく釣ることができるのがメタルジグなのである。逆にいえば小型のクランクやシャッドが届くレンジであればメタルジグを導入するまでもないということ。

「あんまり浅すぎるとラインの抵抗を上手に使えなくてフォールスピードが速すぎちゃうから、せいぜいメタルジグのレンジはミニマムで2mくらいじゃない。牛久沼とか印旛沼みたいなところでは出番がないけど、浅いところでいったら冬の利根川のテ

冬にメタルが有効とされる理由は、そのコンパクトさにあると田辺は言う

ラインの種類ごとの特性を理解し、それを適切な状態に操ることがメタルの効力を最大限に引き出すキモだ

トラ撃ちとかね。3～4mくらいにこぼれてるテトラなんかは効くよ。夏は中層に浮いているバスをねらうこともできるし、ある意味メタルジグはオールシーズン活躍するハードベイトっていえる。実際、高滝ダムでは夏にメタルゲームがものすごくハマることもあるからね。はっきり言えば、ベイトとバスが深場でリンクしていればいつでもありっていうことだね」

ラインサイズによる水の抵抗とメタルジグの関係

基本的にスプーンタイプのメタルジグはフォールで食うことが8～9割といわれる。ビッグスプーンの場合はある程度規則的に一定の速度でフラッタリングしながらフォールするが、一般的なジギングスプーンタイプは水の抵抗を受けたり逃したりしながら不規則に落ちる。これこそがバスにスイッチを入れる要因で、田辺はニュアンス的に「スピナーベイトやクランクベイトのヒラ打ちと似てる」と言う。とくに田辺がデザインしたワサビーはその傾向が強い。ワサビーについては後述するが、田辺がメタルジグを操るうえで重要視するラインについては特筆事項である。

まず、田辺はメタルジグの釣りにPEラインとフロロカーボンを使い分ける。PEラインはスピニングタックルでリーダーにはフロロカーボンをひとヒロ強、ノーネームノットで結合する。概ね10g以下の軽～中量級メタルジグに使用する。一方、フロロカーボンを直結で使う場合はベイトタックルを用い、おもに10gより重いジグ、あるいはカバー絡みのジギングに多用する。PEは伸度が圧倒的に低く強度があるためフッキング率を上げることができて感度もいい。また、細いがゆえに水の抵抗を抑えられるため軽量のジグでも操作しやすいのだ。さらには、PEラインにはフロロカーボンにはない浮力があるのも大事なところ。浮力があるからキャストしてシャクり上げても、ほぼ真上にジグが引っ張り上げられるのである。

「エギングをやったことがある人間だったらわかると思うんだけど、フロロを使ってシャクると餌木が手前に来すぎてスライドフォールしなくなっちゃうのと同じ理論だよ。もちろん真上からシャクるならフロロでもいいんだけど、ちょい投げでもキャスティングでも、狭い範囲で上下にシャクるなら絶対にPEだよね。ただ、ひとつだけ注意しないとならないのは、伸びがないぶんダイレクトに動きが伝わるからシャクり過ぎてエビになりやすいってこと」

エビというのはラインがフックに絡まり動きを妨げる現象のこと。ジギングの強弱はタックルとのバランスもあるため、言葉で説明するより実践で覚えるほうが早いだろう。

フロロカーボンは比重が高いため、キャストして着底後にシャクり上げても横方向への移動が大きくなってしまう。キャストする距離が長いほどラインが沈むのでジグが横に引っ張られる距離も大きくなるのだ。ゆえにフロロカーボンを使う目安としてはバーチカルなジギングかカバー絡みの釣り、あるいはヘビーウエイトのメタルジグに限られるのだ。

「PEラインの太さは、最近は0.6号に落ち着いてたんだけど0.6号だとジグの動きが速すぎちゃうと感じることがあるから、もっと突き詰める必要があると感じてる。当然、太くなればジグのフォールスピードも抑えられるからね。ジグの重さで調整するっていうのはもちろんアリなんだけど、さっきもいったように冬のベイトは小さいから、ジグは小さいままでラインのサイズでスピードをコントロールするっていうところが今後のテーマでもある」

スピニングタックルで小型メタルを操る際の必須アイテムがPEライン。太さの使い分けも重い意味をもつ

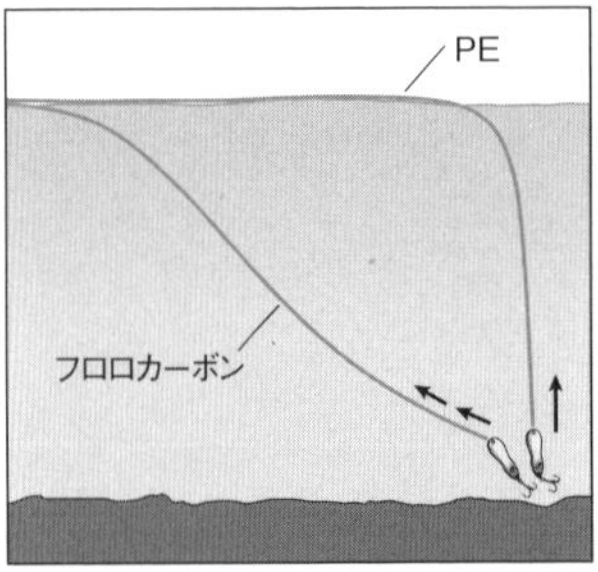

メタル使用時の
PEとフロロカーボンの違いイメージ

PEラインは浮力が強いのでキャストしてシャクり上げても、ほぼ真上にジグが引っ張り上げられる。横方向への移動距離を抑えつつ誘えるのが強み

メタルジグを極めた 田辺のワサビー小ジャクリ

田辺はメタルジグゲームのベースとしてワサビー18gを筆頭格にし、それから状況に応じインザベイトやジャカブレードにシフトする。ワサビーはいわゆるジギングスプーンと呼ばれるタイプでバーチカルな攻めが基本だ。ジギングスプーンのシャクリ方は各々のアングラーがリズムやシャクり上げる幅を持っているが、田辺のシャクリは根掛かりを避けつつ、ワサビーの動きを最大限引き出す、実に理にかなった方法である。

ロッドの振り幅は時計の文字盤に置き換えたら8時から11時あたり。この幅の中で3〜4回に分けてチャッチャッチャと鋭くシャクり上げる。シャクり上げたらフォールさせる前にもう一度だけ小さくあおり、ワサビーの姿勢を横向きにする。強制的に横向きにすることで、意図しない大きなバックスライドを避け、同じポジションでジギングしやすいのである。最後のシャクリについてはイラスト解説をしているとおりだ。

　フォーカスすべきは短い振り幅の中で小分けにシャクリ上げることである。

「これは俺が勝手に小ジャクリって呼んでるんだけど、こうすることでシャクり上げた時にもフォールと同じように不規則に動かすことができる。それと小ジャクリすることで根掛かりを回避できるんだよ。1回のシャクリでストロークを大きくしちゃうと立ち木やスタンプにぐっさりフッキングしやすくなっちゃう。小ジャクリにすることでそのリスクが激減するよ。『根掛かってないよね』って確認しながらシャクり上げていく感じかな。小ジャクリだったら万が一、カバーに掛かっても深く刺

田辺は「小ジャクリ」が身体に染みついているという。時計でいう8時から11時の幅で3〜4回に分けてチャッチャッチャとシャクる

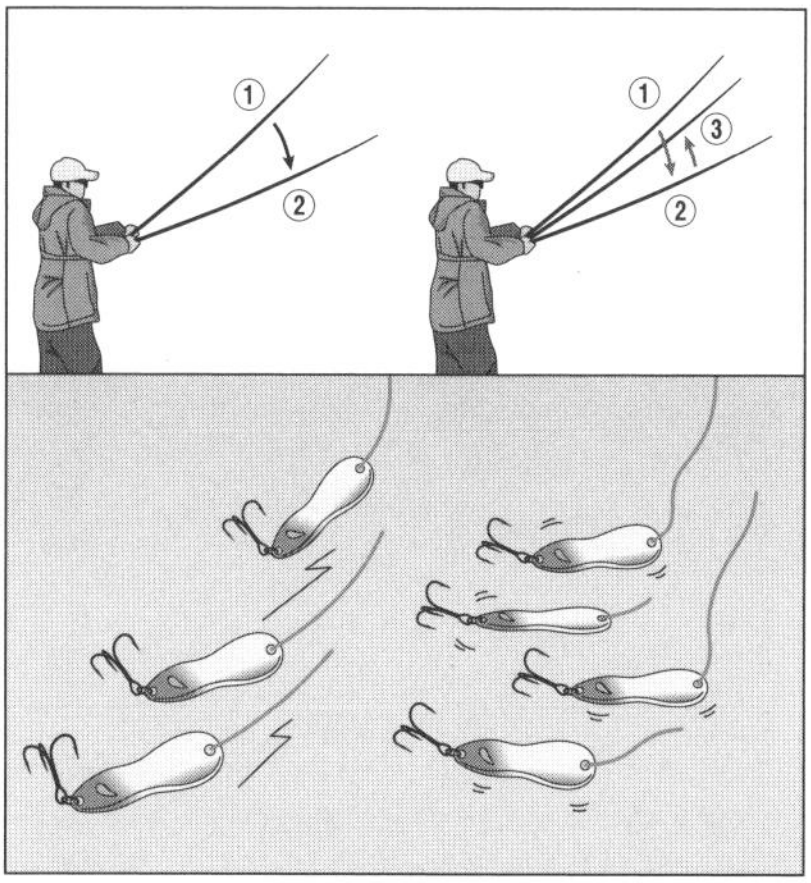

ワサビーの特性を120%引き出すワンアクション

左が通常のシャクリ。右が田辺の言うプラスワンアクション。フォール姿勢を横向きにすることでスピードを適度に制御できる

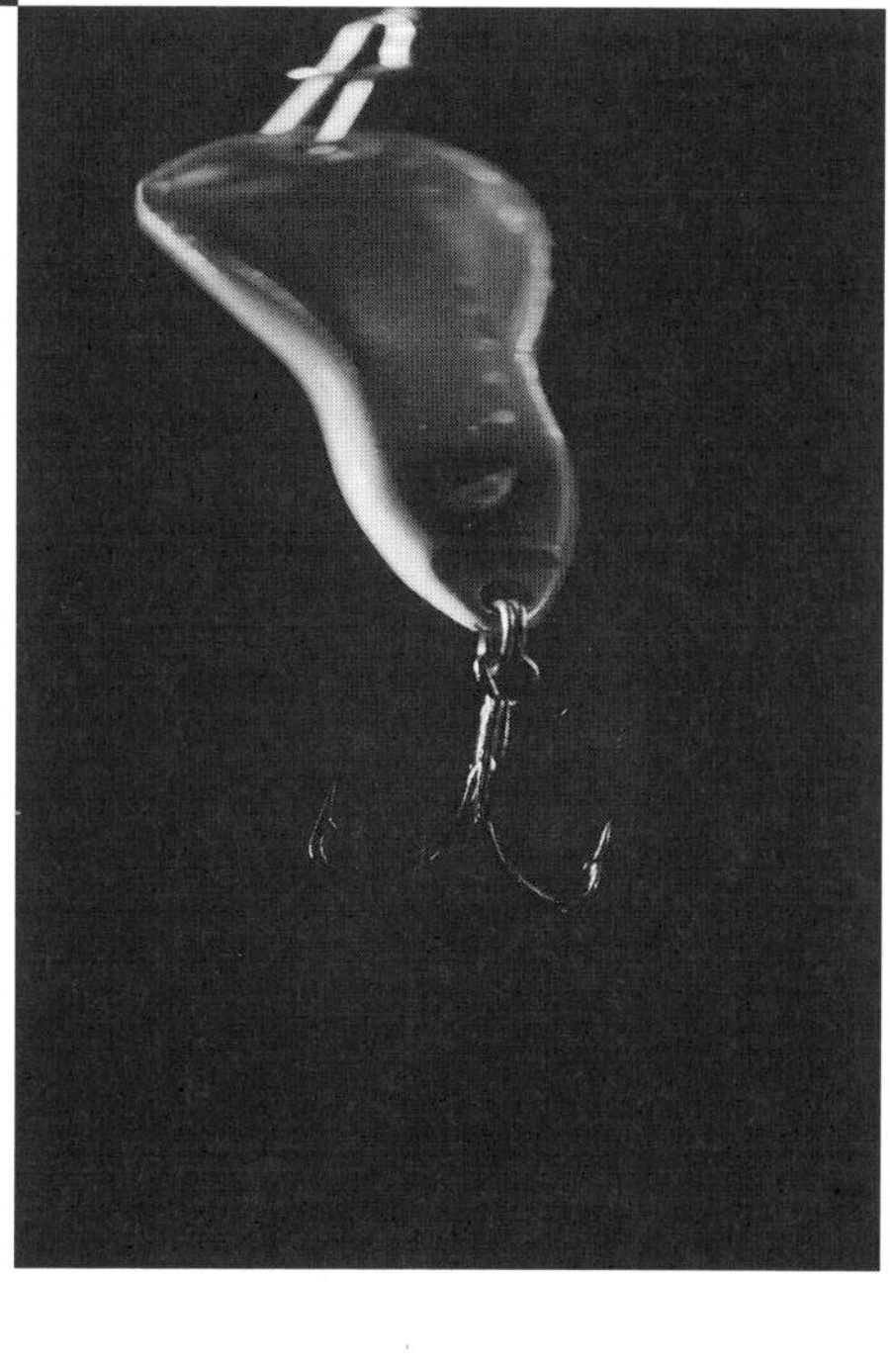

さらないからほぼ回収できるしね。もちろん、河口湖のような何もないディープのハンプとかだったら1回のストロークを大きくしても問題ないんだけどね。亀山とか立ち木やスタンプの多いところでは必然的にカバー絡みを釣っていくから、俺の場合はそれが身についてるんだよ」

ジギングスプーンタイプの代表「メタルサワビー」

田辺が手がけるノリーズブランドにはクリスタルS、エスケープツインといった定番ロングセラーが多数あるが、メタルワサビーもそのひとつである。とくに冬場のリザーバーでは文字通り鉄板アイテムとして浸透している。トーナメントアングラーからも絶大の信頼を獲得しているのは、それだけ完成度が高く、なによりよく釣れるのがその理由だろう。

「基本的にはフラッタリングとスライドフォールの中間的なフ

使い分けの正解は現場で判断

ノリーズにはワサビー、インザベイト、ジャカブレードがラインナップされている。これらをどのように使い分けるのかは誰もが知りたいところである。

「どれも、そこまで違いはない。っていうか動きの質やフォールスピード、ボディーのボリュームやブレードのフラッシングとか理屈では片付けられなくなっちゃったっていうほうが正しいかな。『クランクベイトとスピナーベイトはどっちが釣れるんですか』って聞かれても答えられないのと同じだよ。現場に行ってやってみないと何が正解かっていうのはわからない。とくにメタルはやり込んでいくほど路頭に迷うっていうか、明確な答えが出ないんだよ」

それぞれに特性はあるものの、たとえば同じシチュエーションでワサビー18gには反応するがインザベイトに替えるとバイトがなくなる、あるいはその日のそのフィールドではインザベイトだけにしか反応がないといったように、卓上の理論では完結できないのである。

「前はインザベイトがワカサギに強いとか、濁ったら絶対にジャカブレードとか思い込んでた部分もあるけど、濁ったところでワサビーだけにしか食わないとか不思議なことがいっぱいあるんだよ。メタルは30年以上散々やり込んできたけど、やり込んでいくほどわからなくなってくる不思議なジャンルだよ」

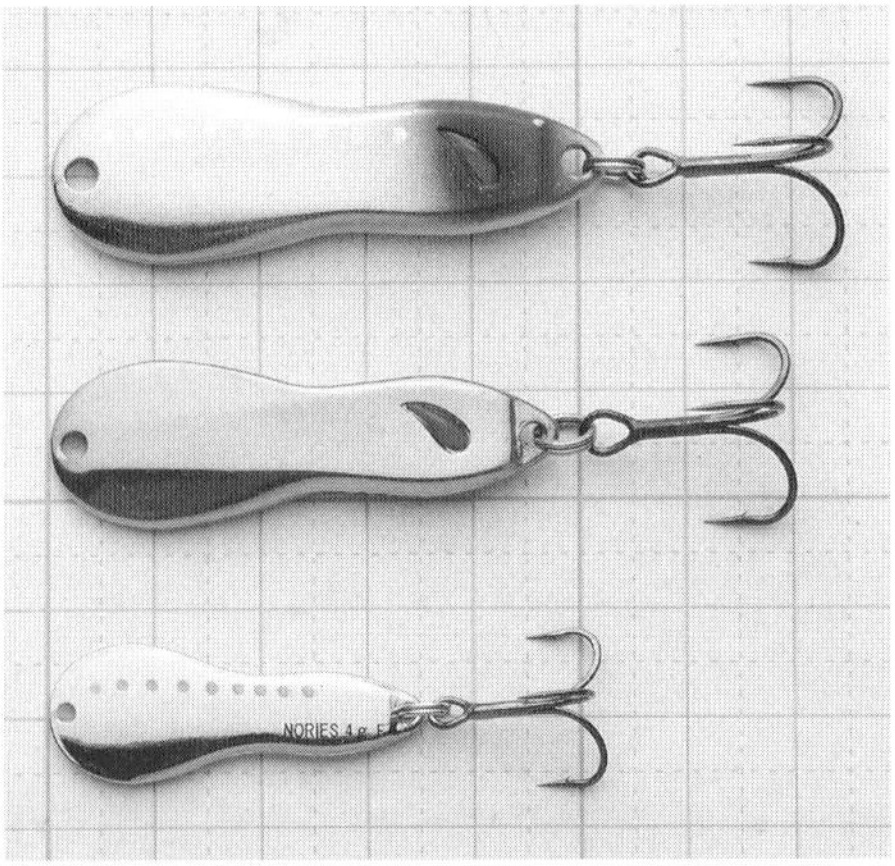

メタルワサビー

4サイズ展開。ウエイトで使い分けるのが一般的だが、田辺はそのサイズ感も重要視する。ボディー全長は実測で4g＝36㎜、8g＝42㎜、12g＝48㎜、18g＝52㎜で12と18gにはハンマードタイプもある

左／ゴルフボールのディンプルは空中でまとう空気抵抗を計算されて施されたくぼみだが、ワサビーの場合はフォール時に水を噛み、その分フォールスピードを抑えることができる

ォールなんだけど、水平にピラピラっていうよりはもう少し縦方向にスライドするフォールベイトだね。いくつかキモがあるんだけどそのひとつが素材。ワサビーは合金製なんだけど、そこにこだわったのはさっきもいったように音なんだよ。鉛製は比重が高くて動きもそこそこ出る。ソルトウォーターのジグでは鉛製が一般的だけど、俺はフックがボディーに当たる音やスプリットリングの擦れる音を大事にしたかった。ある程度キビキビした動きと音を突き詰めていって作り上げたのがワサビーなんだよ」

　ワサビーのラインナップは4、8、12、18gの4サイズ。8、12、18gにはフラッシングが強いプレーンタイプのほかにディンプルが設けられたハンマードタイプもある。

「4gは基本的に中層のベイトフィッシュにつくバス用だね。夏のワカサギの稚魚パターンがいい例。あまり太いラインを使っちゃうと動きを殺しちゃうからフロロカーボンだったら4Lb、PEだったら0.4か0.6号が使いやすい。8gは万能サイズでフロロでもスピニングでもいける。12gは5〜6mのミドルレンジが中心なんだけど、スライド幅が大きいから小さくシャクることが多いね。ボトムをねらうならイメージ的には15〜20cmくらいシャクる感じ。あまり大きくシャクり上げちゃうと、どこねらっているのかわからなくなっちゃうからね。18gはワサビーの中では一番ベースとなるモデル。重さがあるぶん根掛かっても外しやすいから俺はけっこう込み入ったカバーの中にも入れちゃうよ。メジャーレイクは水中のラインが多いから最低でもフロロの16Lbは巻いておいたほうがいいよ。16とか20Lbを巻いておけば水中のラインと引っ張り合っても大抵勝てるから回収できるんだよね」

ヘッドでかわすスピンテール「インザベイトバス」

　スモールインパクト。そんな言葉がしっくりくるのがスピンテールタイプのジグだ。ワサビーと同じく高強度合金製で、テール部分にはクリスタルSでおなじみのVブレードが装着されている。形状から想像するに、スピナーベイトと同じように横方向の釣りをイメージしがちだが、意外にも田辺はリフト&フォールでの使用率が高いという。

　基本はベイトフィッシュの存在にプラスし、ハードベイトが通用する状況下での出番という点において他のメタルジグと代わりはない。

「ストレートリトリーブで使うシチュエーションっていったら沖にベイトが入っているときとか、水深2〜3mでバスがベイトを追い回しているようなときくらいかな。もちろんただ巻きでも釣れるんだけど、俺はけっこう立ち木にも入れちゃうよ。バイブレーションと同じでヘッドの部分から障害物に当たるから意外とかわしやすいんだよ。

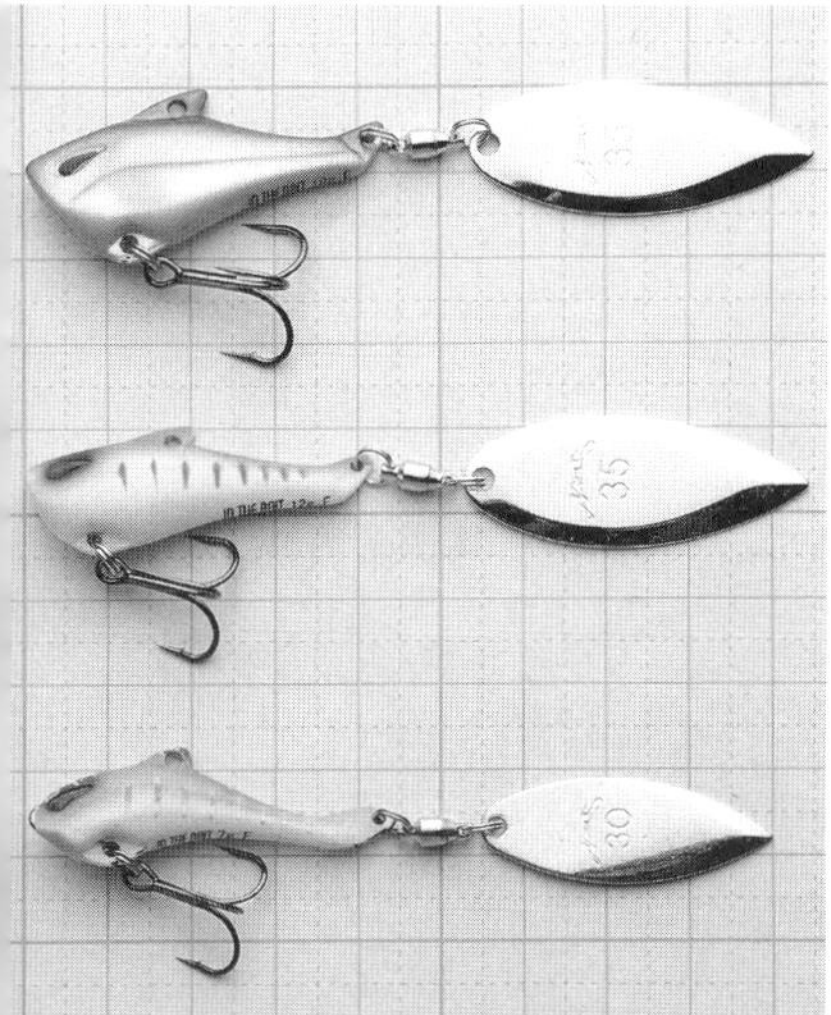

インザベイトバス

サイズは7、12、18g。冬はシルエットが最も小さい7gの使用頻度が高い。ボディー＋ブレード長は90㎜。ちなみに12gは95㎜、18gは96㎜

メタルワサビーとジャカブレードはフリーフォールが絶対だが、インザベイトだけはラインを張ってカーブさせながら落とす。このほうがキレイにブレードを回せるという

基本はキャストしてからのリフト&フォールでブレードのフラッシングで寄せて釣る」

メタルジグというと不規則なフォールやリアクション的な印象が強いが、インザベイトはプラグとスピナーベイトの要素をかけ合わせたような存在である。それでいてコンパクトであり、ディープへ素早く到達するあたりが強みなのかもしれない。

「横方向の動きをディープで引けるスモールハードベイトなんてそんなにないからね。せいぜいシャッドやクランクのキャロやドラッギングぐらいだろ。その点、インザベイトはコンパクトなんだけどシルエットは大きいから冬のディープでもビッグフィッシュ率が高い。おそらくバスはボディーとブレードを合わせたシルエットで捉えてるんだろうね」

ノーマルのインザベイトに装着されたブレードは＃35、これをワンサイズ大きくしたのが写真上の＃40ブレードを取り付けたもの。「18gならフォールでもちゃんとブレードが回転するけど12gにするとバランスが崩れちゃう。だからやるなら18gじゃないとダメだよ」。また、フックもノーマルが＃6に対し、ビッグブレードチューンは＃5に交換してある

サイズは7、12、18gの3タイプで、冬に使用頻度が高いのは7gという。冬に7gを多投するのはシルエットが最も小さいから。とはいえボディーとブレードを合わせると90mmあるので、メタルジグとしては大きいほうだろう。根掛かりが多発するようなカバー周りでは12か18gの出番だ。

ブレードが装着されたジグといえばノリーズにはプロリグスピンがある。ジグというよりはブレード付きのジグヘッドとい

う表現が正しいかもしれないが、こちらのほうがリーリング向きのようだ。

「プロリグスピンはストレートとかピンテールタイプのワームを装着して使うんだけど、ポジション的にはジグスピナーだよね。ボトムスレスレのスローロールとか小さいベイトフィッシュにボイルしているとき、あるいはジンクリアなフィールドで使うことが多い」

高活性時に効く「TGジャカブレード」

おそらくメタルジグの中で最もポピュラーなのがメタルバイブだろう。その名の通り金属製のバイブレーションなのだが、一般的なバイブレーションとの大きな違いは音と動き。極端にいえばバイブレーションではあるがまったくの別物である。まず、通常のバイブレーションはラトルサウンドが特徴だがメタルバイブにはそれがない。メタルバイブはリフト時に水の抵抗を受けることでボディーを震わせ、フォール時には木の葉のようにヒラヒラと不規則に揺れる。田辺がデザインしたジャカブレードもリフト時は振動するが、フォール時には特有の動きを見せる。

「俺が求めたのは不規則に落ちるのではなく、言葉で表わすならスパイラルフォール。大きく弧を描きながら落ちていくんだよ。さらにいうならジャカブレードはボディーとブレードの接触音とフラッシングが強いから、ノリーズのメタルファミリーの中では一番魚を寄せる力が強い。つまり、食いが立っているときにいいんだよ。ただし、ワサビーやインザベイトと違うのはカバー向きではないってところ。ある程度はかわすことができてもフックが2本付いているから、両方掛かっちゃうと外しにくい。だから出しどころとしては3～5mくらいのフラットとかディープフラットのワカサギ食いを直撃するときだね。まれにボトムべったりにいるバスがステディリトリーブに食ってくることもあるけど、基本はベイトフィッシュの釣り。ワサビーと同じで、あまりリフトの幅を大きくしちゃうとどっちに落ちているかわからなくなっちゃうから、ボトムにいる魚をリフト&フォールで釣るときは、シャクり幅を小さめにして、ボトムを叩くイメージで使うことだね」

いずれのメタルジグも、ハードベイトをギリギリ追うことができるコンディションで効力を発揮する。

重さの使い分けはレンジとフォールスピードにくわえ、ベイトフィッシュのサイズ感とカバー回避力とも密接な関係があることを覚えておきたい。

TGジャカブレード

9、12、16gの3種。ベイトフィッシュのサイズ感から冬のディープでは9gの出番が最も多いらしい。過去には各メタルジグのオーバーサイズも試作したが、想定していた結果が得られなかったのはベイトフィッシュサイズにマッチしていないからと結論づけた。「今のノリーズのメタルファミリーは、日本のベイトフィッシュにちょうどいいサイズ感なんだよ」。9gは51㎜、12gは57㎜、16gは63㎜

■ケーススタディー①

12月の河口湖取材でビッグフィッシュラッシュ！

気温マイナス1℃の取材。1投目からバスがヒット

「俺のメタルジグのバックボーンはよく釣れた時代にある。最近はそうそう一日で何本も釣れる時代じゃないけど、昔はサイズを問わなければ、たとえば冬の河口湖でもメタルで数は釣れたからね。その経験が生きているのは事実なんだけど、最近はもっと攻めのメタルゲームをしているんだよ。フィーディングのバスを中心に、極力浅いレンジでデカい個体をねらって獲るの。浅いっていっても冬なら5mとかミドルレンジなんだけどね」

取材当日の朝の気温はマイナス1℃、魚探が表示する水温は8℃台。天気予報は概ね晴れ、2日目は雨予報。メタルジグゲーム成立の条件は、バスがハードベイトを追うことのできる状況というのならば、普通に考えれば2日目のほうがよさそうで

1投目の出来事だった。水深11mのフラットにあるハンプ（トップが7.5～8m）で、メタルワサビー18gのゴールドラッシュハンマードを着底から6～7回ジギングしたところで重みが伝わった

ある。だが、そんな予想も心配も釣りを始めて1投目で払拭されることとなる。

　ボートハウスさかなやから出船し、地形とベイトフィッシュの有無を探りつつ落としたワサビー18gにバスが食ってきたのだ。それも1投目からである。鵜ノ島の南側は地形変化が豊富で水深11〜13mのフラットに大小のハンプが点在する。特筆すべきは魚探の故障を疑ってしまうほどベイトフィッシュがびっしり映し出されていること。

「とりあえずハンプにベイトが乗っかってるから定番のワサビー18gを入れて小ジャクリしたらあっさり食ってきた。この映り方はワカサギだろうね。あまりの出来事に一瞬、自分でも魚か？　って疑っちゃったよ。たぶん、朝の時合なんだろうな」

インザベイト18gを丸呑みにした2尾目

　1尾目を釣ったあとはハンプ群の地形をより細かく把握するために魚探によるグラフィングに集中する。エレキで周囲を流すと7〜11mラインはワカサギと思われる群れがスクリーンを塗りつぶす。

「ここまでたくさんいると、逆に群れから外れたとこで食ってきたりするんだよな。これはいくらなんでも多すぎだろ。ただ、まだ朝の時合が抜けてなければ食ってきてもおかしくない」

　ハンプとボートポジションの位置関係を確認すると、ワサビーのバーチカルジギングからインザベイトの結ばれたジャングルスピンに持ち替える。依然、無風状態で田辺の背後には風光明媚な富士山が誇らしげにそびえる。水質はいわゆる真冬のジンクリアよりは若干色づいている。水温が8℃台であることから、プランクトンが活動していると推測できる。田辺いわく、だからこそワカサギもアクティブに動いているのだろう、と。

　ハンプ方向に向かって20mほどインザベイトをキャストし、いったんボトムをとるとそこから巻き上げてはラインテンションをキープしつつフォールさせる。この動作をワンキャストで6〜7回繰り返す。その3投目か4投目だった。半信半疑だった1投目のヒットとは違い、今度は力強くアワせた。

「これがバスだったらまあああデカいぞ！」

　トルクフルなジャングルスピンがバットから曲がる。慎重にいなしながら浮上。

「お、バスだ、バス！」

　その魚体は明らかに1本目よりも大きく、小さく見積もっても45㎝はありそう。ベアハンドですくい上げたバスの口からわずかにインザベイトのブレードがはみ出していた。

「丸呑みってことはルアーが合ってるんだろうな。これは完全に時合だね。ハンプの上に差してフィーディングしてるんだろ。河口湖のメタルは釣れないって聞いてたけど、きっと、みんな軽いのを投げすぎてるんじゃないかな。釣れないときこそワサビーとかインザベイトの18gのほうが効くよね。やっぱりどんなシチュエーションでどのメタルジグっていうのはやってみないとわからない。その証拠に、ここも最初にワサ

朝はハンプに乗っていたワカサギの群れが移動するとともに反応は途絶えた。ONとOFFを強く感じた1日目だった

ビー18g入れて食わなかったからね。で、インザベイトを横に通したらこれだよ」

　ワサビーで釣った1尾目と同じく11mフラットのトップが8mのハンプ。ここにワカサギの群れが帯状に映っていたのである。

「今回はメタルゲームだけだから、実はインザベイトのブレードを大きくしたものも試しに作って持ってきたんだよ。基本的に、冬のディープは小さいベイトを念頭に置くんだけど、こういう朝の時合とか、状態がONのときだったらデカいほうがビッグフィッシュをねらって獲っていけると思うんだよね」

　これをスピナーベイトに置き換えるならば、ノーマルのインザベイトはオリジナルのクリスタルS、ブレードサイズを#40にしたものはより強波動のスーパースローロールといったらわかりやすいだろうか。スピードは若干落ちるが、その撹拌作用による強さは格段に上がる。しかしながら、これはあくまでも

上／ワサビーでキャッチしたのと同じエリアでレンジも同等。ハンプに乗ったベイトフィッシュの群れを散らすかのようにインザベイトを通すとバイトが出た

左&下／インザベイトを丸呑みしたのは45㎝を軽く超える美しい魚だった

ONの状態を想定したものであって、いつでもどこでも、というものではない。濁りが入った状況や荒天により明らかに活性が高い、あるいは時合を捉えた状況に対応するチューニングである。

「インザベイトは自分でフォールスピードをコントロールする唯一のメタルだよね。ワサビーもジャカブレードも基本的にフォールはラインテンションをフリーにするんだけど、インザベイトの場合はロッドで少し重みを感じながら落とす。インザベイトをフリーフォールさせちゃうとスパイラル気味に、後方に引っ張られちゃう。それでも釣れるときは釣れるけど、一番いいのは少しテンションを張り気味で落とすやり方。テンションが掛かっているほうが、ブレードがキレイに回るからね」

今回田辺がメタルジグ用に用意したのは意外にもベイトタックルはワンセットのみで、残りはPEラインがスプーリングされたスピニング3本。どのモデルが何用というよりも、ラインの太さによるルアースピードのコントロールに重点を置いて使い分けた。たとえば、同じインザベイト12gを使う場合でもラインが太くなればそれだけフォールスピードは遅くなり、浅いレンジでの操作性もアップする。

TACKLE DATA

※写真左から

ロッド：ロードランナーVOICE HB660MLS-SGt
リール：ステラ2500S
ライン：シーガーR18完全シーバス0.8号＋同／R18フロロリミテッド10Lb

ロッド：ロードランナーVOICE 680MS
リール：ヴァンキッシュ2500S
ライン：シーガーR18完全シーバス1号＋同／R18フロロリミテッド10Lb

ロッド：ロードランナーVOICE 680JMHS
リール：ヴァンキッシュ2500S
（スプール＝夢屋／V2500）
ライン：シーガーR18完全シーバス1.5号＋同／R18フロロリミテッド12Lb

ロッド：ロードランナーVOICE LTT620PMH
リール：メタニウムDC HG
ライン：シーガーR18フロロリミテッド16Lb

※ロッドはノリーズ、リールはシマノ、ラインはクレハ製

■ケーススタディー②

レンジの意識で釣るサマーメタル

「メタルゲームは冬だけのものって思っている人はもったいないよね。俺は河口湖に限らず、ひとつのコマとして夏でも必ずボックスに入れてあるよ」

田辺が再び河口湖にやってきたのは8月上旬のこと。月の半分以上で真夏日が記録された7月の焼け付くような暑さはないが、準備を始めた段階ですでに汗ばむ陽気になっていた。

「サマーメタルをやるのに魚探だけは欠かせないよね。もちろん冬でも必要なんだけど、冬はそれっぽいところのボトム付近をシャクってるだけでも釣れることはある。夏はそういうことは少ない。基本的にサマーメタルは中層を意識しないといけないから、レンジを見つけることが一番大事なところだよね」

ボトムと中層……。これこそが冬と夏のメタルジグゲームのかけ離れた部分であり、ある意味サマーメタルゲームの核心部分ともいえるだろう。

「魚っぽいのは映るけど、この映り方はワカサギじゃないねかもね」と言った直後に水面でボイルが起こった。すかさずワサビー4gを投げるとすぐに何かが掛かった。

「なんだなんだ!? ウグイか〜」

魚探に帯状に映っていた正体は、どうやらウグイの群れのようだ。さらに魚探でグラフィングしていると、先程よりも明らかに重い生命反応があったが、これは途中で外れてしまった。ワサビーのフックを見るとバスと思しきウロコが付いていた。

「ボイルしてるけど弱々しい感

激しい雨が叩きつけるなか、魚探に移るベイトの状態を頼りにキャッチしたのはロクマルに迫る河口湖マックスサイズ

じだよね。魚も細そうだし、水面近くをフラフラ泳いで、エサがきたらパクっと食うんじゃないの。ワカサギの量で見ても7～8ｍくらいが合ってる気がする。バスのいるところには入ってるとは思うんだけど、全部スルーされちゃってる感じだね。何かのタイミングで口を使うんだろうな」

13時を過ぎ、まもなくして豪雨となりビルジポンプがフル稼働し始めた。

「この雨だと動画撮影だったら強制終了だよな」

それでも田辺はメタルジグをシャクリ続ける。魚探に目をやるとワカサギの群れではなくウグイが乱舞しているような映像が水中から送られてきた。案の定、次のキャストにウグイがヒット。

「ワカサギを食いにきてるんだろうな。バスもいると思うんだけどね。よし、もう1回あっちの岬に戻ってみようか」と言ってエレキを上げようとしたところで田辺が止まった。

「この映り方、あやしいな。やっぱりもうちょっとだけやってみようか」

その1投目にそれは起こった。

「なんかきたよ。スレっぽいな。これがバスだったら相当デカいぜ」

豪雨だったため正確な言葉は記録できなかったが、最初は余裕の表情を浮かべていた。しかし、浮上してきた魚を見て表情が一変。

「バスだよバス！　すげ～デカい!!」

エレキの下にロッドを回しパッセンジャーシートに座り抱えるようにバスを上げてから下アゴをつかんだ。

「やばいよサマーメタル。55㎝はあるだろ。移動しないでよかった～」

60㎝までは7～8㎜届かなかったが、それでも田辺自身、関東のレコードフィッシュ（取材当時）となる立派なバスだった。

「水深は9ｍくらいなんだけど、ワカサギがけっこう上のほうに映っていて、その下にフィーディングっぽいあやしい映像が映ってたんだよ。それで一応やってみたらコレだよ。たぶん食ってきたのは3ｍくらいじゃないかな。まさにサマーメタルだよね。冬の場合は同じピンスポットで何回もシャクることで寄せてボトムを使って食わせるイメージなんだけど、夏はこうやって中層で食ってくるんだよ。今のはワカサギの群れの下に映ってたけど、群れのサイドをねらうのか、上をねらうのかって、見定めて、あとはエサの大きさとスピードを合わせていく。ボトムを使えないからシビアな釣りではあるんだけど、レンジさえ合わせることができれば、実際は冬よりも夏のほうが簡単だよ。しかも冬はワンチャンスで終わっちゃうことがほとんどだけど、夏はミスってももう一度

新境地を開く パワーフィネスならぬ パワーメタルゲーム

　河口湖取材の前に記者は田辺のプライベート釣行に同行した。最たる目的はPEラインサイズの見直しだった。それまではスピニングにPE0.8号で落ち着いていたが、フォールスピードの関係性を追求するために、この日は1.0号、1.5号をスプーリングしたタックルを持ち込んだのである。そのワンセットはジャングルスピン＋PE1.5号の、いわゆるパワーフィネスの組み合わせだ。亀山湖に通うローカルアングラーはPE1.5号、ないしは2号でカメラバに代表される強ガードが装着されたスモラバをカバーに入れるのだ。田辺はこのセットを用いて写真のようなカバーにインザベイトを落とし始めた。これが意外にも抜けがよく、また回収率も高い。もちろんバーチカルというのが条件ではあるが、このメソッドに田辺は新たな可能性を見出したのだ。

「これまでも多少のカバーにメタルを入れるっていうのはやってきたんだけど、スピニングでやるのは初めてだよ。ワサビーの18gなんかはベイトタックルに16とか20Lbでいけちゃうけど、インザベイトとPEも組み合わせたカバーゲームっていうのは新しいよね」

カバーメタルの可能性を開いた1尾。この日はジャングルスピンを用いたインザベイトによるカバーメタルゲームで3バイトをとり2尾キャッチした

　伸びのないPEラインを使うことで格段に落としやすくなる。また、強度もフッキングパワーも大幅に増す。ちなみに、一般的なＰＥ1.5号をフロロカーボンに置き換えると強度は25Lb、2号に関しては30Lbに相当するのである。仮にベイトタックルで25Lbのフロロを用いたら操作感はもちろん、ラインの抵抗が強すぎてジグを意のままに扱うこともできないだろう。

　実際の方法は、たとえば10mボトムでカバーのトップが6mだった場合、そのレンジからジギングを開始し、反応がなければ6.5m、7mと徐々にレンジを落としていく。いうまでもなく、カバーのトップで食わせるほうが、ラインが巻かれる確率が低くキャッチ率も上がるからだ。

　さらに興味深いのがラインのコントロール方法である。カバーメタルに限ったことではないが、田辺はスピニングタックルを使う際には、ベールを起こしたままジギングするのだ。簡単にいうとベイトリールのクラッチの機能を中指で行なう。中指でラインを押さえることで、ベールを起こす戻す作業がなくなるため、コントロールもしやすいという。バイトがあったら指でスプールを抑えたままフッキングするのだが、これをこなすには相当の慣れが必要だろう。

「ベールを起こしたままジギングするのはマダイのひとつテンヤの流れ。これが自然と身についてバスのメタルゲームでもやっているだけだよ。まあ、この方法は特殊だけどね。やるんだったら指を保護するために必ずグローブをしたほうがいいよ」

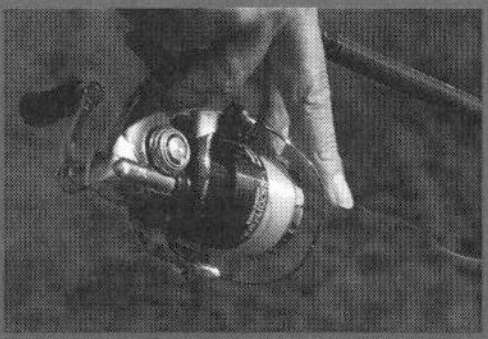

スピニングタックルを使う際、田辺はベールを起こしたままジギングを行なう。中指でラインを押さえたり解放したりすることで、ベールを起こし、戻す作業がなくなるメリットがある

リザーバーによく見られる崩落跡。水深10mに崩れ落ちた木々が密集し複雑に入り組む。腹部にトレブルフックを装着したインザベイトだが、その形状からは想像できないほどスナッグレス性が高い

食い直してくることもよくあるしね」

レンジ合わせの方法は使用するラインやリールのスプール径によって異なるが、田辺はリールの回転数かカウントダウンで、ねらったレンジまで入れられるという。たとえば水深8ｍのボトムに対し真下まで落として12回転でピックアップできるとすれば3回転で6ｍ、6回転で4ｍと大まかではあるが水深の目星がつく。4ｍレンジをねらいたいのであれば水深4ｍのボトムを探し、何秒で着底するかカウントすればいい。魚探にメタルジグが映るようであれば、そのレンジまで何秒で到達するか知ることもできる。いずれにせよ10㎝単位まで正確に刻むことは難しいが、メタルジグの重さとラインサイズを統一すれば、リールの回転数あるいはカウントダウン方式である程度のレンジは絞りこめるのである。

■ケーススタディー③

もうひとつのメタルジグ「ダイラッカ」

ダイラッカもメタルワサビーも薄い鉄の塊ではあるが、スピードもフォールの姿勢もまったく異なる。例えるならダイラッカのフォールはストレートワームのジグヘッドワッキーリグ、メタルジグはチューブベイトのジグヘッドリグといったところだろうか。さらに付け加えるなら、ダイラッカは障害物へのコンタクトがなくてもクランクベイトがヒラを打つようなトリッキーな動きを自発的に発生するのである。ダイラッカは外見からメタルジグの類と思いがちだが、別物と捉えるのが正しいのかもしれない。

「ビッグスプーンとメタルジグでは大きさも動きも違うし、動きの質だってスピナーベイトとクランクベイトくらいの違いがあるよ。ただひとついえるのは、みんなが思っている以上に強いハードベイトってこと。琵琶湖の北湖みたいにクリアなところだったら5ｍくらい離れていても気づかせられるし、水深10ｍあるところの2～3ｍレンジだって食ってくるよ。それくらいアピールが強い。出しどころとして基準になるのは、やっぱりベイトだよね。ダイラッカに限らずベイトフィッシュは俺の釣りの主軸なんだけど、ダイラッカで意識するのはハスとかオイカワみたいな大型のベイトの存在」

ベイトのレンジまでカウントダウンさせたらロッドを2～3段階に分けてシャクり上げ、フォールと同時にラインスラックを巻き取る。ジギングの回数は

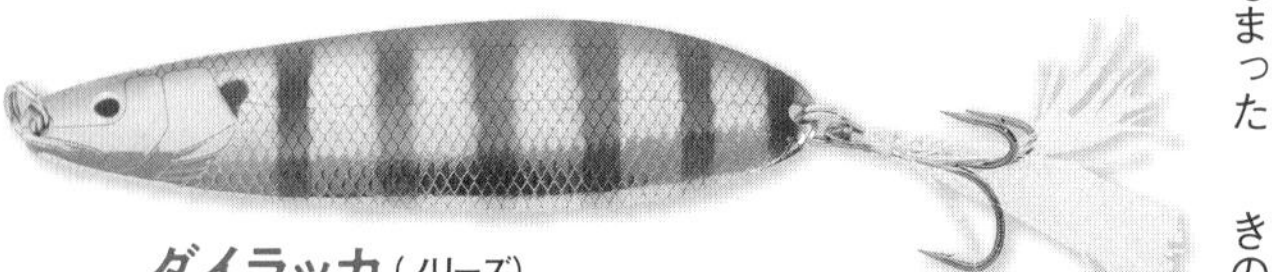

ダイラッカ（ノリーズ）

アクションは2〜3ステップの段階を踏みシャクリ上げ、ラインテンションを張りすぎず緩めすぎない状態でロッドを倒しながらフォールさせ、同時にラインスラックを巻き取る。ラインテンションが緩すぎるとラインがフックに絡む、いわゆるエビ状態になりやすい。逆に張り過ぎると持ち味である特有のフラッタリング&スライドアクションを出すことができない

バット部に手を添えると軽い力でシャクりあげることができる

伸びの少ないラインにXGリールを選ぶわけ

「ロッドのアクションはロードランナーだったらH表記。今回持ち込んだのはパラボリックヘビーとストラクチャーの720Hなんだけど、LTTの6100Hもいいよ。ある程度のシャクリ幅とフッキング時のストロークもほしいからレングスは長めのほうがいいよね。で、俺はめったにスーパーハイギアのリールを使わないんだけど、ダイラッカとかメタルの釣りは別。シャクり上げてロッドが高い位置で食ってきたときにスラックを即座に巻き取る必要があるからね。特にダイラッカではロングロッドを使うからXGじゃないとついていけないよ。ラインも通常の釣りではR18フロロリミテッドを使うことが多いんだけど、ダイラッカには伸びの少ないリミテッドハードを使う。ダイラッカは自重も重いしそれなりにフックも太いから、ハードのほうがディープでもしっかり掛けられるんだよ。かといってPEを使うとエビになりやすいし操作性も失われるから低伸度のフロロがちょうどいいよ」

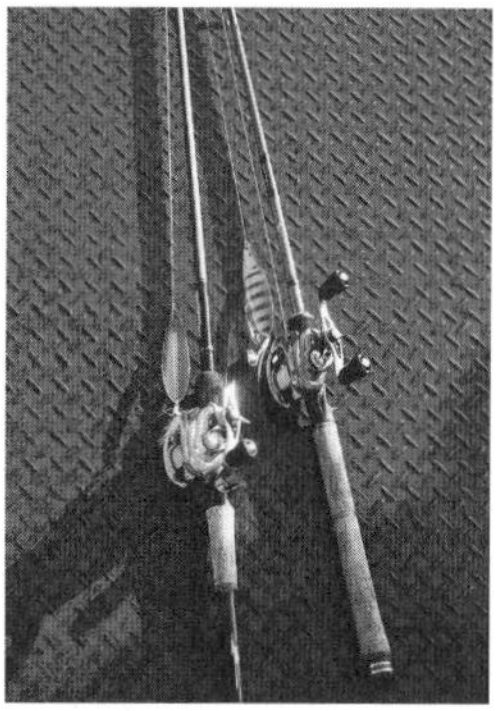

TACKLE DATA

●右
ロッド：ロードランナーVOICE LTT 690PH
リール：メタニウムDC XG
ライン：シーガーR18フロロリミテッドハードBASS20Lb

●左
ロッド：ロードランナーストラクチャーST720H
リール：メタニウムMGL XG
ライン：シーガーR18フロロリミテッドハードBASS20Lb

※ロッドはノリーズ、リールはシマノ、ラインはクレハ製

平均5〜6回ほど。強いハードベイトゆえに10回も20回もしつこくシャクる必要はないという。この動作を繰り返すことでレンジキープをしやすいのだが、ひとつだけ注意点がある。それはキャストの距離だ。空気抵抗が小さいうえに自重が大きいため、本気でキャストすれば優に50mは超える。しかし、距離が長くなるほどラインが抵抗になりレンジキープがしにくくなる。また、ロングキャストするほどラインのストレッチがフッキングパワーロスになるため、田辺は「投げてもせいぜい15mくらいまで」と言う。

ダイラッカゲームでは80%くらいがフォール時にバイトが多発するので、スラックを巻き取る際に意識を集中させる必要がある。

「抵抗が大きいルアーだけに明確にゴンッて感じるようなバイトはそこまで多くはない。リフトしたらグングンって重みが掛かってたとかね。基本的にアワセは即アワセでいいよ。この釣りはある程度のストロークがほしいからロングロッドを使うんだけど、その分シャクリ上げたときにスラックも出るから素早く巻き取れるようにリールもXGが必然なんだよ」

第一章　ハードベイト編

第9部

クランクベイトやスピナーベイトと同様に、ファストムービングルアーの筆頭に挙げられるバイブレーションプラグ。はたしてそれを本当に使いこなしているアングラーはどれくらいいるのだろうか。特有のサウンドとスピードを理解すれば、おのずと出番も増えるはずである。

バイブレーション

バイブレーションの起源を振り返る

　バイブレーションの元祖はコットンコーデル社のスーパースポットと言い伝えられる。もともとはノンラトルだったはずのスーパースポットは、意図したウエイトと違うものが混入したエラープロダクトで、偶然から生まれた産物だったようだ。

　バイブレーションが一大センセーションを巻き起こしたのは1960年代初頭、テキサス州とルイジアナ州の州境に位置するトレドベントリザーバーでのことだったらしい。

　その日は稀に見るタフコンディションにもかかわらず、一艇のアングラーだけが爆釣劇を繰り広げ、何事かと周囲に他のボートが集まったという。そのヒットルアーこそがバイブレーションの代名詞として有名な、ビルルイス社のラトルトラップだったのである。

　バイブレーションプラグとは日本で生まれた造語で、アメリカでは「リップレスクランクベイト」、あるいは総称として「トラップ」と呼ばれるのが一般的だ。レッドアイシャッドやスーパースポット等のバイブレーションもひっくるめ、ジャンルとしてそう呼ばれているのである。

「バイブレーション自体は日本のバスカルチャーの中にも古くからあったんだけど、あまり日の目を見ることがなかったよね。日本ではコットンコーデルのスーパースポットとヘドンのスーパーソニックがメジャーだった。どっちかっていうとスーパーソ

ラトルトラップ（ビル・ルイス）

全米のバスルアーでベストセラーを誇る、バイブレーションプラグの代名詞。その人気は今も健在で他の追随を許さない存在である。ノーマルサイズといわれる1/2ozのほかにミニトラップ、スピントラップ、マグトラップ等に加え、フローティング、ステルス（日本でいうサイレント）、ワンノッカータイプとラインナップも豊富。ちなみにネーミングはビル・ルイスが乗っていたオンボロ車（＝ラトルトラップ）に由来するとされている

ニックのほうが有名だったかな。俺が初めてバイブレーションで釣ったのもスーパーソニックだったんだけど、当時は、バイブレーションは根掛かりが多くて好きになれなかったっていうのが本当のところ。『リップがないから根掛かる』って勝手に思い込んでた部分が一番の間違いだったね」

ワームがまだ日本に入ってくるかどうかという、バスフィッシングが暗中模索の時代。『投げればそれなりに釣れるルアー』ではあったが、バスルアーに対するTPOが確立されていなかったこともあり、ボックスの傍らに置かれる存在であった。そんなバイブレーションが日本でも認知されるようになったのは、ウイードレイクでの目覚ましい活躍がきっかけとなったようだ。

「牛久沼でも亀山湖でも釣れたんだけど、一番釣れたのは河口湖だったね。ハードボトムで根掛かりにくいっていうのもあるんだけど、それ以上にウイードの上を引いてくるのに強いルアーだなっていうのがわかった」

今でこそバイブレーションはウイードレイクにおけるファストムービングの代表として知られるが、情報にも乏しかった当時はその事実すら広まってなかったのである。

「アメリカでバイブレーションといえば7割くらいがラトルト

バイブレーションのスローロール

スローロールといえばまずはスピナーベイトを連想することだろう。基本はスピナーベイトと同じで、ロッドワークによりバイブレーションを躍動させるのである。最たる目的はスピードを落とすことにあるが、そればかりではなくロッドで振動を感じながら引くため、感度がアップし、より繊細にトレースできるのである。また、ラインテンションをたるませることでノーマルリトリーブよりも深いレンジでのコントロールも可能になるのだ。たとえばラトリンジェッターのストレートリトリーブで2mだとすればプラス1m、つまり3mレンジまでターゲットを広げることができる

春＝レッドラトルトラップはアメリカ南部では定説であるが、その明確な理由は定かではない。「アメリカ人はザリガニって言うし、俺も最初はそう思ってたんだけど、はたしてそんな時期にザリガニが出るのかっていわれたら疑問だよね。だから俺の中でも最近は春＝赤トラップっていうのは微妙なんだよ。けど、実際に春は赤でよく釣ってるからね」

ラップじゃないの。下手したらそれ以上だよね。その理由のひとつは各地にウイードレイクが多いこと。アメリカは人造湖にもハイドリラ（カナダモ）が繁茂しているし、とくに南部のフィールドはどこかしらにウイードが生えているよね。バイブレーションの特徴はウイードに引っかからないように巻くことができて、それでいて魚のストライクゾーンに近いところを水平に引けること。要はウイードのツラをキレイに引くことができて、なおかつ音で誘うことができる。カバーやストラクチャーの種類にもよるけど、根掛かりの回避率でいったらクランクベイトと同等、下手したらクランクより高いともいえるよね」

クランク同様、「当てる」が基本

ここまで読み進めていただければわかるように、田辺のバスフィッシングの主軸はハードベイトにある。どんなに悪条件であっても必ずハードベイトならば反応するバスがいるというのが田辺の持論だ。もちろんバイブレーションも例外ではない。

「クランクベイトもそうだけど俺のハードベイトゲームはスイッチを入れて無理矢理食わせることを前提にしている。みんながライトリグで釣れないようなときでも俺だけショットやパワーロールで釣れたっていうことも珍しくないからね。ほとんどの場合は巻いて食わせられる状況じゃないにもかかわらず、リアクションで食わせてる。俺が一番好きなバイブレーションゲームはやっぱりウイード・プラス・カバーだね。基本的にはバイブレーションもスピナーベイトやクランクベイトと同じように何かに当てるっていうのが絶対条件。もちろん中層でも食わせられるんだけど、そのポテンシャルを発揮するのは何かに当たった瞬間の、いわゆるヒラ打ちだよね。とくにバイブレーションはリアクションの連続技ができるルアーだから手っ取り早く結果につながりやすい」

バイブレーションがスピナーベイト、クランクベイトと大きく異なるのは、障害物に当たった直後のスピードという。

「スピナーベイトもクランクも立て直しの早いもの遅いものが

バイブレーションのリフト&フォール

「リフト&フォールが一番有効なのはリトリーブでは届かないレンジを釣るとき。具体的には水深2〜3mくらいにベイトとバスがリンクしているようなところ。あとはテトラのいわゆる穴釣りといわれるところ。ワームでも反応しないニュートラルな魚にスイッチを入れる感じだね。イメージ的にはメタルバイブの釣りに似ているんだけど、リフトしたときの振動と音はバイブレーションの方が圧倒的に強い。この釣りは春に限らず夏もいいんだよ。とくにアオコが水中に撹拌しているような状況でね」

TACKLE DATA

●ラトリンジェッターTG&エントリー（レギュラーサイズ）のノーマルリトリーブ用
ロッド：ロードランナーVOICE HB680M
リール：カルカッタコンクエストDC100、メタニウムなど
ライン：シーガーR18フロロリミテッド14Lb

●スローロール用
ロッド：ロードランナーVOICE LTT650MH
リール：カルカッタコンクエストDC100、メタニウムなど
ライン：シーガーR18フロロリミテッド14Lb

●チビジェッター、タイニーエントリー用
ロッド：ロードランナーVOICE LTT650M
リール：カルカッタコンクエストDC100、メタニウムなど
ライン：シーガーR18フロロリミテッド12Lb

※ロッドはノリーズ、リールはシマノ、ラインはクレハ製

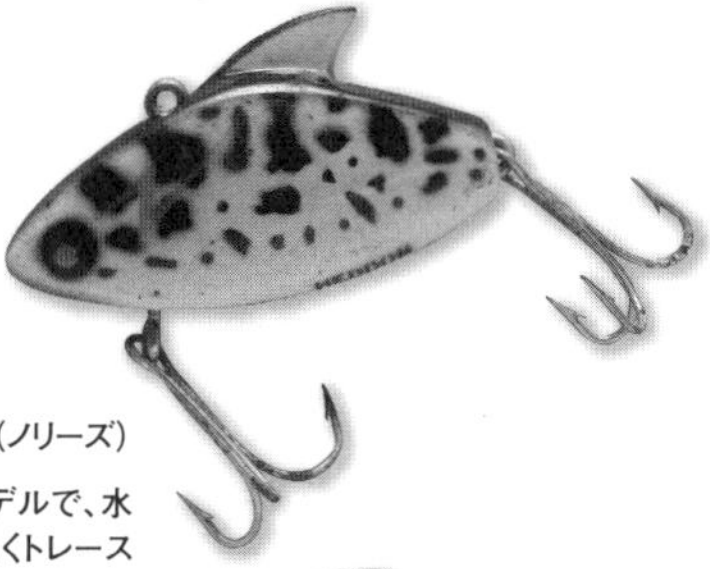

スーパーソニック（へドン）

田辺が初めてバイブレーションで釣ったとき使っていたのがスーパーソニックだった

ベイトレンジ・エントリー（ノリーズ）

ある種ラトリンジェッターと対極なモデルで、水深1mに満たないレンジも気持ちよくトレース可能。高浮力&低比重のABS樹脂ならではの甲高い高音タイプで、大雨による増水+濁りやマッディーシャローレイクのドシャローを得意とする。「同じレンジを通せるルアーがたくさんあるから、エントリー自体はそこまで出番はないんだけど、常にボックスの中には入れてある。前までエントリーを投げていたようなシチュエーションでは、最近はストーミーマグナムみたいにもっと投げやすくて強いのがあるからね。けど、やっぱりバイブレーションにしかないスイッチがあるから除外することはできないよね」

ラトリンジェッターTG（ノリーズ）

一般的なバイブレーションの平均レンジが1.5m前後なのに対しラトリンジェッターは2mレンジを想定して設計。そのねらいのひとつには霞ヶ浦水系の釣りにある。「もともとは浚渫跡のブレイクをスローロールできるように、あえて浮き上がりにくくしてある。レンジが深い利点を理解してくれている琵琶湖のプロガイドがローテーションのコマとして使い分けてくれているらしいよ」

スーパースポット（コットンコーデル）

バス用ルアーに初めてラトルを搭載したことで知られる。ウォブルはラトルトラップよりは弱めで同じ1/2ozモデルで比較すると若干レンジが浅い

ラトリンバイブ（ヨーヅリ）

日本での注目度は低かったが、他のバイブレーションにはない強さとワンレンジ深いゾーンを引きやすいことが重宝されアメリカで大ブレイクを果たす

あるんだけど、基本的には当たった直後の動きは遅い。対してバイブレーションはヒラを打ってからの立て直しが早い。当たった瞬間の音の変化もバイブレーションの特徴と言える。なかには復元力が弱いものもあるけどね。ラトルトラップなんて下手したら障害物に当たってから1m近く斜めになって泳ぐんじゃない。だけど、この波動や音の強弱と変化がバイブレーションの釣れる理由なんだよ」

他のルアーがそうであるように、バイブレーションプラグにも各々のクセがある。一概にどれが有能と言い切ることはできないが、レンジやウォブルの強さの違いはもとより、カバーを回避してからの姿勢やラトル音が引き起こす、唯一無二のリアクションスイッチがあるのだ。

霞ヶ浦取材でキャッチしたのは1500gはありそうなメス。リーズフロント、バイブレーション、プリスポーナー、そして赤。どこを切り取っても春爛漫な1尾だった

第二章

ベイトフィッシュ編

ベイト主軸主義

田辺のバスフィッシングの
基本スタイルである。
バスゲームで考えるべき
現場の状況のなかで、
ベイトの存在は常に先頭にくる。
バスの行動パターンが
季節ごとに異なるように、
ベイトも種や時期ごとに
違った習性を見せる。
第二章では日本のバスが
メインフードにする
エサから読み解く
バスフィッシングを考察する。

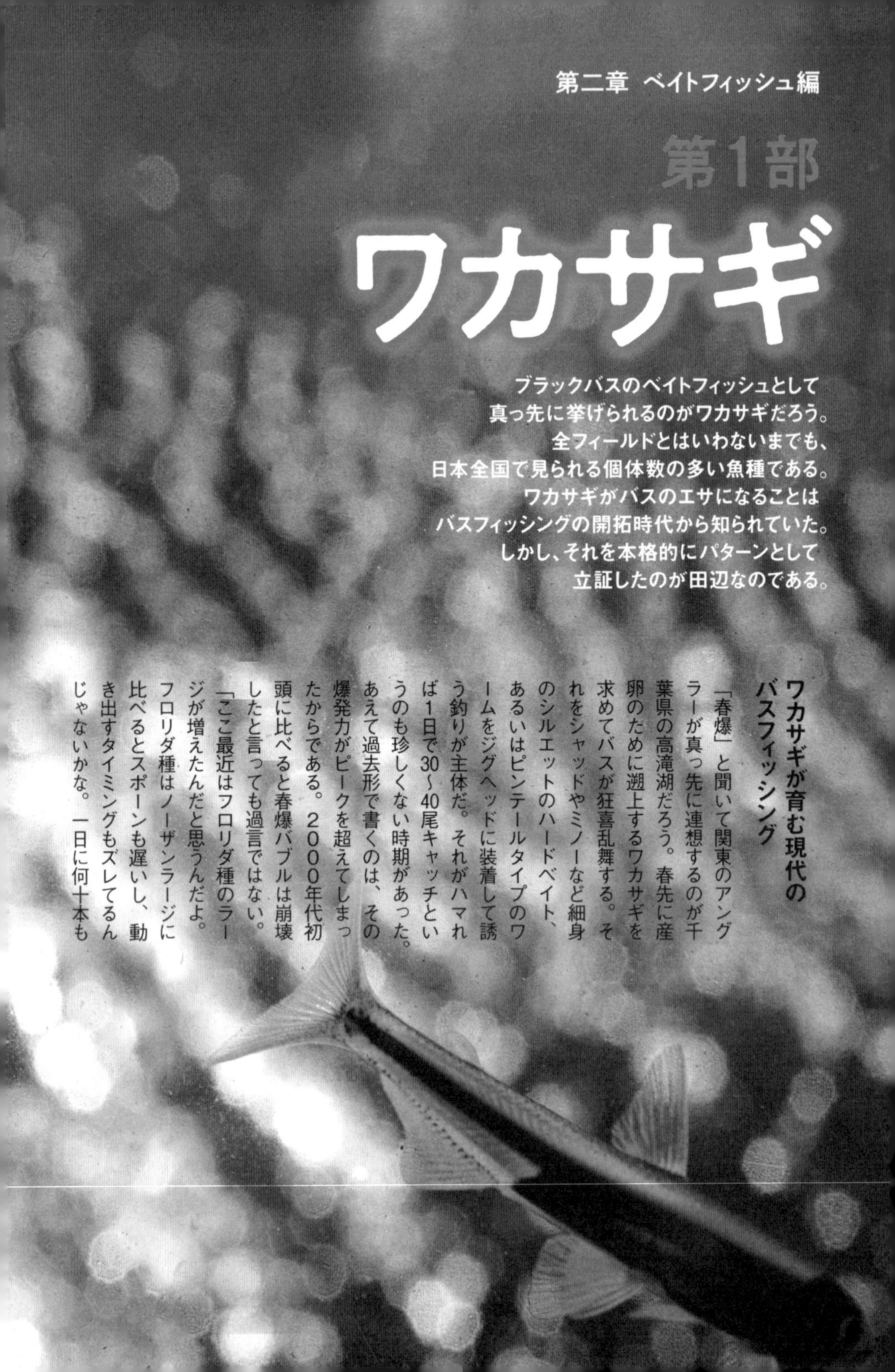

第二章　ベイトフィッシュ編

第1部

ワカサギ

ブラックバスのベイトフィッシュとして
真っ先に挙げられるのがワカサギだろう。
全フィールドとはいわないまでも、
日本全国で見られる個体数の多い魚種である。
ワカサギがバスのエサになることは
バスフィッシングの開拓時代から知られていた。
しかし、それを本格的にパターンとして
立証したのが田辺なのである。

ワカサギが育む現代のバスフィッシング

「春爆」と聞いて関東のアングラーが真っ先に連想するのが千葉県の高滝湖だろう。春先に産卵のために遡上するワカサギを求めてバスが狂喜乱舞する。それをシャッドやミノーなど細身のシルエットのハードベイト、あるいはピンテールタイプのワームをジグヘッドに装着して誘う釣りが主体だ。それがハマれば1日で30～40尾キャッチというのも珍しくない時期があった。あえて過去形で書くのは、その爆発力がピークを超えてしまったからである。２０００年代初頭に比べると春爆バブルは崩壊したと言っても過言ではない。

「ここ最近はフロリダ種のラージが増えたんだと思うんだよ。フロリダ種はノーザンラージに比べるとスポーンも遅いし、動き出すタイミングもズレてるんじゃないかな。一日に何十本も

釣れてた当時はノーザンラージが多かったから春爆が起こったような気がする。これは高滝に限らずどこの湖もフロリダ種が増えてきて起こってると思うんだけどね」

なるほど、ワカサギの行動パターンは以前と変わりないが、フロリダ種の血統が増えたことによりタイムラグが生じていると考えれば説明がつく。わずかな水温変化でも行動パターンが変わると言われる繊細なフロリダ種だけに、水温が1℃変われば捕食モードに移行するタイミングが1～2週間ズレ込んでも不思議ではない。

「もちろんワカサギがいる限り、昔みたいな春爆が起こる可能性はあるよ。ただ、バスの種が爆発力を沈静化、あるいはワカサギ遡上のタイミングとリンクしなくなってきているっていうのが正しいんじゃないかな」

ワカサギがトリガーとなって好釣果をもたらすのは春だけには留まらない。メタルジグ取材で訪れた河口湖もワカサギがキーとなった。秋になればディープにワカサギがスクーリングしはじめ、こちらもバスを釣るうえで糸口になるのはいわずもがなである。
田辺がワカサギパターンを再構築したのは、高滝湖が現在のように遊漁に尽力する以前のことだった。当時の高滝湖は現在のように大量のワカサギを放流してなかった時代だ。田辺の脳裏にワカサギが浮かんだのは津久井湖や相模湖、山中湖といった、古くから人為的に放流している湖の存在があった。

「高滝にワカサギを放流したらどんな結果が起こるんだろうということから、当時の観光組合長に話を持ちかけたのが始まりだったんだよ」

ブラックバスはもとより、ブルーギルもザリガニも放流できない昨今、大手を振ってストックが可能で、かつバスのエサとなるのがワカサギなのである。さらにいえば、ワカサギはバスの成長を育むだけではなく、釣魚としても手軽で人気の魚種である。バスフィッシングが年間を通して成立するのに対し、高滝湖のワカサギ釣りは晩秋から春先と期限が限定される。にもかかわらず、最近の高滝湖観光組合の売上はバスフィッシングよりもワカサギ釣りのほうがはるかに上回るという。国内の淡水釣りにおいては経済的にもメリットをもたらす有益魚なのである。

「実際に高滝でワカサギを放流するようになってバスのコンディションが激変したよね。その成功例を元に亀山湖にも話を持っていってよくなったし、西日本方面でもよくなった湖がいくつもある。その頃は俺自身、『ワカサギは寒くても動ける』くらいの認識しかなかったんだけど、真剣に追ったら西湖や山中湖でも、地元のアングラーがビックリするくらいの釣果を叩き出したんだよ。昔からワカサギを放流していた湖でも、ワカサギはバスのエサになる程度の認識くらいで、そこまで突っ込んで考えてなかったんじゃないかな」

春のワカサギは日照と産卵行動が鍵を握る

春のワカサギパターンでキーになるのは産卵である。ワカサギに限らずフードチェーンのピラミッド下層に当たる魚類ほど個体数が多く、産卵期はとくにコロニーをつくり繁殖行動を起こす。一般的には関東では3月初旬ころから始まるとされるが、田辺の見解ではそれよりも先に始まっているのではないかという。

「ワカサギの産卵は水温や潮回りっていわれることもあるけど、俺はそれよりも日照条件、つまり陽の長さが何よりも影響すると思うんだよ。日照時間が長くなればそれだけ平均水温も安定して高くなってくるよね。調べたわけじゃないし学者でもないからあくまでも俺の見解なんだけど、少なからず2月くらいから産卵行動は始まっていると思う。それがあらゆる条件が重なると流れ込みや、クリークの奥、川を遡上していくタイミングっていうのがあるんだけど、人間が思っている以上にワカサギの産卵行動が始まるのは早いんじゃないかな。ただし産卵が始まったからといってバスがワカサ

ワカサギ

全長は15cmに達し、日本ではバスの重要なベイトフィッシュになっている。環境適応能力が高く日本全国の湖沼に分布。食性は動物性プランクトンを主とし、ときには小型魚の稚魚や稚エビも捕食する。ブラックバスを淡水フードチェーンの頂点とするのであれば、ワカサギはプランクトンの直上に位置づけられる。淡水で一生を過ごす陸封型とサケやウナギのように海水域と淡水域を往復する遡河回遊型に分けられるのも、環境適応能力の高さを顕示する

ギを食いにフィーディングに入るかっていうと、そうじゃないんだよ」

湖沼型のワカサギは秋～冬の間に本湖といわれるディープウォーターが絡むエリアで過ごし、春先になると産卵のために川を遡上する。産卵エリアとなるのは川筋の砂礫やそれにリンクするウイードや冠水植物といわれる。

「春に川筋を遡上するころになると水温も上がってくるからバスも動けるようになるんだけど、それよりも早い時期はバスがまだアクティブじゃないからワカサギにリンクしない。たとえば高滝の本湖で2月の水温5～6℃のときに護岸でワカサギが産卵するとしても、バスはよっぽどやる気のあるやつじゃないとそのレンジまでは上がってこれない。オイカワも速すぎるから低水温期のバスは追いつけないのと同じだよね。ただ、オイカワに関しては南のほうに行くと冬でも捕食してることもある。その理由は平均水温が高いこと。西日本の湖全部が全部じゃないけど、真冬でも最低水温が9℃までしか落ちませんっていう湖もあるからね。そういうところ

ワカサギパターンが最も爆発力を持つのが春。ワカサギが産卵のため川筋を遡上し、それを追うバスをねらう。シャッドやミノーなど、シルエットをワカサギに寄せたものが定番だ。写真は高滝湖の養老川

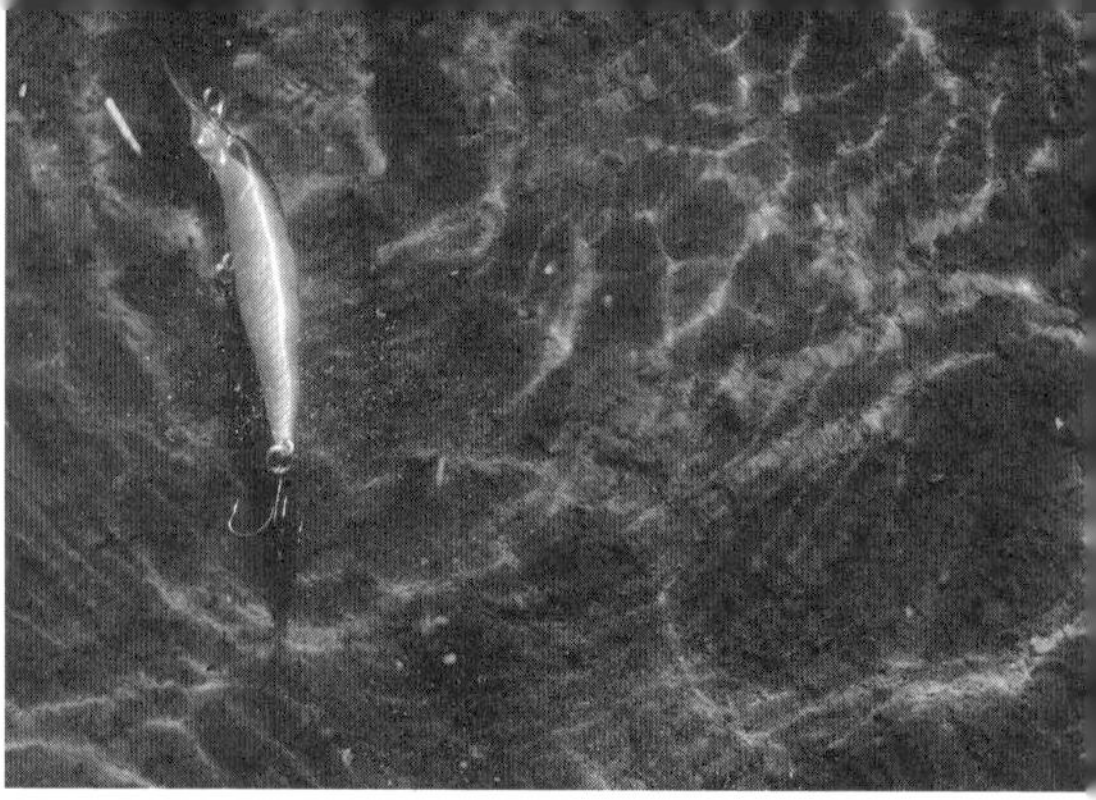

バスがOFF状態であれば、ただ巻きではなく砂煙を立たせながらハイスピードでボトムノックをさせるリトリーブ方法が効くことがある

のバスはオイカワも追うことができるんだよ。話がそれちゃったけど、要は必ずしも『ワカサギの産卵＝バス』とは一概には言えないってことだよね」

桜前線には、おおむね南から北上する法則性があるが、ワカサギの産卵に関しては必ずしもそれが当てはまるとは限らないのである。温暖な地域から産卵が始まるのであれば当然、南から春爆のニュースが伝わってくるわけだが、霞ヶ浦水系では2月からワカサギが接岸し、バスが活発に動くことができるエリアとリンクすればジャークベイトが爆発的にハマる例もある。また、同じエリアにある山中湖と西湖では、田辺の経験上、西湖のほうがワカサギパターンが先に始まるという。さらにいえば、夜のうちに産卵する水系も存在するなど、突き詰めるときりがないテーマなのかもしれない。

早期の
春ワカサギパターンと
ルアーチョイス

年間を通じてワカサギパターンが最も威力を発揮するのがワカサギの産卵期であるのは前述したとおりだ。あえて水温で表わすなら安定的に10℃を上回るころ。ワカサギの遡上とともにバスも本格的に動き出し、活発にワカサギを捕食する。春のワカサギパターンはただ単に釣果

が期待できるだけではなく、サイズが選べるのも醍醐味である。

「低水温期のワカサギパターンは、まだ小バスが動けないから釣れるのがみんな40㎝アップとか、総体的にサイズがいい。夏～秋になるとワカサギにつくバスのサイズは選べないけど、ある意味、低水温期はワカサギパターンの真骨頂だよね」

とはいえ、何を投げても釣れるかといったらそんなことはない。むしろ、セレクティブといったほうが正しいだろう。

「基本は細身のシルエット。クリアなほどセレクティブで細身のシルエットが強い。代表的なのはジャスワカやジャスワカディープ。これは春に限ったことじゃなく秋のクリアウォーターでもワカサギが上ずっていれば同じことがいえる」

おもしろいのは、遡上するワカサギについて川に入ったバスは多少水温が下がったからといって本湖のディープに戻ることはない点である。数回に分けて産卵が行なわれるワカサギも新たな群れが入ってくるので、バスも磁石のようにワカサギにひっついているのだ。だからといっていつでもミノーやシャッドで釣れるわけではない。田辺が常々言っているように、ONとOFFのコンディションがそこにもある。

「濁れば強くするっていう考え方は他のルアーと同じなんだけど、かといってワカサギの場合はストーミーマグナムを投げるかっていったら、そこまで極端に強くはしない。ジャストワカサギディープではちょっと弱いかな、っていうときはショットフルサイズに代えてみるとか、クリスタルSで強すぎるならタイト目なディーパーレンジにするとか、その程度だよ。サイズでいえば、ミノーならジャスワカからレイダウンミノーにするとかね。逆にクリアウォーターではサイズ感、シルエットをワ

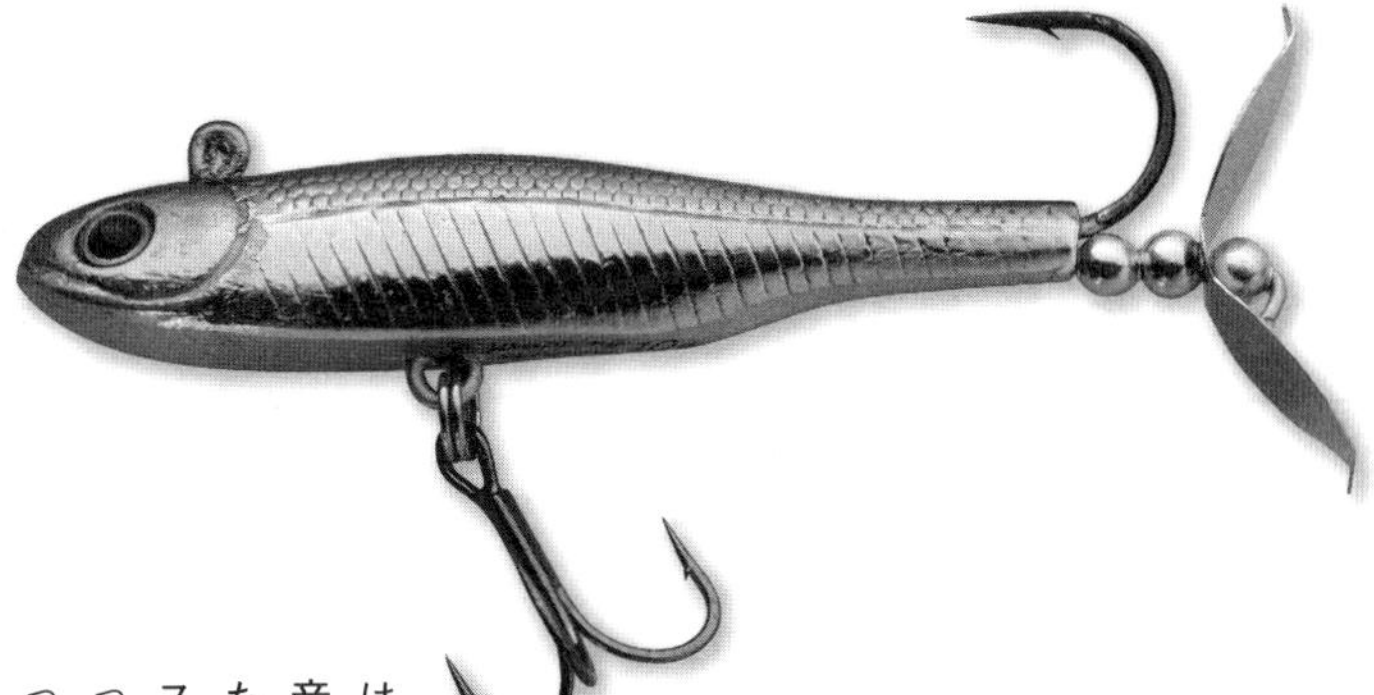

ラッピングミノー
(ノリーズ)
ヘッド部は鉛、ボディーは発泡素材で成形し、ジグヘッドリグとメタルジグの中間的強度を目指した。そのねらいはレンジコントロールのしやすさと、バスをスレさせない効力。基本はただ巻きで使う

牛久沼などでのマッディーシャローでもワカサギパターンが成立する可能性は充分にある。田辺は春が来るたびに流入河川などでワカサギ絡みの釣りにトライしてきた。このような水系でのワカサギパターンではクリスタルSやショットフルサイズが主役になる

ワーミングクランク ショットフルサイズ(ノリーズ)

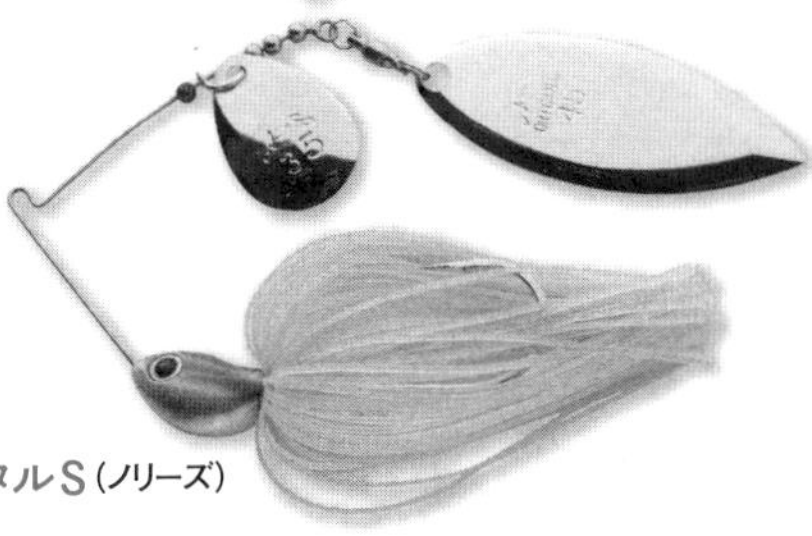

クリスタルS(ノリーズ)

牛久沼のアシ際で見つけた泡。ワカサギが産卵した痕跡という説が有力

カサギに寄せるのが基本だよね」

　水質がマッディー傾向なら強くする、あるいはルアーサイズを上げる。さらには動かし方にも変化を付けることで釣果につながることもある。ミノーやシャッドはただ巻きがベーシックなところだが、濁りが入ったとき、もしくはバスがニュートラルからOFF状態にあればジャーク&ポーズが効果的な場面もある。

「ワカサギの産卵はメス1尾に対し圧倒的多数のオスの割合で上がってくるらしんだけど、ミノーやシャッドを巻いてきてワカサギのオスが当たってくるような状況であれば、ただ巻きでいいよ。そういうときほど状態がいいからね」

　ではOFF状態ではどうだろうか。ここに絶対理論はないが、大まかにリアクションとスローダウンゲームに分けることができる。リアクションとは同じシャッドでも砂煙を立たせながらハイスピードでボトムノックをさせるリトリーブ方法や重めのジグヘッドにピンテール系のワームを装着した速い釣り方、スローダウンゲームはI字系に代表される微弱波動系の食わせ系が筆頭になる。ワカサギの遡上が始まる前であればディープウォーターのメタルジグ系は、文字どおり鉄板である。

レイダウンミノー・ジャストワカサギ&ディープ

通称「ジャスワカ」の開発に田辺が着手した当時はベビーシャッド、ビーフリーズ、ステイシー（いずれもラッキークラフト）が流行していた。50～65㎜サイズではあるが、どれも安定した姿勢でキャスタビリティがよく、初心者からトーナメントアングラーにまで支持された。「当時は9割のユーザーがオカッパリだったから、ルアーに求められる条件のひとつによく飛ぶというキーワードがあった。要は重心移動だよね。俺はベビーシャッドも使ったしアメリカのルアーもよく使っていた。ただその頃のルアーを実際に使っていると重心移動がないほうがよく釣れたんだよ。そこから『小さくてもどうにかして飛ばせるものを』、というところでテストをしてたんだよ」。主にそのテストが繰り返されたのが高滝湖だったのである。「高滝はよく釣れたから俺自身、ジャスワカを作るのに勉強になったよね。いろんなモデルを試すことができたから『なるほど、こういう動きなら食うんだ』ってバスに教えられた」。多少は飛距離を犠牲にしても釣れる動きを追求したのである。「これだけいろんなルアーが世に出回っていて人がたくさんいる亀山でいまだに釣れるのは、そういうことなんだよ。オイカワ食いも釣れるけど、ワカサギレイクでは本当によく釣れる。たぶんそのうちブレイクするよ。俺のルアーは作ってから20年後にブレイクすることはよくあることだからね（笑）」

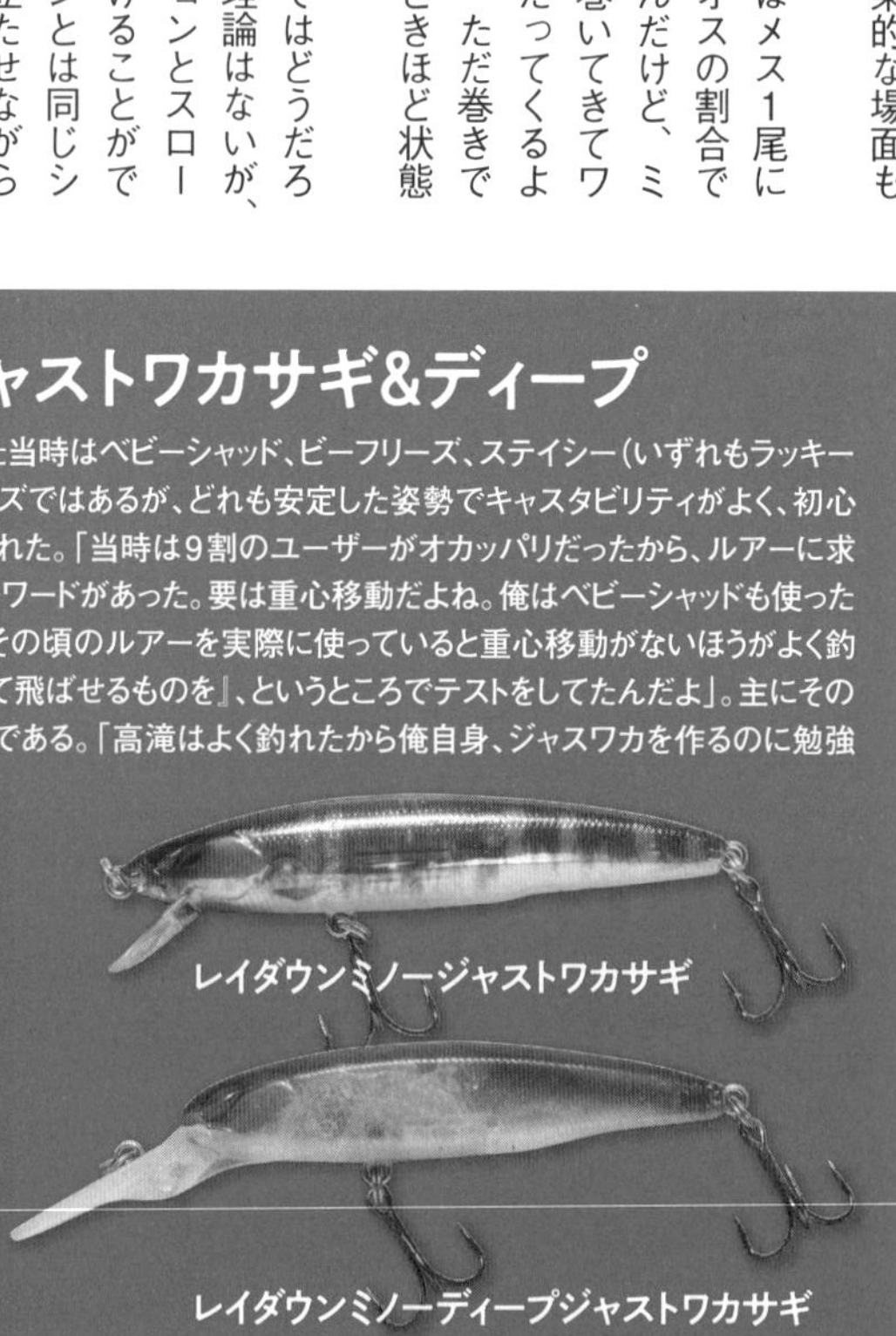

レイダウンミノージャストワカサギ

レイダウンミノーディープジャストワカサギ

ところでワカサギが生息するのはリザーバーや天然湖だけに留まらない。霞ヶ浦や牛久沼といったフラットランドレイクにおける春のワカサギパターンもスルーすることはできない。リザーバーや天然湖であれば川筋やインレットといった産卵場所を想像することもできるが、泥底の沼地ではどうだろうか。

「ソフトボトムが多い沼地ではハードボトム、それと流れがキーになる。わかりやすいところだと水門周りとか田んぼのホソみたいな流入があるところ。昔の牛久沼なんかでは夜のうちに産卵して、日中は沖に出て風が吹いたタイミングにシャローで爆発することがあるよね。リザーバーや山上湖に比べたら水質もマッディーだから当然ルアーも強くなる。俺が牛久やカスミで投げるのはクリスタルSやディーパーレンジ、あとはショットオメガみたいなチビクランク。そこまで濁ってなければジャスワカディープでもいいけど、全体水深も浅いしオメガくらいがちょうどいいんだよ」

産卵を終えたワカサギとレアな酸欠ワカサギパターン

4〜5月くらいになると産卵を終え、死を迎えたワカサギの親魚（なかには2年魚や3年魚へと成長する個体もいるとされる）が水面に瀕死状態で浮遊し、これに似た現象が夏に見られることもある。後者は稚魚放流され成長過程にあるワカサギが酸欠に陥るケースなのだが、いずれにしてもバスにとっては捕食しやすいイージーミールであるのは間違いない。

「産卵末期のワカサギパターンは表層系が強くなってくる。っていうか、俺はほとんどやらないけどI字系や細身のミノーを浮かせておくだけで食っちゃうような時期。水面を使うワカサギの釣りとしては酸欠パターンもあるんだけど、あれはかなり

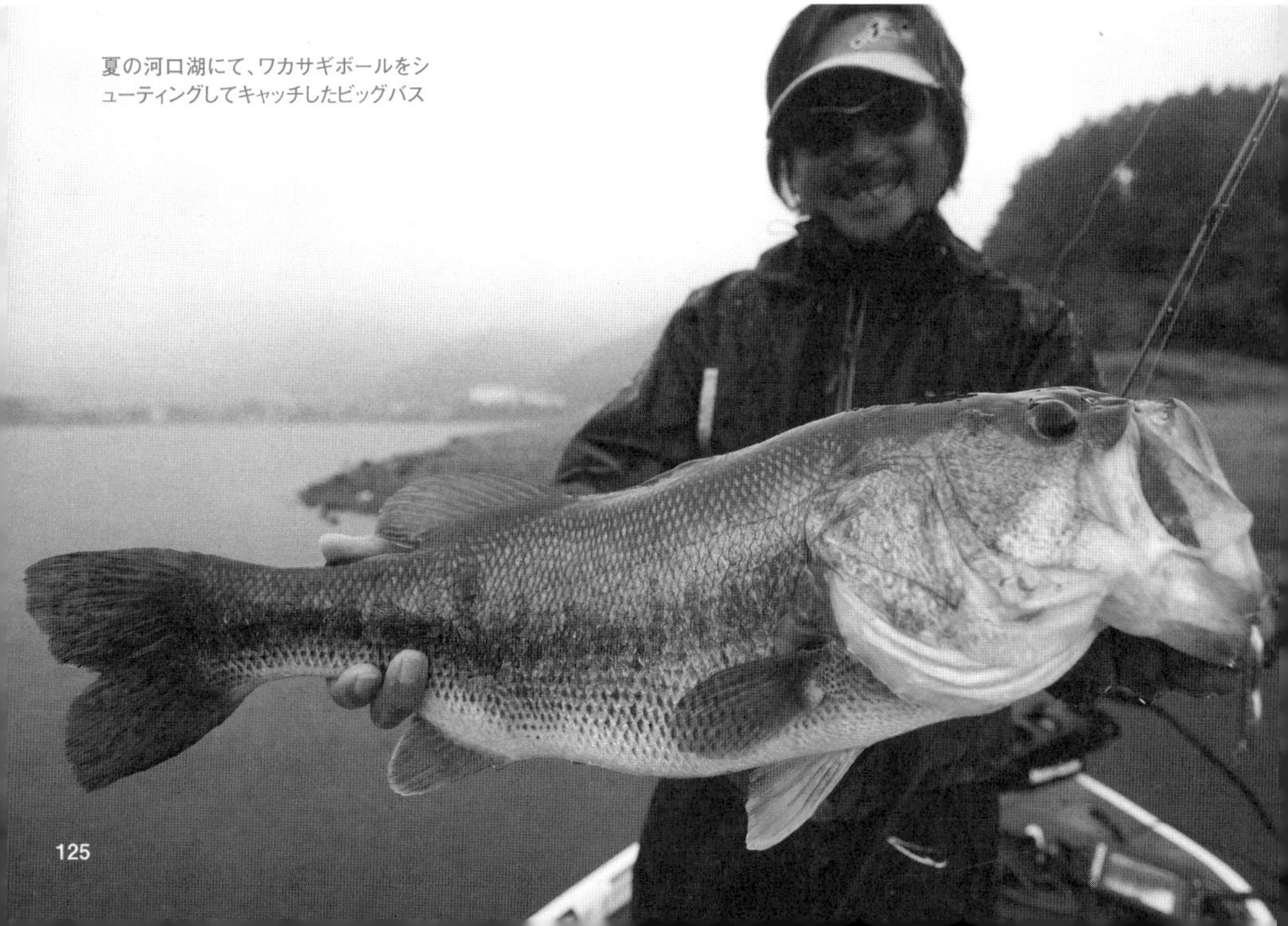
夏の河口湖にて、ワカサギボールをシューティングしてキャッチしたビッグバス

ワサビーシリーズ
（ノリーズ）
サマーシーズンはサーモクラインにサスペンドしたワカサギの群れとそれにつくバスを、メタルワサビーでバーチカルに直撃する

レアケースだよね。亀山の夏に起こる減少なんだけど、ワカサギもいなくなっちゃうし悲しいんだよ。一時は俺も手を出したことがあるけど、サイズとタイミングを合わせないとそこまで釣れないしね」

夏のワカサギパターンはサスペンドがキーワード

　春に孵化したワカサギは、地域差もあるが7～8月になると4～6㎝ほどまで成長する。春はワカサギの産卵に合わせてバスが動くわけだが、夏の場合はバスのレンジにブルーギルやザリガニをはじめとする甲殻類がリンクするため、産卵期に比較するとワカサギのパワーはグンと落ちる。

「夏になるとワカサギもサスペンドして平行に移動するから、ワカサギがバスのいるエリアに入ってくるって考えるほうが正しいのかもしれない。ワカサギ自体も小さいからルアーのサイズを合わせるのも困難。だってジャスワカよりも小さいんだからね。俺が夏にワカサギを意識するのは、群れにやる気のバスが入ってるかどうかってこと。河口湖でもやったけど、基本的には中層に浮いているからワサビーとかインザベイトのメタル系の出番が多い。ワカサギを食いにくるウグイやハスを食うっていうのもあるんだけど、これは明確にパターン化するのは正直難しいよね。それと、霞ヶ浦水系でも当然、夏にもワカサギはいるんだけど、魚探に映っているのがワカサギだかシラウオだかわからないんだよ。秋みたいにトロール船が操業していればわかりやすいけどね。いずれにしても、霞ヶ浦水系だったら浅いところのリップラップとか流れのある水門周りでスピナベやフラチャット、フォローでショットフルサイズってところじゃない」

　夏のショアラインであればト

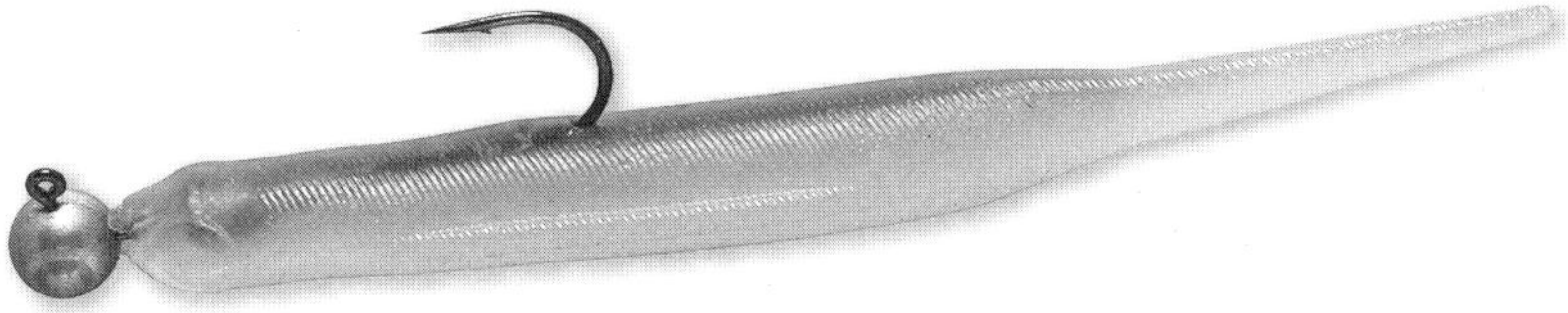

レディーフィッシュ（ノリーズ）＋スキップインザシェード（エコギア）

ミノー＆シャッドの速い動きに反応が鈍いときのスローダウン用。水深1m前後のボトムである程度のスピードを確保して使用することもあるため、スキップインザシェードは3/32ozを基準に、場合によっては1/8ozをセットすることも。「ミドストみたいにフワフワさせるジグヘッドリグではなく、俺はボトムにかすめて砂煙を立てるような感じで使うことが多い。浅いからといって軽くしすぎないのがこのリグのキモ。濁りが入っているならジャスワカという使い分け」。高滝湖のサンドバーは根掛かりが少ないためオープンフックでセットするが、根掛かりが多発する際はオフセットにセットする。オープンフックは#1、オフセットにするなら#1/0が収まりがいい

タダマキ112（ノリーズ）

2mレンジをクランクベイトのように使えるミノーというコンセプトのもとに作られたミノー。「タダマキはどちらかというと春よりも秋のワカサギパターンで使うことのほうが多い。クランクベイトみたいに護岸やバンクを巻いて拾っていく、あるいはフローティングミノーよりももう少し潜らせたいときにショートキャストで入れていくとかね」

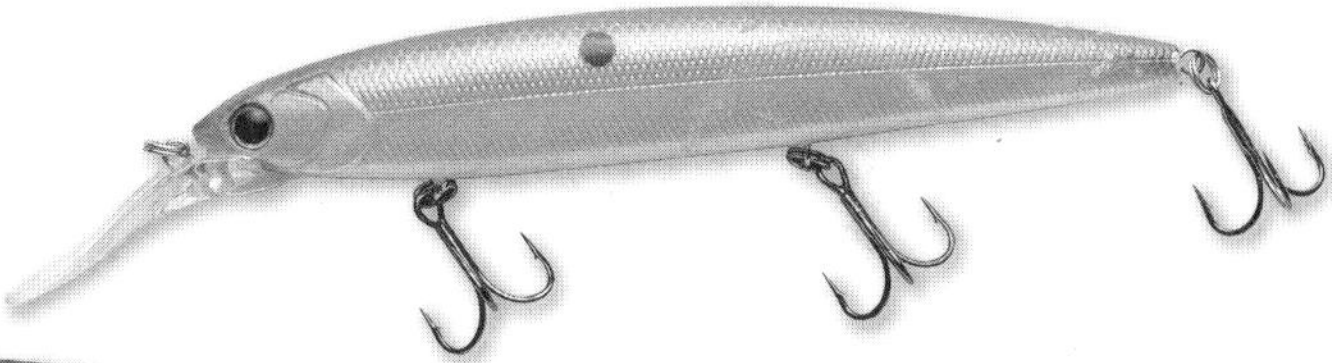

プロリグスピン＆レディーフィッシュ（ともにノリーズ）

ディープフラットにワカサギが群れでかたまり出したときにボトムスレスレをイメージしながら横方向に引く

クワセシャッド（ノリーズ）

「これもタイトなクランクベイトみたいなシャッドなんだけど、ジャスワカディープよりは強め。ベイトでも投げやすいからカバー周りをタイトにねらっていくようなときにいい」。ダイビングレンジはフロロ12Lbで約1.8m

ップウォーターも武器になるが、ワカサギやシラウオは風によりショアラインに吹き寄せられることが多い。そうなると水面の威力も軽減してしまうので、トップウォーターに関しては状況次第だ。

ルアーの幅が広がる 秋〜冬のワカサギパターン

「秋は比較的、レンジに関係なくワカサギがいればバスが入ってくるっていう時期だよね」

10月を過ぎるころから水温が徐々に低下し、それに伴いワカサギの群れも増幅していく傾向にある。春のワカサギ産卵期に次いで、秋のバスフィッシングはワカサギがキーになることがしばしばある。また、あらゆるメソッドやルアーで釣れるのも秋の特徴といえる。とはいえ、水質や天候変化によるルアーの強弱、サイズローテーションといった根本は同じである。言い換えるならば、ワカサギのレン

レイダウンミノーレギュラー（ノリーズ）

73㎜のジャストワカサギよりもひと回り大きい88㎜サイズ。小さめだけどベイトロッドで投げることができるスリートレブル仕様。「ジャスワカでは釣っても釣っても金太郎飴状態で、サイズに伸び悩むときに使うとサイズアップできることがよくある。ジャーク＆ポーズでもいいし、ただ巻きでもいいよ。ここに絶対はないからいろいろ試してみることだね」

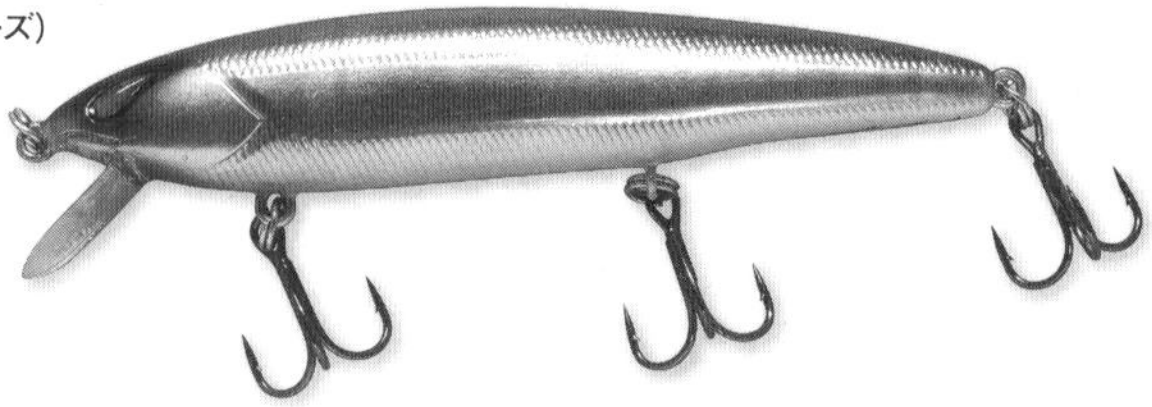

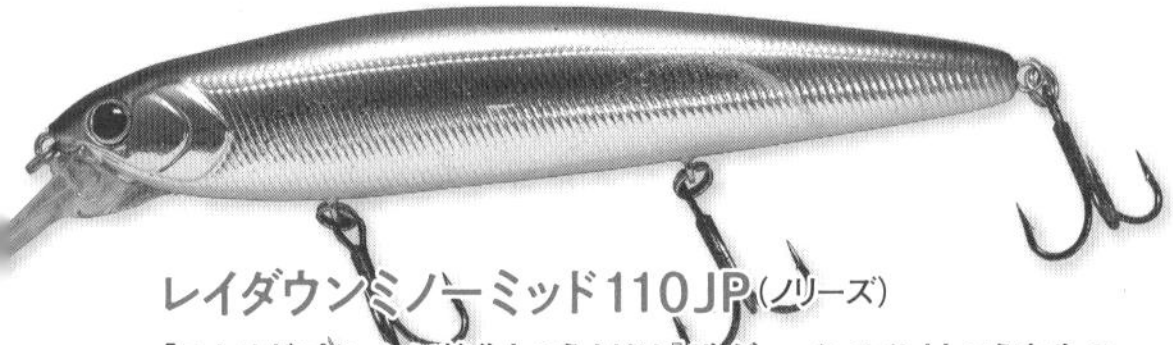

レイダウンミノーミッド110JP（ノリーズ）

「ワカサギパターンに特化というよりは『ザ・ジャークベイト』という春先のジャークベイトパターン全般に使う。どちらかというと高滝、亀山よりは相模湖や琵琶湖みたいなクリアウォーター向きかな」。110ミッドファミリー（フローティング、サスペンド、ジャーク＆ポーズ）の中では最もタイトで、レンジは1.7mと一番深い

レイダウンミノーミッド110F（ノリーズ）

サスペンドモデルよりも水押しが強くアクションが強めにデザインされているため、多少濁りが入っているところでも威力を発揮する。「カバー周りでも枝を乗り越えられるし着水で突っ込みすぎないから、着水と同時の根掛かりも少ない。フローティングミノーのカバー撃ちはもともと霞ヶ浦水系のアシでよく釣っていた。これをいろんなところで試したらよく釣れることがわかったんだよ。『ここで食わせるぜ！』っていう狭い範囲の巻きゲーム。だからショートロッドで正確に入れることも大事。レギュラーだったらHB600Lか511LLでもいいけど、110サイズでジャークすることも考慮するとHB560Lが一番相性がいいよ」

2020年早春の高滝湖釣行では、川筋上流のワカサギパターンが不発。下流部のカバーに潜むビッグバスをジャーク＆ポーズで浮かせて食わせた

ジが変わりやすいため、それだけルアーの幅が広がるのである。

「11月くらいまでならスローロールもあるし、ワカサギの群れに直接ダイラッカを入れてビッグフィッシュが食ってくることもある。ディープフラットに映るならボトムを使ってメタル系やプロリグスピンみたいな横に引くルアーで食わせることもできるし、おもしろい時期ではある。12月になるとバスの活性も落ちるんだけど、ディープをやるとサイズが選べなくなるから、最近の俺はワカサギに関係ないシャローゲームを押し切ることが増えたね」

　さらに季節が進み1月になると強いルアーを嫌うためダウンショットやフットボールといった移動距離の小さいルアーが主役となる。

「厄介なのは1月後半から2月にかけて。バスの活性が著しく落ちるし、ワカサギのレンジとリンクしにくいから、実はワカ

ワカサギのシーズナル行動パターン

地域や水質にもよるが、田辺の経験に基づくワカサギとバスの関係をまとめると以下のようになる。やはり爆発力があるのは春のワカサギ産卵期だ。

●1～2月

ワカサギはディープで活発的に動くが、バスは水温の低下により活動が鈍る。ボトムを上手く使ってバスが追い込んでルアーを食いやすい状況を作って釣ることが多い。2月後半になるとワカサギも上ずってきて、ジャークベイトなどで攻める

●3～4月

日照時間が長くなるにつれ平均水温も高くなり、ワカサギが産卵のために川筋にコロニーを作る。このころになるとバスも活動的に動き出し、いわゆる春爆が起こりやすい。湖沼型のワカサギは何度かに分けて抱卵して、産卵を終えると大多数が生命をまっとうし、瀕死の状態で水面に浮く姿が見られたりする。ワカサギのいるレイクではバスのほとんどがこの動きにリンクしていくことが多い

●5～6月

水面付近の瀕死ワカサギボイルパターンが終わると一段落する。人工的に放流される稚魚、もしくは自然繁殖するワカサギの稚魚を捕食することもしばしばあるが、この時期はバスのメインベイトにはなりにくい。ただし、ワカサギの稚魚をねらって他のベイトフィッシュが入ってきていれば、そこにリンクしたバスの釣りが可能

●7～12月

7月くらいになるとワカサギの稚魚も3～5㎝ほどまで成長し爆発力が増す。ワカサギの生育に伴い、厳冬期まではあらゆるレンジでキーベイトになることが多い。ただし、ワカサギ以外にもブルーギルやエビ類も活発な時期なので、ワカサギ以上に爆発力のあるベイトフィッシュが存在するのも事実だ。小さいワカサギは水の動きがある所を好み、中層をメインに群れで行動する

TACKLE DATA

●レイダウンミノーミッド110JP
ロッド：ロードランナーVOICE LTT630M
リール：カルカッタコンクエストDC100
ライン：シーガーR18フロロリミテッド12Lb

●タダマキ112
ロッド：ロードランナーVOICE HB640ML
リール：カルカッタコンクエストDC100
ライン：シーガーR18フロロリミテッド12Lb

●ジグヘッド
ロッド：ロードランナーVOICE HB 660MLS SGt
リール：ヴァンキッシュC2500HGS
ライン：シーガー完全シーバス0.6号

●レイダウンミノー・ジャストワカサギディープ
ロッド：ロードランナーVOICE HB 640LS SGt
リール：ステラ2500S（シマノ）
ライン：シーガーR18フロロリミテッド4Lb

※ロッドはノリーズ、リールはシマノ、ラインはクレハ製

サギパターンでは一番難しいんだよ。そうなると、やっぱり時合を捉えるシャローゲームでタダマキやレイダウンミノーで押し通しちゃうのが俺の最近のゲーム。高滝みたいにバスがワカサギに支配（翻弄）されるレイクならジャークベイト系を投げるけど、アカガエルがいるところだったら、ストーミーマグナムとかFGダディみたいなビッグトレーラを付けたジグのシャローゲーム、っていうのが俺のモチベーションになる」

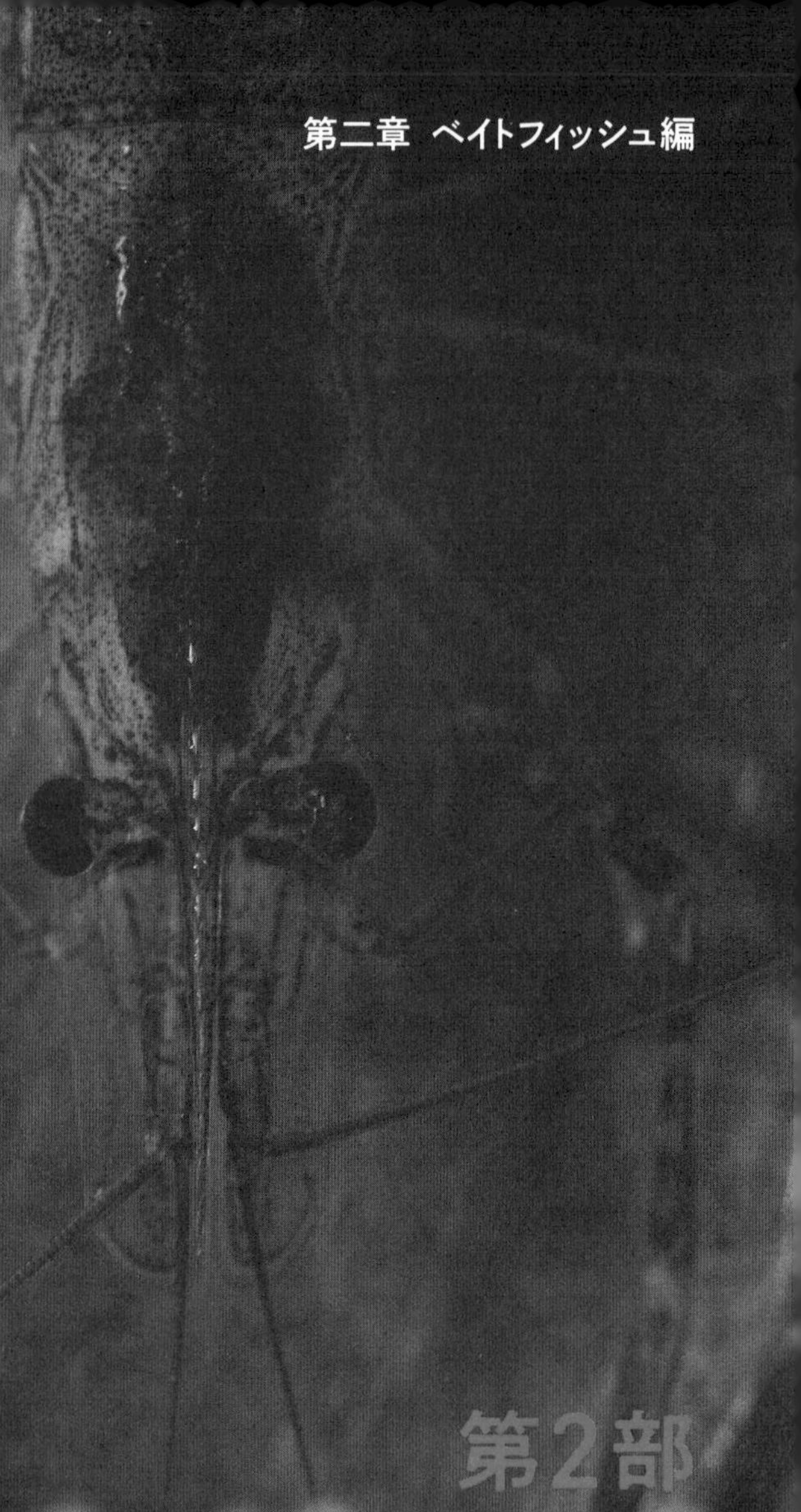

第2部

テナガエビ

**釣りのターゲットとしても人気の高いテナガエビだが
バスアングラーにとってみれば
バスの捕食対象としてルアー選択の基準にするケースがほとんどだろう。
一般的なテナガエビパターンとは一線を画す、田辺理論とは……。**

トップウォーターが主軸のテナガパターン

テナガエビは日本全国のバスフィールドに分布する、代表的なベイトの一種である。入梅のころに産卵期を迎え、群れで接岸する傾向がある。テナガエビは一年中バスの捕食ターゲットになりうるベイトではあるが、マッチザベイトに当てはめるなら最盛期は春～初夏。

「テナガパターンにたどり着いたのは俺自身、たぶんここ10年くらいじゃないかな。もちろん霞ヶ浦水系のバスがテナガを食っているのは昔から知ってたよ。口の奥にツメが出ていることもよくあったしね。ところが、いつのころからか霞ヶ浦水系の釣果が下がっていって、そこで初心に返ってベイトを見直したんだよ。調べてみると、テナガの産卵期と、スポーンから回復しきっていないアフターのバスのタイミングがドンピシャだった。で、テナガエビを追って行くようになってから、クオリティーフィッシュをまとめて釣れるようになったんだよね」

田辺が実践するテナガパターンは一般的なそれと大きく異なる。通常はノーシンカーかスモラバをはじめとするライトリグに加え、バックスライド系や軽めのスイムジグが定番だ。

「テナガパターンにもいろいろあるんだけど、俺のゲームの基本は横方向に水平姿勢で動かせるもの。そのなかでも細身シェイプの止めることができるトップウォーターやフロッグが主軸にきて、状況によってクランクやスピナーベイトを入れる感じだね」

田辺が独自のテナガエビパターンに行く着くきっかけになったのは、初夏の霞ヶ浦水系で目撃した、無防備に泳ぐ抱卵したテナガエビだった。その泳ぎ方をヒントに突き詰め導き出したのが「横方向」「細身シェイプ」「水平姿勢」というキーワードだった。

田辺の釣りは卓上の理論や過去の情報ではなく、自身が現場で得た体験や知識に基づいている。これまでもそうやって田辺だけのスタイルと実績を重ねてきた。

テナガエビ

河川の淡水から汽水域、湖沼まで全国に広く分布。産卵期は5～9月で、アシや杭、テトラ帯などのハードボトムに大量に上がってくるため、バスのメインベイトになりやすい

「基本的にテナガの産卵はアシだよね。どこにでもいるんだろうけど俺がよく見るのはハードボトム絡みのアシなんだよ。産卵期のザリガニはガマのほうが好むっぽいんだけど、テナガはアシだね」。アシとガマの最大の違いは底質にある。アシは砂地やハードマテリアルのボトムに生えるが、ガマはドロ底にも繁茂するのだ

主役は移動距離の短いトップウォーター

田辺が5月のテナガエビ取材でメインに使ったのはウエイクプロッププラスとザグバグスリーフックの2種。フローティングカバーやアシのポケットにはフロッグを用いた。いずれもトップウォータールアーで、共通するのは、通常よりもポーズを長めにとり、さらにはアクションが控えめであること。例えばウエイクプロッププラスの場合、着水したら数秒間待ち、短めのストロークでルアーの頭を少し潜る程度に軽くトゥイッチする。移動距離は1回のロッド操作で

ザグバグスリーフック（ノリーズ）

ねらったところにしっかり投げ込むためのウエイトがあるため、アシ際スレスレやピンスポットにもキャストしやすい。さらにはスリートレブルフック仕様でフッキング率も極めて高いのが特徴。テナガエビパターンで使う時は連続的なドッグウォークというよりは食わせの間となるポーズを交えながら操るほうがベターだ。フロントスプリットリングを＃1から＃2、フロントフックを＃6から＃5にサイズアップすることで水絡みがさらによくなる

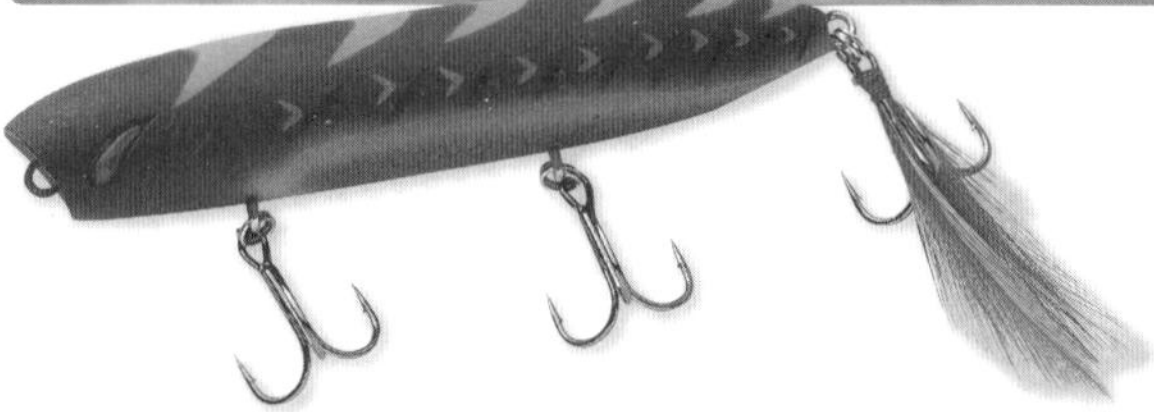

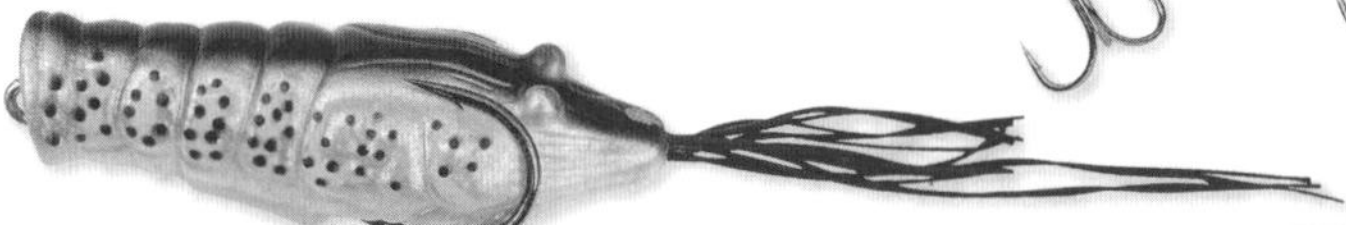

エビガエル（ノリーズ）

田辺がテナガエビパターンを開眼した際に製作されたフロッグ。アシや浮きゴミが邪魔してトレブルフックのプラグでは攻めきれない箇所で投入。アクションはほかのポッパーと同じく控えめに。バイトがあったら確実に水中に消えてからアワセることと、PEラインを用いるのがキャッチ率をアップさせるコツだ

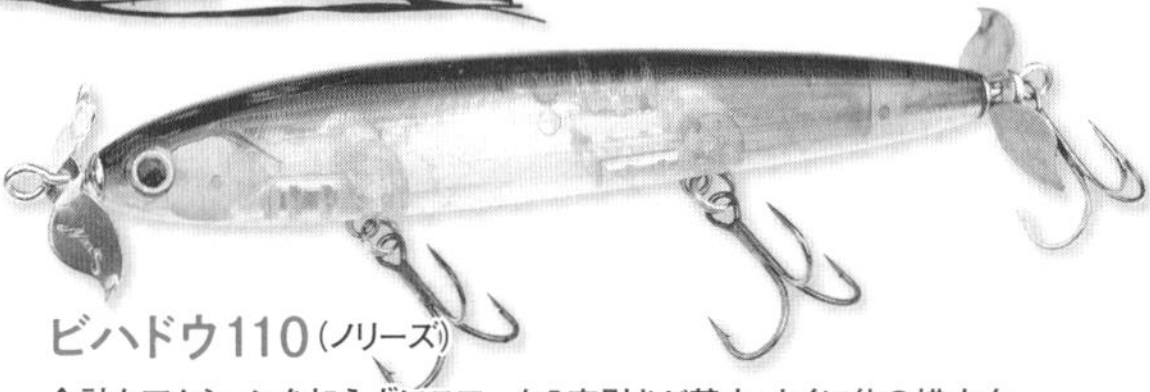

ビハドウ110（ノリーズ）

余計なアクションを加えずにスローなＩ字引きが基本。とくに他の横方向のルアーに反応がないときに爆発することがある。「テナガは秋まで産卵するっていわれるけど、『もしかしたら』っていう出来事が利根川であった。流れも風もない状況でクランクもスピナベもまったく反応がなかったんだけど、ビハドウにしたら連発したの。もしかしたらその日がテナガの秋産卵のピークだったのかもしれないよね」

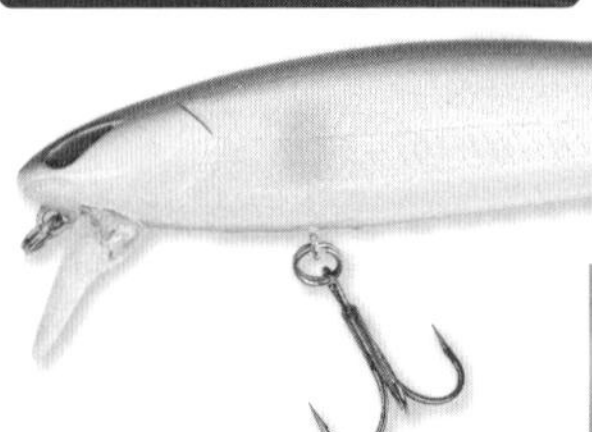

レイダウンミノー・ウエイクプロッププラス（ノリーズ）

ウエイクプロッププラスの出番はサーフェスコンディションでいうならさざ波程度まで。軽いトゥイッチで移動距離を控えめにして程よいスプラッシュダイブ&ポーズが効果的。「フロントフックは＃6が標準装備なんだけど、＃5にしたほうが泳ぎだしがよくなるよ」

下／テナガパターン＝ワームとならないのが田辺理論。「細身」「水平姿勢」「横方向」というキーワードに加えて、スローに誘えるものとなると必然的にトップウォーターが主役になってくる

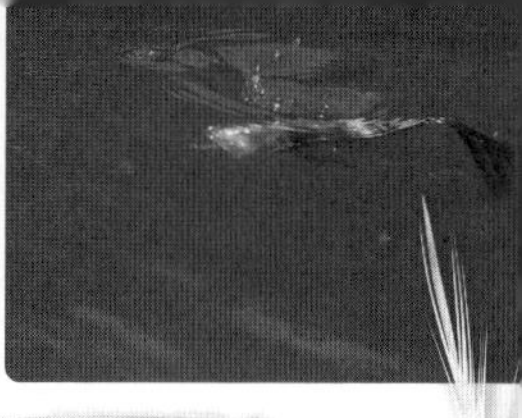

エビガエルハード70（ノリーズ）

その名のとおりエビガエル（中空フロッグタイプ）の発泡素材版。テナガパターンで多用する4種類のポッパーの中では最もカップが大きく水を受ける抵抗も大きい。すなわち水面が波立っているようなコンディションでもアピールする力がある

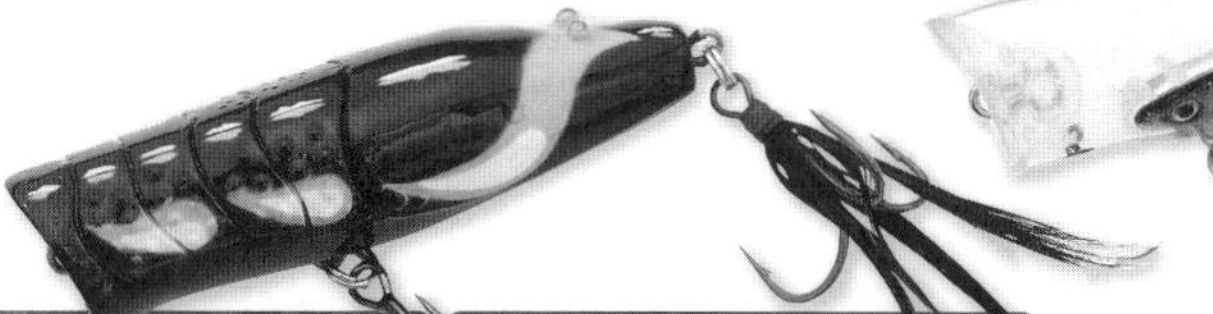
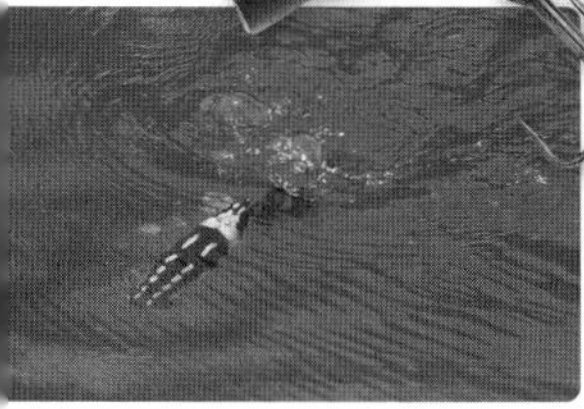
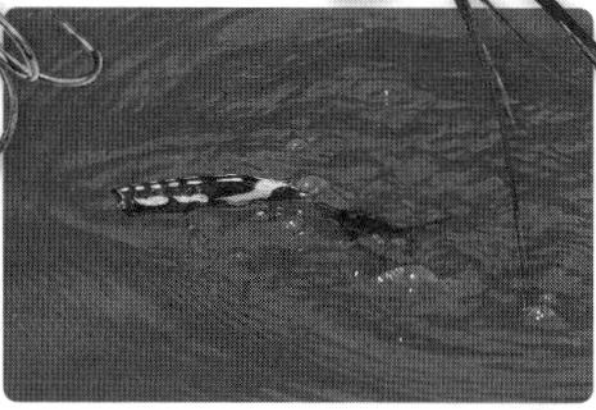
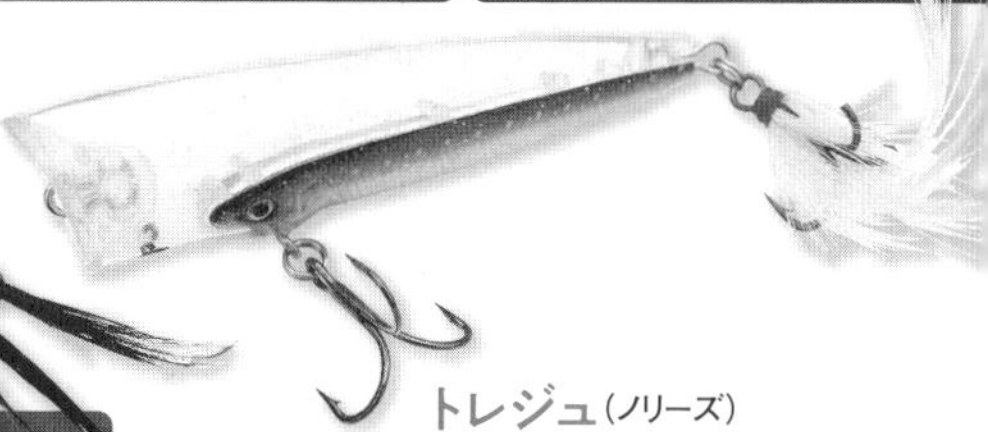

トレジュ（ノリーズ）

立ち角度はエビガエルハードとチャグウォーカーの中間。4種の中では最弱なのでクリアウォーターやベタ凪コンディションで申し訳程度にちょこっとお辞儀させるイメージで操作

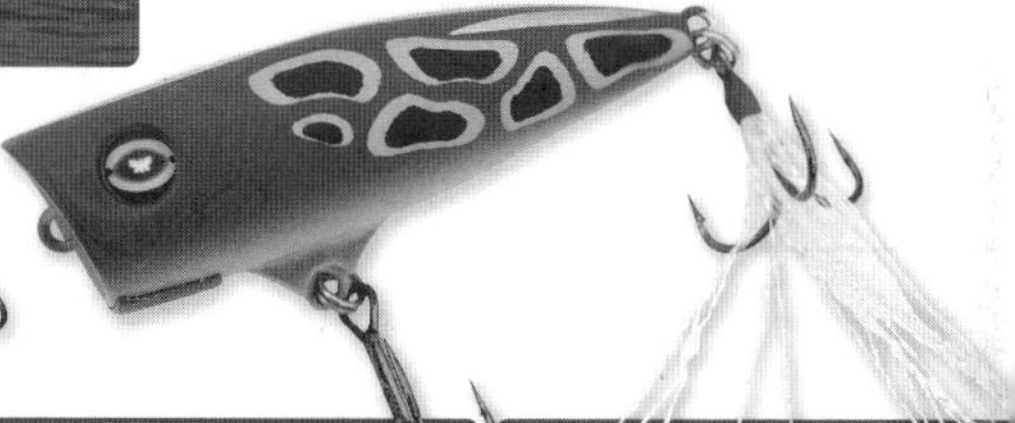
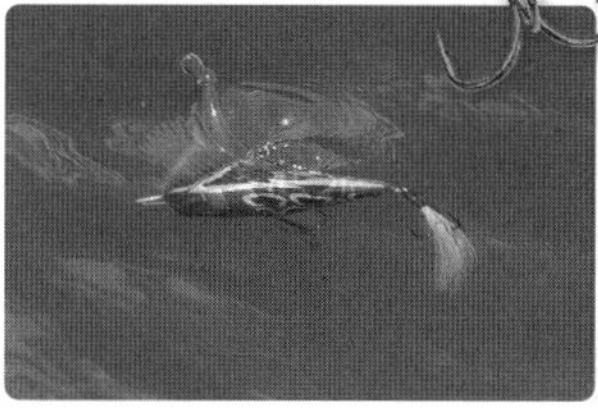
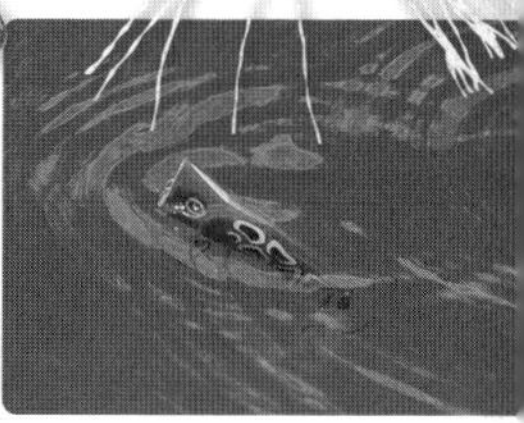

アッパーカッター95（ノリーズ）

オイカワやハスなどベイトフィッシュを追いかけ回しているときは連続ドッグウォーク、テナガエビパターンのときはラインスラックを気持ち多めに取り、ポーズを入れながらおとなしめに水に絡める

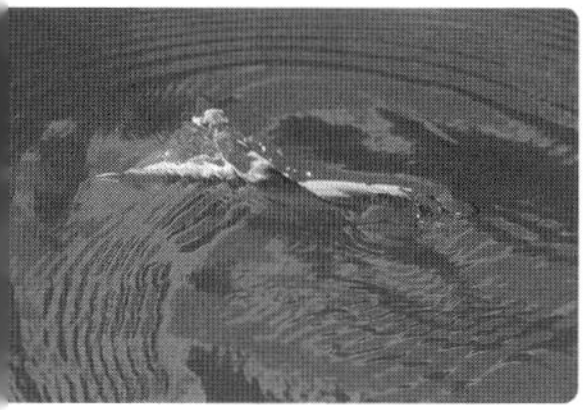
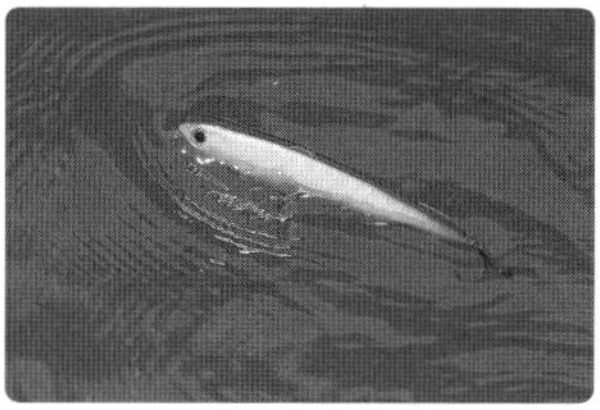

バンタムチャグウォーカー（シマノ）

エビガエルハードと対極に当たる直立浮きタイプ。ボディの半分以上が水中に浸かっていることもありフッキングもいい。トレジュと同じく移動距離を小さくし控えめな波紋で誘う

20㎝にも満たない。浮上して波紋が出たらまたトゥイッチする。

ザグバグスリーフックはウエイクプロップよりも少し強めにトゥイッチし、アシ際で左右にドッグウォークさせる。左右にターンする分、移動距離も短くすることができる。ウエイクプロッププラスはピチャと水に馴染むようなアクションに対し、ザグバグスリーフックは水に絡みつくイメージ。

着水してポーズ3～5秒→数回トゥイッチ→ポーズ2～3秒のルーティーンはウエイクプロッププラスと同じだ。

「テナガパターンの場合、着水で気づかせてあまり強く動かしすぎないのがキー。じれったいんだけどポーズもしっかり入れたほうが食うことがあるんだよ。場合によっては10秒止めてから出ることもあるからね」

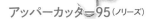

バスがセレクティブになるとフィネスが必要な場合も

「テナガを意識した細身の巻き切る系ルアーは、トップが通用しないような荒れたコンディションで使うことが多いよね」

テナガエビパターンでトップウォーターと巻きモノというのがなんとも常識破りで田辺らしい。いわく「俺にとってはこれが常識」。

だが、（田辺哲男にとっての）例外の可能性も否定できないという。テナガエビの産卵期のピークは5～7月と言われる。なかには秋まで産卵する個体もいるようだが、概ね入梅のころである。

「ワカサギフィーディングと同じようなことがテナガにもある気がするんだよ。あくまでも俺の勝手な推測だけどね」

高滝湖、亀山湖でワカサギフィーディングパターンを経験したことがあるアングラーなら理解できるはずである。春の高滝湖はワカサギが産卵期を迎えるタイミングで春爆が起こりやすい。だが、バスが完全にワカサギに固執してしまうと、よっぽどルアーと動かし方を合わせないと見向きもしないのである。夏の亀山湖で起こるワカサギフィーディングにも同じことがいえる。酸欠で表層を浮遊するワカサギの幼魚をねらったボイルが頻発するが、これも春の高滝湖と同じように一筋縄ではいかないのだ。

「テナガが産卵のピークのタイミングで群れているときは、トップだけでは食わせられない可能性もあるよね。細身のワームのスプリットショットでスライドさせて漂わせるとか、そんな釣りが必要なタイミングもきっとあると思うんだよ」

スピナーベイトはザリガニやテナガにも化ける

スピナーベイトの形状とザリガニやテナガエビといった甲殻類は、どう見ても似つかない。甲殻類のイミテーションといえばジグやクローワームが相場。にもかかわらず、5～6月のザリガニが産卵期を迎えるタイミングで、スピナーベイトがハマるタイミングがあるという。

「考え方としてはスピナーベイトをザリガニやエビに寄せるっていうのではなく、ザリやテナガが出てくるところを通すっていうのが正しいよね。たとえばカスミによくあるようなキンチャク（ゴロタ石をネットで覆ったストラクチャーで根掛かりしやすい）はクランクとかボトムを引きずるようなルアーだと高確率で根掛かっちゃうけど、シャローロールだったらゆっくりでも引き続けてさえいれば倒れることもないし、うまくトレースできるんだよ」

ガンタージグライト（ノリーズ）

「以前はテナガパターンのときにはリングマックスバスをトレーラーに付けてたんだけど、最近はチビエスケープツイン。テナガのジグ&ワームの釣りは軽くしてスローに誘うのがひとつのキー。トップもクランクもジグも基本的にはみんないっしょだよ」

クリスタルSシャローロール（ノリーズ）

テナガエビパターン用スピナーベイトの条件はシャローレンジをゆっくりトレースできるもの。すなわちシャローロールが必然。「フラチャットとスピナーベイトに関してはテナガパターンのなかでも風とか波っけがあるとか、コンディションに合わせた選択だよね」

つまり、スナッグレス性という特性を最大限に活かすということだ。具体的な出しどころとしては、田んぼから流されてくる水門周りやアシ等のベジテーション周り。

「ザリの産卵は5月半ばから6月半ばくらいなんだけど、岸際の草とか冠水した木に何匹かで固まっているよ。ほとんどの場合、ザリは岸に隣接したベジテーション、逆にテナガは沖の島周りとか杭についているよね。ザリのときはエレキで土煙を巻いちゃうような、本当のドシャローだからシャローロール、テナガは水深にもよるけどシャローロールかオリジナルを使うことが多い。あとはスカートの色をそれっぽく合わせるくらいの気持ちでいいんじゃない。ザリで俺が好きなのは赤系（タナベセレクトタイガーⅡ）とか黒っぽいの、テナガだったらライブアユみたいなクリア系のスカートを選んでおけば間違いない。ブレードのカラーは、ちょっと濁ってたり強くしたいっていうときはゴールドが入っているほうが好きだけど、ザリとかテナガは別として、ブレードはカラーよりもベイトの大きさに合わせることのほうが重要だよね」

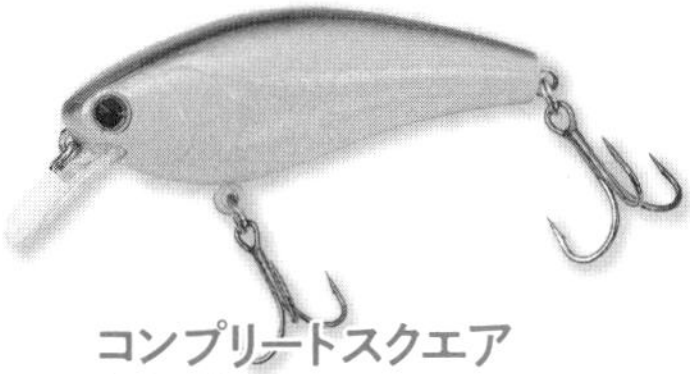

コンプリートスクエア
（ノリーズ）

クランクベイトもほかと同じく細身シェイプを選択。「俺の勝手な持論だけど、テナガ食いにはロールが強すぎないウォブル系でゆっくり巻いてもしっかり泳ぐものがいいね。コンプリートスクエアは若干頭下がりだけど、潜行角度も浅めでテナガに限らず、エビやザリガニを食ってるときにも効いてる気がする」

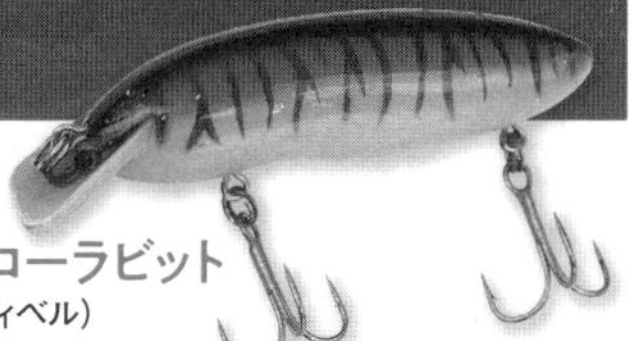

シャローラビット
（ウッディベル）

1992年に田辺がプロデュースし鈴木知司氏によって作られたシャローランナー。「テナガエビ取材のことを考えてるときにふとシャローラビットのことを思い出したんだよ。当時はまだテナガパターンなんて言ってなかったんだけど、よく釣ってた季節がちょうどテナガの産卵期だったから、もしかしたらテナガ食いだったんじゃないかな。これも細身シェイプの水平姿勢でほとんどロールしないタイプ」

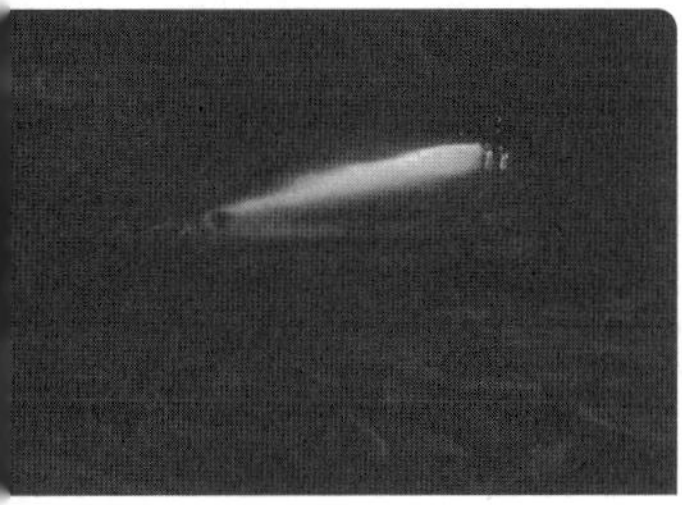

フラチャット（ノリーズ）

トップウォーターでは威力が足りないとき、あるいはバスがON状態のときに出番。トレーラーは頭を1/3ほどカットしたレディーバランスを装着。テナガエビを意識して細身にするのが重要

TACKLE DATA

●レイダウンミノー・ウエイクプロッププラス、ザグバグスリーフック
ロッド：ロードランナーVOICE HB640ML
リール：SLX70MGL
カルカッタコンクエストDC100、メタニウムなど
ライン：シーガーR18フロロリミテッド14Lb

●ビハドウ、トレジュ、バンタムチャグウォーカー、シャローラビット
ロッド：ロードランナーVOICE HB600L
リール：SLX70MGL
ライン：シーガーR18フロロリミテッド12Lb

●シャローロール、コンプリートスクエア
ロッド：ロードランナーVOICE HB640ML
リール：カルカッタコンクエストDC100、メタニウムなど
ライン：シーガーR18フロロリミテッド14Lb

●フラチャット
ロッド：ロードランナーVOICE LTT630M
リール：カルカッタコンクエストDC100、メタニウム、SLX MGL HGなど
ライン：シーガーR18フロロリミテッド14Lb

●エビガエル他フロッグ全般
ロッド：ロードランナーVOICE LTT630MH
リール：アンタレスDC
ライン：PE3号

●ガンタージグライト&テキサスリグ
ロッド：ロードランナーST680MH
リール：メタニウムMGL
ライン：シーガーR18フロロリミテッド14Lb

※ロッドはノリーズ、リールはシマノ、ラインはクレハ製

第二章 ベイトフィッシュ編

第3部 ブルーギル

時に敵、時に餌。
バスと密接な関係にあるブルーギルが
今回のテーマだ

ブルーギルの生態

ブラックバスとブルーギルはセットといっても過言ではないほど密接な関係にある。事実、バスの生息するフィールドは水質やフィールドタイプを問わず、必ずといっていいほどブルーギルも混在している。ブルーギルは時にはバスの卵を食べるプレデターであり、しかしバスはギルを捕食し命をつなぐ。

ブルーギルはブラックバスと同じくサンフィッシュ科で北米が原産である。本国にはパンプキンシードやレッドイヤー、サンフィッシュといった、ブルーギルによく似た種類が生息しており、これらの総称として「ブリム」と呼ばれる。ゆえに日本でいうギルネストは、アメリカでは「BREAM BED」というのが一般的だ。まず本題に入る前に、複数の文献からまとめたブルーギルの生態について記しておこう。

ブルーギル

北米原産の魚で、バスと同じフィールドに生息していることが多い。6〜7月の産卵期には雄が砂泥底にすりばち状の産卵床を作る

ブルーギルの産卵期は早ければラージマウスバスのスポーニングと重なることもあるが、大半はラージマウスバスの後。季節的には水温が安定的に20℃を超える5月初旬から本番を迎えることになる。ネストエリアとなるのはワンドの奥や赤土バンク、岬の両サイドやウィードエリアなど、立地的にはバスによく似ているのだ。

ブルーギルの産卵床が作られる水深は総体的に見るとラージマウスバスよりも浅い。透明度によっては5～6mの深さに作られることもあるようだが、ステイン～マッディウォーターならせいぜい0.2～1.5mくらいがいいとこだろう。ブルーギルもバスと同様にオスが産卵床を掘りメスを導く。バスとの大きな違いは、ブルーギルの場合オスのほうが大型であるということ。もちろん、すべてがそうであるとは限らないが、体表全体に黒っぽく婚姻色が現われるのがオスなのである。一方のメスはというと、体色が薄くいかつい様相のオスに比べるとどこか弱々しく見える。プロポーションもオスのほうがふくよかゆえにわかには信じがたいが、実際にスポーニング期に体色の薄い小ぶりのブルーギルを釣り、腹部を押してみると数の子のような薄い黄色の卵が出てきた。卵の数は体長にもよるが、1万～10万粒を抱卵するようだ。

これが土ボトムに見られるクレーター状の典型的なブルーギルネスト。産卵床の大きさは30〜35㎝くらい。ボトムと同化して見えないが、各穴には真っ黒いオスのブルーギルが鎮座していた

またブルーギルのネストとして特徴的なのは、狭い範囲にいくつも産卵床が形成されることだ。その光景はまるで水中にできたクレーターのようである。大きなコロニーとなればテニスコート半面を埋め尽くすほどのネストができることもあるのだ。

ネストのブルーギルはイージーミール!?

「俺がワカサギスポーニングと

集合住宅のように連立する土ボトムのネストに対し、ハードボトムのネストはまばらに点在していた。水質がクリアなためか、オスと思われるブルーギルの体色は土ボトムの個体よりもだいぶ薄い。産卵を終えて卵を守っている状態なのか？

か言いだしたのはかれこれ30年くらい前。ワカサギはそのころから追っかけてきたんだけど、ギルネストに関してはまだまだ経験値が浅い。とはいえ、まだまだギルネストの釣りを理解していないアングラーも多いだろうから、この記事を読んで実際にフィールドに出たときに『あ～、田辺はこの状態のことを言ってたんだ』とわかってもらえれば嬉しいよね」

ベイト主軸主義の田辺にとってブルーギルはバスのエサのポジションとしてはそこまで上位にランクづけしていないようだ。しかしながら、バスのスポーニングシーズンが終わるころからブルーギルの産卵が始まるタイミングに関しては、とりわけビッグフィッシュパターンが成立するという。

「だいたい関東のリザーバーだったら5月の中旬ころからギルネストができるんだけど、俺の個人的見解としては、バスはそこまでギルを好んで食ってるとは思えないんだよね。体高もあるし背びれもトゲトゲしてるし、決して食べやすくはないんじゃない。消化も悪そうじゃん。それに半プリやポストのバスが小ギルの群れに突っ込んでフィーディングすることがあるけど、あれって長い期間続かないよね。小ギル自体はシャローにいつもいるけど、一年中食ってるわけじゃないからね。バスに聞いたわけじゃないからわからないけど、ギルに比べたらテナガエビとかオイカワのほうがうまいんじゃないかな。俺が思うポストスポーンから夏にかけてのエサのランクとしては1番がエビとザリガニ。で、その次にくるのがギルってところかな」

たしかにブルーギルは一年中シャローで見られるが、常にその周りにバスがいるわけではないし、背びれのトゲは見るからに吸い込みにくそうである。泳ぐスピードも流線型のオイカワやウグイに比べれば比較にならないほど遅いだろう。

「エビもザリもギルもちょうどバスのポストスポーンのタイミングに産卵が始まるからバスにとっても都合がいいんだよ。ポストのバスはオイカワやハスを追い回すだけのスピードがまだないから、食べやすいエサを優先する傾向が強い。ビッグフィッシュ（バス）＝デカいエサと考えるなら、この時期のギルは外せないよね」

ギルネストのビッグフィッシュパターンは初期限定

ブルーギルの産卵は長ければ5～6ヵ月にも及ぶ。とすればバスにとってはそれだけイージーミールが増えるはずだが、田辺の意見は違う。

「たしかにギルネストは夏になってもダラダラ続いているけど、ビッグフィッシュをねらえるのは初期段階だけ。第一陣のメス（バス）がまだ回復しきらないポストの状態で、そのタイミングとギルネストがリンクしたときが最強のパターン。そのタイミングが千葉のリザーバーだとちょうどギルネストができはじめるタイミングなんだよ」

5月中旬に三島湖を訪れた際にそれを裏付ける出来事があった。田辺はともゑボートから出船し小糸川筋をメインに釣っていった。最高気温は24℃まで上がり、スタート時に21℃台だっ

田辺が50cmアップを釣ったブルーギルネストにはほかにもビッグフィッシュがいた。写真に映るのは余裕の55cmアップ。ボートで近づきカメラを沈めても逃げることなく、ブルーギルの周りをクルーズしていた

た水温が下船時には23℃台をマークしていた。タイミング的にはブルーギルの産卵が始まると思われたが、注意深くネストを探して回ったがひとつも見つけることができなかった。下船時刻の30分前に広大なシャローフラットに入り、最奥のブッシュエリアを覗いてみると、そこにはできたてと思われるネストが3つ。驚くことに、そこには60cmクラスのバスをはじめ50cmアップがウロウロしていたのである。ブルーギルにロックしていたためか、ボートで近づいても逃げるわけでもなく、あっさり田辺が放ったフリップギルのネコリグに食いついたのだ。おそらく、このタイミングがポストとギルネスト初期がリンクするビッグフィッシュパターンなのだろう。

5月の三島湖でフリップギルのネコリグを落ちパクしたのは3kgに達しそうな見事な個体。あまりの太さに55cmはくだらないと思われたが、計測してみると52.5cmしか(?)なかった

「ギルネストパターン自体は6月でも7月でもあるんだろうけど、季節が進行するにつれてついてるバスのサイズも小さくなる傾向が強くなる。たぶんスポーンするギルのサイズも小さくなっていくからじゃないかな。俺がギルネストパターンに求めるのはやっぱり、初期段階の15~20cmはあるデカギルを丸呑みにするようなビッグフィッシュゲームだよね」

ポストスポーンのバスが回復すると、オイカワ、アユ、ワタカやハス等のベイトフィッシュに、ザリガニを捕食していた沼系であればマブナといった中~大型にシフトするというのが田辺の推察だ。

ビッグフィッシュ遭遇率の高いブルーギルネストとは

最も見つけやすいブルーギルのネストはワンドの奥やプロテクトされたエリアによく見られる、水深1m以浅にある連立したクレーター状のものだ。もちろんこういったブルーギルネストでもビッグフィッシュのチャンスはあるが、さらにビッグフィッシュが好むであろう立地条件があるようだ。

「ギルネストってひと言でいってもいろいろあるはずなんだよ。目視できるのがクレーター状のものっていうだけで、実際はそれだけじゃないはずなんだよね。西日本に多い岩盤質の切り立った人造湖ではレイダウンだったり崩落跡に作るんじゃない。基本は土系バンクなんだけど、きっとそれだけじゃないよね。とくにスーパービッグフィッシュともなると、ワンドの最奥のドシャローのギルネストまでは入ってこないと思う。俺も確証があるわけじゃないけど、デカいのに限っていうならメインレイクに面した岩盤の崩れとか、もしかしたら崩落した倒木の上や沖の立ち木でスポーンするギルがいて、そういうのを食っている気がするんだよ。だって夏前にギルの稚魚が立ち木にびっしり湧いているのを考えると、そういうところで産卵していてもおかしくないだろ」

では、ブルーギルのネストを

ねらうバスが実際にどんなタイミングで捕食するだろうか。バスがその近辺をクルーズする姿はしばしば見ることができるが、実際に20㎝クラスのブルーギルを捕食しているシーンには遭遇したことがない。

「プリのギルがネストに乗っかっていても必ずバスがいるというわけでもないよね。常にギルをガブガブ食っていればルアーでもっと簡単に釣れるよ」

一説には夜に捕食しているという意見もあるが、実際のところは不明である。

「ギルネストがあるフラット上にバスが目視できなくても、その近辺にいると考えるのが自然だよね。それが外側のブレイクであったり、逆にインサイドにいることもある。何かのタイミングでスイッチが入って捕食に入ると思うんだけど、正直それが何かは俺にもわからない。考えられるのはメスが乗っかったタイミングとかペアリングのとき。いずれにしてもギルネスト付近にバスが見えなくても、その近くは釣り込む価値はある。俺の中でも今考えるとあの魚はギルネストだったんじゃないかなっていう経験があるよ」

ルアーと時合

「このバスは、なぜここでこのルアーで釣れたんだろう?」

そんな疑問から推測して結果に繋げるのもバスフィッシングのおもしろいところだ。それをヒントに自分の推測が合っていれば読みどおりの展開で釣れるようになり、ひとつの引き出しが増えるのである。

「6月だったかな。相模湖でフリップギルにものすごく反応した日があるんだよ。普通にテキサスリグでカバーを撃っていったんだけど、釣れるのは全部土バンクなの。それも全部落ちパクでスゲー食い方するな、って思ってたんだよ。クレーターが見えたわけでもないし、沖のカ

5月の三島湖で撮影。崩落跡に堆積するウッドカバー周りにスクーリングするブルーギルの稚魚。1年で10㎝ほど成長するといわれることを考えると、昨年の夏に生まれた群れと思われる

バーをやっても全然釣れないんだけど、土バンクにギル自体は目視できたから、おそらくギルネスト絡みなんだよね。釣れるサイズは35〜45㎝くらいだったから、ギルネストパターンとしては後期だと思う」

さらに突き詰めて初夏の釣りを振り返ると、ブルーギルネストに関連づけられる釣行が思い起こされた。

「ポストスポーンの一定期間だけ、異常に落ちパクバイトが増えることがある。それもきまって11〜14時くらいの日中。フラチャットでもストーミーマグナムでもスピナベでも、朝は不発なんだけど、この時期だけは日中に釣れることが多いんだよ。それも必ずといっていいほどギルがいるようなところ」

着水とほぼ同時にバイトしてくる、いわゆる落ちパクはブルーギルやベイトフィッシュが上ずっている際、もしくは虫やエビボイルがトリガーとなって起こる現象だ。興味深いのはブルーギルのスポーニング時に見られる習性である。6〜7月あたりにブルーギルの成魚が水面直下に群れでサスペンドする姿を見たことないだろうか。調べてみたところ、あの行動はバスでいうステージング（P148参照）にあたるようだ。

要はネスト付近で産卵の機をうかがうメスに見られる習性らしいのだ。それが事実だとすれば、ブルーギルの産卵期に落ちパクが頻発するのも自然なことなのかもしれない。さらに田辺はこう続けた。

「フラチャットとストーミーマグナムでハメたのは、ちょうどVネックのTシャツを着だすタイミングだから6月後半じゃないかな。場所は津久井湖。ギルがたまに視認できる岩盤に対して平行気味に巻いてデカいのを2尾釣ったんだよ。そのときはギルを食うっていうよりは、ギルが好む水のほうがバスも居心地がいいのかなっていう程度に考えてた。フラチャットもマグナムもその日の当たりルアーなわけだから、ギルのいるところを徹底的にねらっていったんだけど、アタリすらないんだよ。で、同じ岩盤に戻るとまたいいのが釣れた。冷静に考えるとその岩盤の棚にギルネストがあるとしか思えないよね」

ブルーギルネストパターンにはまだまだ知られていない世界があるようだが、初夏のバスフィッシングには外すことのできない、ひとつのキーベイトになるのは間違いないだろう。

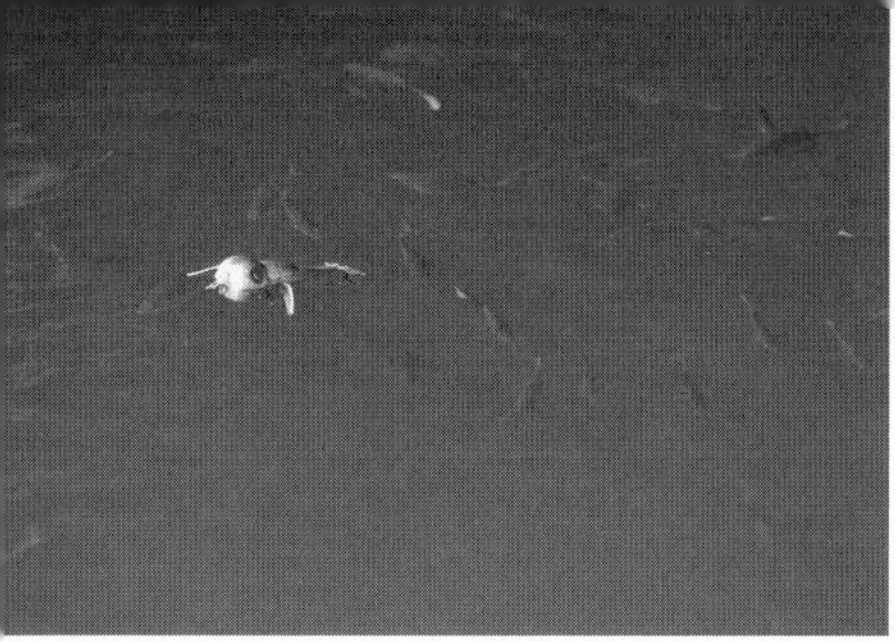

ポストスポーンの一定期間、ギルが浮き出す11〜14時にかけては落ちパクのバイトが増えるという

2018年初夏の豊英湖取材。ギルネスト近くの岩盤でボルケーノグリッパーを襲ったのは53㎝のナイスプロポーション。浮いていた子ギルがバズに驚いた動きを見せたことでバスにスイッチが入ったと思われる

ギルネストパターンに求められるルアー性能

昨今は日本のマーケットでもブルーギルを模したルアーがハード、ソフトベイトを問わずさまざまリリースされている。なかには本物そっくりなペイントが施されたタイプもあるが、田辺的ルアー選択の基準はあるのだろうか。

「ギルネスト絡みのバスをねらうルアーに関しては絶対にコレ！　っていうのはないよね。必ずしもリアルなものがいいかっていったらそんなことはない。クランクでもスピナーベイトでもチャターでも釣れるからね。ただし、スポーニングベイトをターゲットにしているからサイズ感は重要。ワカサギでもオイカワでもそうだよね。小型ベイトの産卵に合わせてビッグベイト入れてもバイトは減るし、逆に大型ベイトの産卵時に小型ルアーを入れても同じことがいえる。それとギルネストに関しては、スイッチを入れられるっていうのがひとつのキーかもしれないな」

スイッチを入れられる要素はルアーの特性により異なるが、たとえば自然界でも起こりうるようなナチュラルな着水音であったり、ラトル音やフラッシング、あるいはクランクやチャターベイト系であれば、水中のストラクチャーやカバーへ当たった際にバランスを崩すイレギュラーなアクションのことだ。

「ムシをチョンチョンさせてスー、パクッっていう食わせ方じゃなく、イメージ的には急にバスのスピードがアップして躊躇なく口を開いちゃうような動きだよね」

フリップギルのライトテキサスでキャッチした1尾。スライドスパイラル、そしてフラッタリングを伴ったフォールでギル食いのバスを強烈に魅了する

ギルネスト攻略ルアー

①ヒラクランクギルSビル140F（ノリーズ）

5～6月に多く見られるプリスポーンギルの平均的サイズ。着水音とフラッシングでスイッチを入れる。着水からリール5回転くらいまでにバイトが多発

②ショット・ストーミーマグナム（ノリーズ）

ギルネスト群のあるシャローフラットの外側で機を待つビッグフィッシュがイメージ。レイダウン等の沈み物に当ててスイッチを入れる

③フリップギル（ノリーズ）

着水音による落ちパクに心して常にフッキングに備える。付近の枝にラインを預けて水面をペチャペチャ叩くことでスイッチを入れられることもある

④エビガエル（ノリーズ）

オーバーハングや込み入ったカバー周りで出番。着水したら一拍おいて大きめのポップ音でスイッチを入れる。オープンウォーターならフッキング率を優先し、トレブルフックを抱えたザグバグやエビガエルハードをチョイス

⑤クリスタルS（ノリーズ）

ワカサギ、オイカワ、マブナなど、あらゆるベイトフィッシュに化ける万能ルアー。スイッチというキーワードに当てはめるならフラッシングがスピナーベイトの持ち味

⑥ウォッシャークローラーマッスル（ノリーズ）

着水音にプラスして水面を激しくかき回す、強波動強制リアクションスイッチが個性。ギルネストのトップはギルがルアーを威嚇することでバスにスイッチが入ることもよくある例だ

⑦フラチャット5/8oz（ノリーズ）

FGダディもしくはフリップギル・コギルを縦付けにすることで体高のあるブルーギルの輪郭に寄せる。5/8ozモデルは縦付けも想定してフックをワンサイズ大きくデザインしてある

①
②
③
④
⑤
⑥
⑦

第4部 アカガエル

房総リザーバー特有の春のごちそう

「バスにとってみたら、ポンポンのフォアグラが詰まった皮の薄いひと口サイズのたこ焼きみたいなベイトだよね（笑）」

春の代表的なベイトフィッシュといえばワカサギが筆頭に挙げられるが、田辺が通う房総半島のリザーバーには春のアカガエル（厳密にはアカガエル類で細かく分別するとヤマアカガエル、タゴガエルなどが生息するが、ここではまとめてアカガエルとする）パターンが存在する。

文献によると本州、四国、九州にまで広く分布するようだが、バスフィッシングのパターンとして知られるのは千葉県のリザーバーくらいだろう。バスはカエルやオタマジャクシを嫌うという説もあるが、千葉県の亀山湖では釣ったバスの口にカエルが詰まっていたり、肛門から卵が出てくるといった事例が毎春

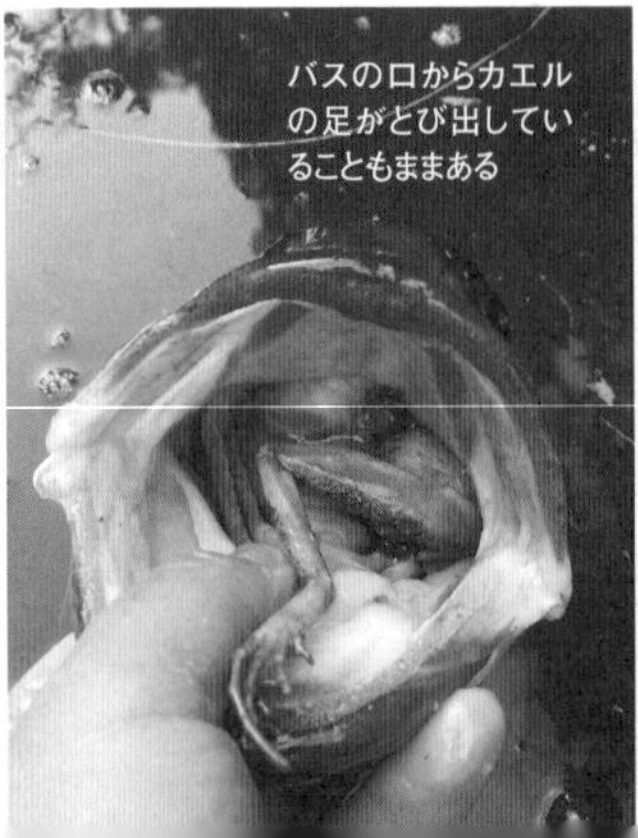

バスの口からカエルの足がとび出していることもままある

田辺がアカガエルパターンで絶大な信頼を寄せる組み合わせ。ビッグエスケープツインをセットするのはそのボリューム感にほかならない

聞かれる。

「亀山をはじめ早春の房総リザーバーで、対ビッグフィッシュを語るうえでこれを上回るエサはないよね。近年はアカガエルそのものがだんだん減ってきていると感じてもいるけど」

　アカガエルがなぜ早春の特殊ベイトになるのか。それは1～4月ごろに産卵期を迎えるからである。カエルは冬眠をする両生類にもかかわらず、アカガエルはまだ寒い時期に一時的に冬眠から覚め産卵を行なうのだ。とくに1～3月の水温が不安定な季節の暖かい雨の降る日に行動を起こす。翌日に雨予報が出ている日にはクックックッという鳴き声がとどろくことも珍しくない。

　アカガエルパターンというと湖で産卵するように思われがちだが、実際はその周辺の水溜りや、雨水が溜まった田んぼや湿地に抱卵する。それがなぜ亀山で特殊ベイトになるのか不思議に思うことだろう。諸説あるが、大雨により田んぼや岩盤から流されるというのが最も有望な説。釣りとは関係ないが、アカガエルは産卵を終えると再び眠りにつく休眠、春眠といった変わった生態も持っているようだ。この変わったカエルを田辺はフォアグラの詰まったたこ焼きと形容したのである。

　しかし、期間限定にもかかわ

①NF60（ノリーズ）
おもにリザーバーの川筋での水面の込み入ったカバー用

②ガンターオーバル3/8oz＋4.5inフリップギル（ノリーズ）
レイダウン系に浮いているバスを想定したスイミング用ジグ

③5inフリップギル（ノリーズ）
カバー周りのフォールベイトとして3.5gのシンカーをテキサスリグにセット

④ガンタージグライト3/8oz＋ビッグエスケープツイン（ノリーズ）
フリップギルよりも濃いカバーに入れるためのコンボ

⑤フラチャット+3inフリップギル（ノリーズ）
マッディアップした川筋で横方向の動きの可能性を試す

⑥ヒラクランクギル110F（ノリーズ）
ギルルアーではあるが、田辺がアカガエルにこだわっているルアーのひとつ。Sビル110SとSビル140F、そしてヒラクランクギル・ノンビルデジタル140の4タイプを使い分ける

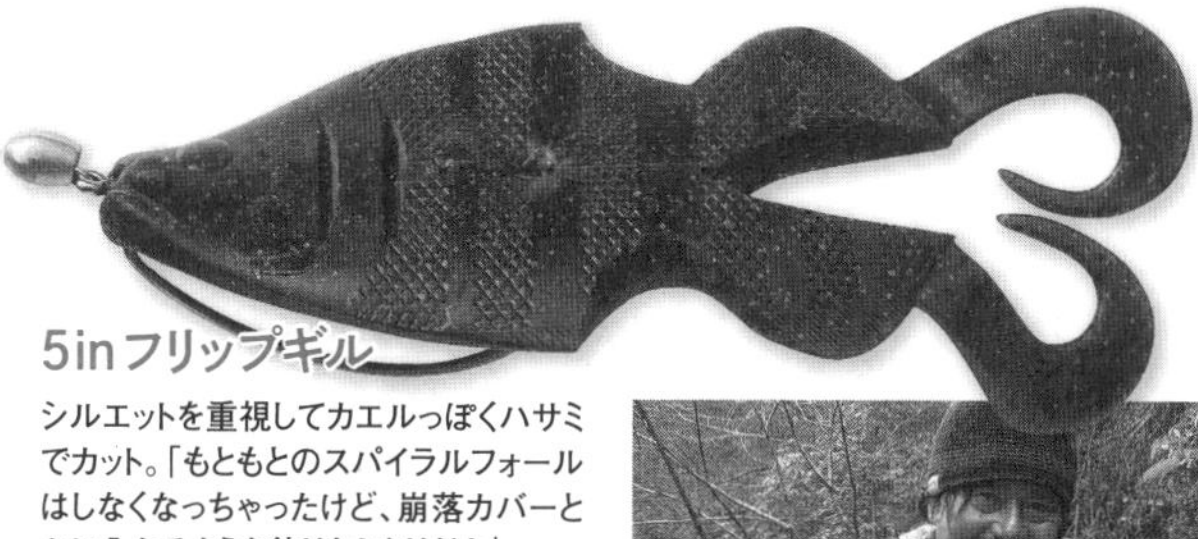

5inフリップギル
シルエットを重視してカエルっぽくハサミでカット。「もともとのスパイラルフォールはしなくなっちゃったけど、崩落カバーとかに入れるような釣りならありだよ」

右／アカガエルパターンが機能しやすい雨の日は、必然的に強い濁りが発生することも多い。そういった状況ではマグナムクランクの出しどころもある

ヒラクランクギルとアカガエルDNA

バスの状態に関係なく田辺がアカガエルパターンで多投するのがヒラクランクギルファミリーだ。

「ヒラクランクギル110はもともと亀山でテストしてたギルルアーなんだけど、実はアカガエルを追っかけまわして釣ってることがけっこうある。現にスローシンキングはアカガエルパターンから作ったモデルだからね。岩盤キワキワにキャストしてフリーフォールで落としたときにバスがスーッと寄ってきて食うんだよ。俺自身、食う瞬間を何度も目視しているけど、この丸っこいシルエットとボリューム感がアカガエルDNAに訴えかけるんだと思う。そうじゃなかったらハードベイトをフリーフォールで食わせられないだろ。もちろん季節や出しどころによってはギルなんだけどね」

田辺はスローシンキング、スローフローティングのほかに、Sビルとノンビルの4種を、水の色やシチュエーションによって使い分ける。驚くことに、キャストのほとんどがピッチングなのだ。とくにリップ付きのモデルは岩盤やブッシュ周りなどから1～2m引いて反応がなければピックアップする。ルアーの動き自体はスローではあるが、実は非常に効率がいいのである。引き方はデジ巻きという方法で、リールのハンドル1回転を4段階にクイッ、クイッ、クイッ、クイッと分けて規則的に巻く。適度にラインスラックを設けることで大幅なスライドを抑えつつ、短い距離で左右にダートさせることができるのだ。デジ巻きをすることで、バスを寄せるアピールと食わせの間を作ることができるというわけだ。

ヒラクランクギル110F

着水で潜らせてから水面下0.5m前後でデジ巻きする。テールフックをフェザーにすることで移動距離を制御できるだけでなく、「カエルの脚っぽく」というねらいもある。水温8℃でデッドスローに浮き上がるバランス

ヒラクランクギルSビル110SS

本文中でも触れたスローシンキングモデル。まるでジグかフリップドムを撃つかのごとくピッチングして、ラインスラックをゆるゆるにしてフォールさせる。もちろん横の動きでレンジを下げたいときにもいい

ヒラクランクギルSビル140F

大きなボディーでデジ巻きでもアピール力は強い。「水が濁ったときやバスの活性が高いときが出しどき」

ヒラクランクギル・ノンビルデジタル140F

S字系シルエットでありながらデジ巻き対応のプロトタイプ。移動距離は小さめで思いのまま操作が可能。クリアウォーターにも対応

らず、そこまでビッグフィッシュが好んで捕食するのはなぜだろう。田辺の見解はこうだ。

「オレも実際に食ったわけじゃないからわからないけど、アワビの肝が口いっぱいに広がる、みたいな感じで、ある日アカガエルを食った個体からDNAが植え付けられたんじゃない。イシダイがウニを好むとかチヌがボケジャコを好むとか、魚類って何代にもわたっていくうちにDNAが組み込まれていくとしか考えようがないよね。亀山のキズひとつないパンパンの50cmアップが釣れるのってアカガエルにリンクしたときが多いんだよ。同じ50cmアップでも細長いのとか片目がつぶれちゃったっていうのとはわけが違う。普段は俊敏で賢くてルアーをあっさり見切るんだけど、このときばかりはデカいトップウォーターとかに出ちゃう。もちろん、食いやすくてデカいベイトっていうのもあるんだろうけど、オレはアカガエルを超えるベイトは日本で出会ったことがないよね」

これと同じように全国各地にはまだまだ知られていない特殊ベイトがいるのかもしれない。

「やっとたどり着いた特殊ベイトだからルアーについてはあまり聞いてほしくないけど、意外と単純でシルエットに弱い。とくにウォッシャーみたいな球体のトップウォーターとかね。もちろんヒラクランクギル140だってフリップギルだって化けるし、スピナベをアカガエルDNAバスに結び付けるならトレーラーを付けるとかね」

ビッグフィッシュと真っ向勝負するなら、やはりベイトの存在は欠かせない。逆に言えば、ベイトだけを追い続け理解を深めていけばビッグフィッシュとの遭遇率も格段にアップするのだ。

デジ巻きの動作

田辺の手もとを見てわかるように、ハンドル1回転を4段階に分けて巻き取る。このときに注意するのは1/4回転を勢いよく同じリズムで巻くことだ。ラインの軌道を見ると浮き沈みしているのがわかるだろう。ラインスラックを張りすぎずに、段階的に巻くことで起こる現象で、これが正しくデジ巻きをできているサインでもある

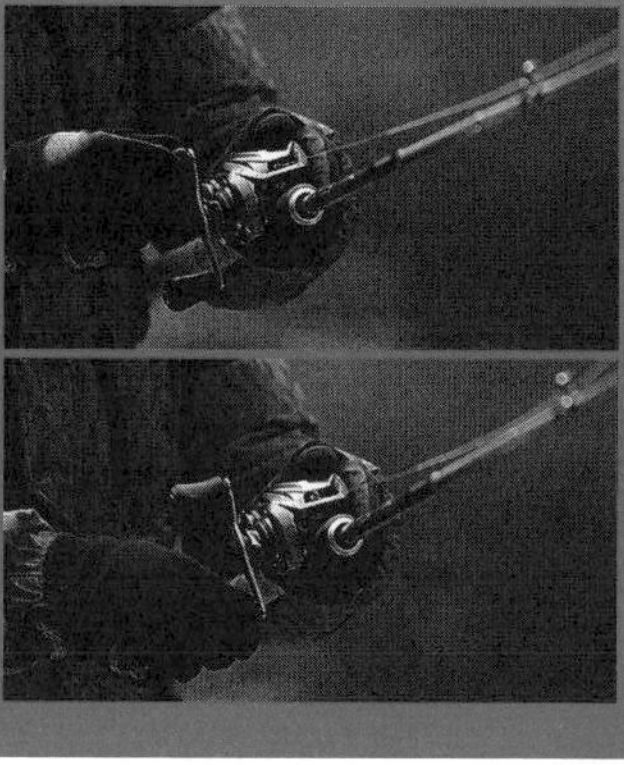

TACKLE DATA（右から）

●ガンタージグライト
ロッド：ロードランナーVOICE 760JMH
リール：メタニウム
ライン：シーガーR18フロロリミテッド20Lb

●フリップギル（ライトテキサス）
ロッド：ロードランナーストラクチャー720H
リール：メタニウム
ライン：シーガーR18フロロリミテッド20Lb

●フラチャット
ロッド：ロードランナーLTT6100H
リール：メタニウム
ライン：シーガーR18フロロリミテッド16Lb

●ガンターオーバル
ロッド：ロードランナーLTT690PH
リール：メタニウム
ライン：シーガーR18フロロリミテッド16Lb

●NF60
ロッド：ロードランナーLTT630MH
リール：メタニウムDC
ライン：PE4号

●ヒラクランクファミリー
ロッド：ロードランナーLTT680H
リール：メタニウムDC
ライン：シーガーR18フロロリミテッド16Lb

※ロッドはノリーズ、リールはシマノ、ラインはクレハ製

第三章 スポーニング編

一年で最も
ビッグフィッシュ率が
高いのはおそらく
3～4月の2ヵ月だろう。
スポーニングを控えたメス、
いわゆるプリスポーナーを
ねらう期間限定ゲームが
そこにはある。
産卵を終えたバス、
ポストスポーナーも特有の
行動パターンがある。
ある種、バスをねらって獲る
醍醐味を一番楽しめるのが
産卵期でもある。

第三章　スポーニング編

第1部 プリスポーン

プリスポーンというワードの芽生え

「俺がプリスポーンという言葉を覚えたのは大学生のころ。まだ当時の日本では誰もプリスポーンなんて言葉を使ってなかった。俺がそれを知ったのはバスマスターマガジン。当時からB.A.S.S.のメンバーに送られてくる雑誌を翻訳しながら読み漁ってたから言葉自体は知っていた。今みたいな知識もなく、『春になるとエサを食べにバスが塊でシャローに上がってくる』程度の解釈だったよね。学術的にどういう行動を起こすのかっていうところまでは理解できていなかった」

現在は、雑誌はもとよりインターネットという巨大情報源があるため検索すればいくらでも知識を入手することはできるが、田辺の学生時代は日本のバスフィッシングが発展途上の初期、すべてが暗中模索だった。やがて日本でも盛んにバストーナメントが開催されるようになった1980年台後半にはプリスポーンというワードも普通に使われるようになったが、釣り方ないしはオスとメスの行動パターンの違いといった細かい部分ま

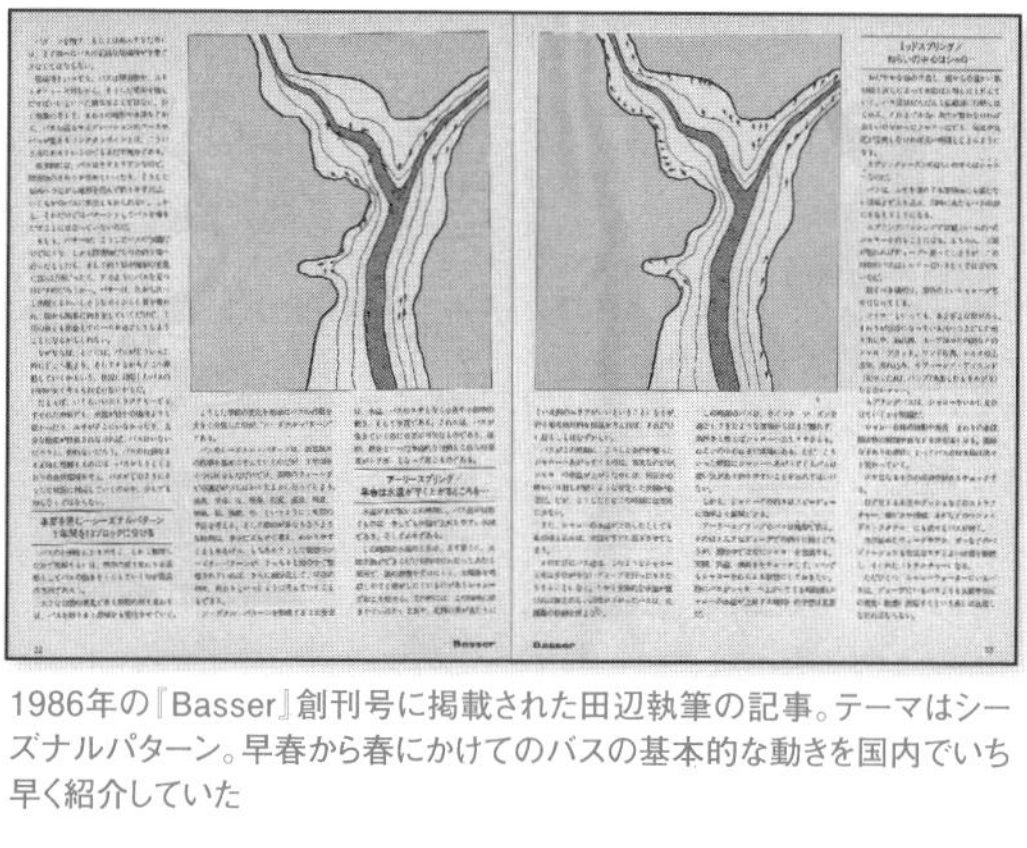

1986年の『Basser』創刊号に掲載された田辺執筆の記事。テーマはシーズナルパターン。早春から春にかけてのバスの基本的な動きを国内でいち早く紹介していた

では流布されていなかった。

「昔はオスもメスも上がってきたのをとにかく釣れ！　っていう時代だった。オスやメスのタイムラグやポジショニングの違いをわかったのは、オレがアメリカのトーナメントに出て経験値を積んでから。ちゃんと理解して釣り分けられるようになったのはここ20～30年の話だよ」

3月末の印旛沼ではマブナ食いのビッグフィッシュが次々と白いクリスタルSを襲った

田辺が追い求めるプリスポーンゲーム

「プリスポーン＝産卵前のメスバス」と定義づけて話を進めよう。

バスはいくつかの段階を踏んで放卵にいたる。プリスポーンを解説するにあたり、まずは登場する用語を明確にする必要がある。なかには田辺独自のワードも含まれるため、本題に入る前に今一度おさらいしておこう。

厳冬期が終わり徐々に水温が上昇し、水温が8℃を超えたあたりから本格的にバスは動き出す。田辺はこの段階を「プリのプリ」と表現する。

さらに水温が安定的に上昇してくると、オスがスポーニングエリアに移動しやがてネストを掘る（一説にはメスもネスト作りに参加するともいわれる）。

そのころメスはスポーニングエリア付近のカバーやストラクチャーで待機するわけだが、このステップを「ステージング」という。すべての条件が整うと、いよいよメスがネストに乗っかり産卵行動に入る。『ペアリング』『ミッドスポーン』という

スポーニングの段階イメージ

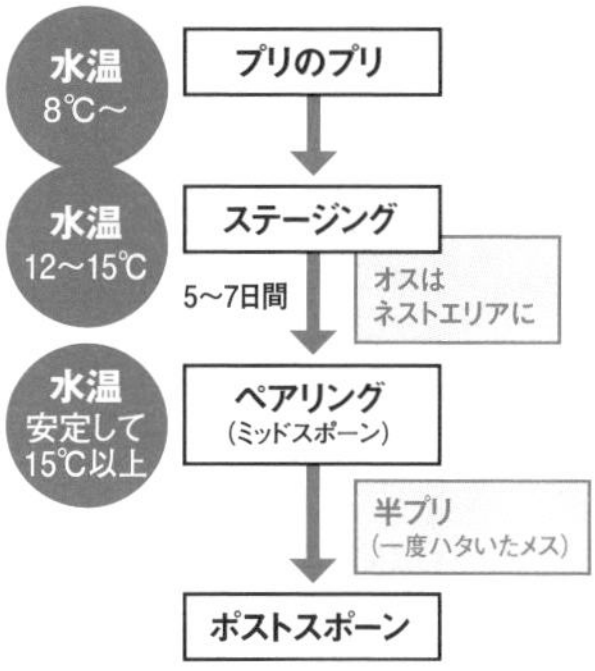

のがこの段階だ。

メスは数回に分けて産卵するといわれるがその過程にある、一度放卵して次の機会をうかがう状態のメスを田辺用語では「半プリ」と呼ぶ。

産卵を終えたメスは「ポストスポーナー」というのが、段階を追ったスポーニングにまつわる用語だ。

「俺がプリを意識するのは、関東だったら3月に入ってからだな。2月にメスだけをねらって獲っていくには若干早いよね。丸々太った一番デカい個体が出てくるのは春一番が観測されるくらいのタイミング。まだ産卵の1ヵ月くらい前の段階で捕食行動が盛んな、いわゆるプリのプリ。

さらに季節が進んでメスがネストエリアの一段下に入ってくると、俺のなかではギリギリの釣りになってくる。ネストエリアに入ってきちゃうメスをサイトで釣るのは、オレとしては感動がないからね。

それよりも、プリの釣りは『こんなデカいのが塊でいるよ』とか『ここで、このエサを食べているのか』っていうところに面白味を感じるよね。間違いなく面白いのはプリのプリ。春の田辺道場で印旛沼に行ったときに、マブ（ナ）食いをスピナーベイトでハメたことがあるんだけど、まさにそれだよね。『キミたち、こんなにでっかいエサ食べたいのか』ってね。

3月の2週目くらいの高滝のワカサギ遡上パターンもそう。1500gアベレージのメスが群れをなして上がってくるのを最初に見つけたときは、さすがにオレもビビったね」

潮回りとスポーニングのタイミング

「大潮」「満月」はスポーニングをテーマにした際に出てくるキーワードである。潮位が大きく変動するソルトウォーターの世界であれば、水生動物の産卵行動に何かしら影響がありそうな気がしないでもないが、淡水で一生をすごすバス、もしくはその他の魚類に果たして月齢と潮回りが関係するのだろうか？

大潮の日は引力が作用して身重のメスが動きやすくなるという意見もあれば、新月の夜は月明かりがないから外敵による妨害がないなど、さまざまな説がある。しかし科学的な裏付けがあるわけではなく実際のところはハテナだ。

水温が15℃を超えたファーストフルムーンにビッグウェーブ

2001年のバスマスター・トップ150トーナメント第4戦。ディーン・ロハスは初日に10パウンダー2尾を含む45Lb2ozのリミットを持ち込み当時の重量記録を塗り替えた。当日は小潮の半月。満月と新月のちょうど真ん中に当たる日だった

（スポーニングの波）がくるというのはアメリカでの定説。ビッグウェーブといえば、２００１年キシミーチェーン（フロリダ州）で開催されたバスマスタートップ１５０戦を思い出す。アメリカのトーナメントをフォローしている読者であれば、間違いなく記憶にあるだろう。ディーン・ロハスがネストのサイトフィッシングで単日45Lb２oz（５本で約20kg／１本平均４kg）を持ち込み、バスマスターレコードを大幅に更新した歴史的大会である。もしやと思い調べてみたところ、当日は小潮の半月。満月と新月のちょうど真ん中に当たる日だった。この日がフルムーン、あるいはその前後の大潮であれば前記の話もにわかに説得力が生まれるが残念ながらそうではなかった。自然界で起こることの理由や根拠を人間が立証するのは到底不可能なのかもしれない。

　田辺もまた、昔は潮回りと月齢を気にかけていた一人だが、経験を重ねていくうちにそれよりも重要視すべき点にたどり着いたという。

「一番はやっぱり水温だよね。オスがネストに乗っかってる段階の大潮でも、冷え込んだらメスが差してこないんだから。そう考えると水温のほうがよっぽど大事だよ」

「プリのプリ」はベイト優先

　春一番が吹いてから「プリのプリ」が動き出すとなれば、水温でいえば10℃を超えるくらいから本格始動することになる。ミッドスポーンまでは１ヵ月前後のスパンがあるため、まだまだスポーニングエリアに対する意識は薄い。田辺の経験上から「プリのプリ」が好む、あるいは行動がアグレッシブになる条件をまとめると以下のようになる。

●シャローのハードボトム
●急深なバンクよりも棚状の地形
●適度な流れが発生するエリア
●好天よりも圧倒的に荒天

　そして上記のどれよりも譲れないのがベイトの存在である。

「アメリカだとちょうど同じタイミングでスレッドフィンシャッドのスポーンが始まり、南部だとザリガニが出てきたりして、赤のバイブレーションパターンがハマったりする。エサが前提にあって、バスがそれに支配さ

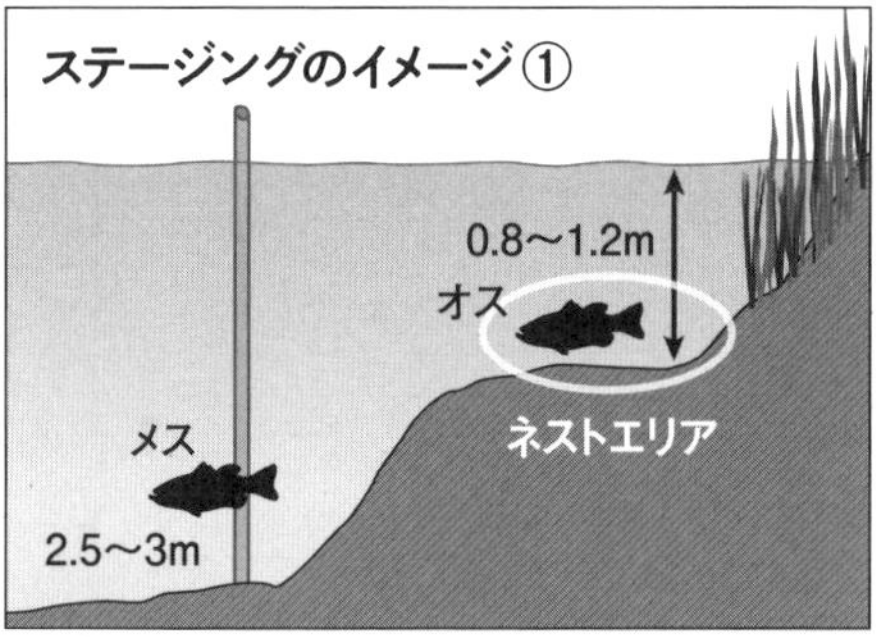

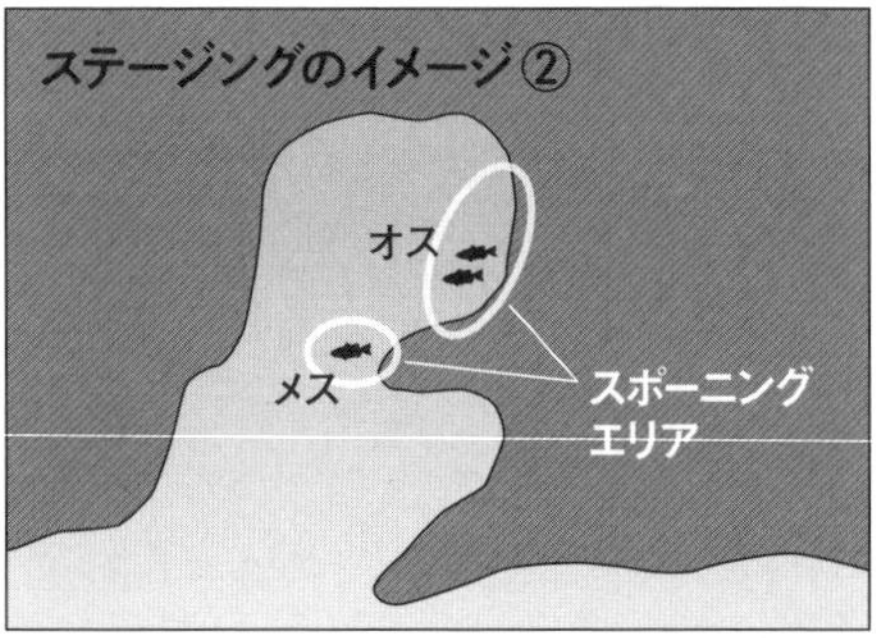

「プリのプリ」のタイミングに絡むエサはマブナやワカサギ、アカガエルだ。彼らの存在は極めて重要

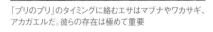

「プリのプリ」をねらった3月初旬の豊英湖。晴天無風のOFF日に当たってしまったが、ガンタージグ+ビッグエスケープツインによるスローダウンでなんとか1尾をキャッチ

れるからわかりやすい。栄養価の高いエサで、それなりの量の塊となると、日本ではワカサギくらいしかいないよね」

房総半島リザーバーのアカガエル、印旛沼水系のマブナといった特殊ベイトの例もあるが、全国区ではどうだろうか。

「特殊ベイトかどうかわからないけど、四国のリザーバーで特殊なパターンは経験したことがある。クリアウォーターの貧栄養湖で水温は10℃くらいだったかな。カバーを撃ってもジャークベイトを投げても、何やっても釣れないんだけど、浮きゴミだけでいいのが釣れるの。半分がゴミで覆われるような岩盤質のワンドでゴミの中にジグを撃っていくと、ど真ん中とかで食ってくるんだよ。水深7mとかあるようなところ。それもみんな1500g以上のブリブリの魚」

それだけ聞くとサマーパターンを連想するような話だ。プリのプリは基本的に「急深よりも棚状に張り出したところ」という田辺の常識を覆す経験だった。

「貧栄養湖にもかかわらずそんな魚が釣れるのは間違いなくベイトの存在なんだよ。浮きゴミがプランクトンを寄せて、それを捕食するベイトを求めて浮きゴミの下をウロウロしてるとしか思えないよね。ベイトの種類は特定できなかったけど、結局そういう魚は産卵に備えてエサを食べたいってことだよね」

同湖内におけるタイムラグ

スポーニングのトリガーになるのが水温だとすれば、同じフィールド内でも水温差があれば桜前線のように、産卵のタイミングにタイムラグが生じるはずである。たとえば南北に長いA湖があったとしよう。南風が吹き付ける北側のエリアのほうが水温は上がりやすい。逆に北風が当たる南端は水温が低いからスポーニングシーズンは北部よりも遅れてやってくるのではないだろうか。

「たしかにアメリカではあるよね。上流のエリアはポストスポーンなのに下流はまだプリとかある。けど日本ではほぼない。あるとしても琵琶湖くらいじゃない。日本の湖はアメリカみたいに広くないから水温差がそこまでないんだよ。下手したら亀山湖全体がアメリカの湖では100個あるワンドのうちのひとつくらいの規模だからね」

たとえばアメリカでは、同じ湖にもかかわらず、あるワンドは水温が20〜22℃でほかのエリアは17〜18℃、さらに別の場所は14〜16℃といった状況が実際にあるようだ。

ステージングフィッシュ

プリのプリによる一時的な捕食モードがひと段落するとスポーニングモードが本格化する。フラットやスポーニングエリアとなるワンド内のシャローにオスの姿が見えるようになるわけだが、ここで田辺がフォーカスするのはオスではなくステージングのメス。ステージングエリアの大前提はスポーニングエリア近辺であることは想像がつくが、より具体的なことが知りたいところ。

「メスがステージングといわれる状態に入るのは12〜15℃くらいかな。安定して15℃を超えるようになってくるとメスもネストに乗っかるよね。基本的にはバスが一度ステージング状態に入ったらそのエリアで留まると思っていいよ。ステージングエリアの条件はもちろんスポーニングエリアであること。その手前の一段深いところにある何かだったり、ワンドの奥がスポーニングエリアになるならその手前の岬、いわゆるセカンダリーポイントだよね。沖にある島周りにネストを張るなら、その横にあるハンプとか。

　言葉でいうのは簡単なんだけど、日本で実際にステージングの釣りをハメられるケースはなかなかレアだよね。亀山のステージングなんて長崎でハメた1回しかないんじゃないかな」

　長崎というのはメインリバーの小櫃川と真っ向から入るもうひとつの支流、猪ノ川のインターセクション付近で、奥がナチュラルバンクのワンド状になっている。現在はそのワンドの奥はボートの進入が禁止されているが、その当時は規制がなかった。そのワンドがスポーニングエリアと読んだ田辺は、入り口の角のバンクでリトルN（ノーマンルアーズ）で40㎝アップを10尾以上キャッチした。

「当時はまだフロリダ種の血統が入っていないノーザンラージだったんだけど、周りが誰も釣れてないのに俺だけ釣りまくった。翌年も行けば必ず釣れる場所だったのに何年後かに護岸されて釣れなくなっちゃった。バスの行動論として考えれば今の時代だって必ずそういうことは起こりうるんだよ」

　ところで、ノーザンラージマウスバスとフロリダ種によってスポーニングにおける習性の違いはあるのだろうか。

「スポーニング自体、ノーザンラージよりフロリダ種のほうが若干遅い気がする。フロリダ種のほうがナーバスな気性だからか、若干ネストのレンジも深いことが多いよね。もしかしたらネストのレンジの水が温まるのが遅いからスポーニングも後になるのかもしれないな。それと気象の変化にも敏感だから、ステージング状態に入っても、水温が下がるとなかなかネストに乗らないっていう印象もある。これはノーザンラージにも当てはまることだけど、フロリダ種のほうがその傾向が強い。関東だったらフロリダ種は普通に5月でもネストを張るからね」

　ちなみに、オスがネストを掘ってからステージングのバスがスポーニング行動に移行するまでのタイムラグは、気象条件にもよるが概ね5～7日間といわれる。

ルアーに対する選り好みが激しいステージングフィッシュ

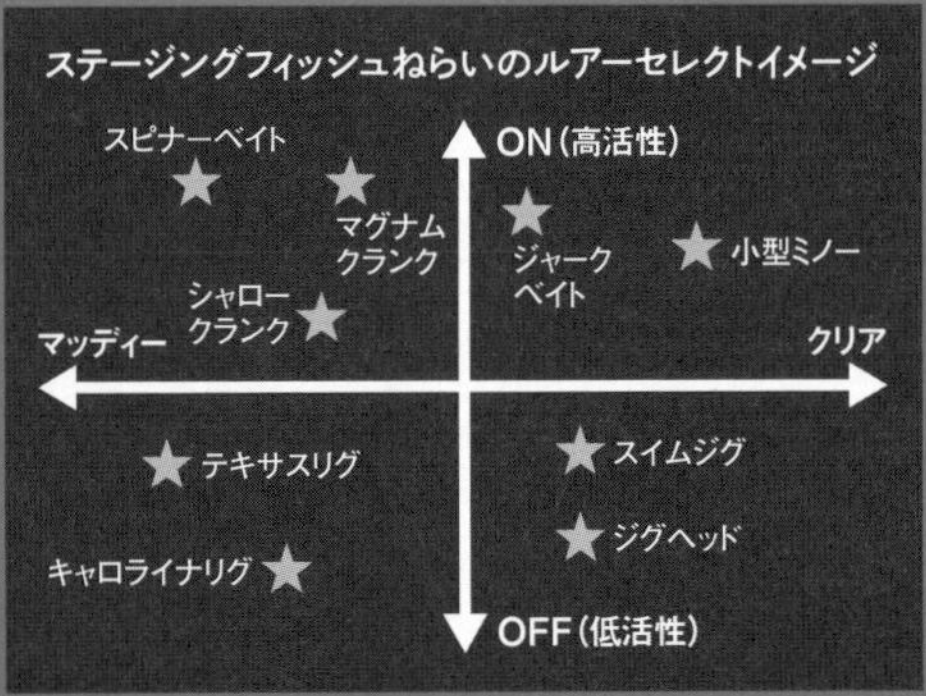

ステージングフィッシュのもうひとつの特徴としては気難しい状態があるがために、ルアーに対する選り好みが激しいこと。

「亀山のリトルＮもそうだったけど、よっぽどＯＮだったらマグナムクランクでもスピナーベイトでもなんでも食ってくる。けど、基本的には強いルアーをスルーしてくる時期ではあるよね」

田辺の言うＯＮとＯＦＦとはバスとそのシチュエーションの状態のことで、ニュアンス的には活性に近い。

「いずれにせよ大事なのはバスのレンジにルアーを合わせるということだよね。ステージングのレンジはネストがどれくらいのレンジにあるのかにもよるけど、0.8～1.2ｍにネストを張るならステージングは2.5～3ｍくらい。感覚的になっちゃうんだけど、だいたいそれくらいが目安」

水質と状態によるルアー選択の強弱関係は上のグラフのようなイメージだ。

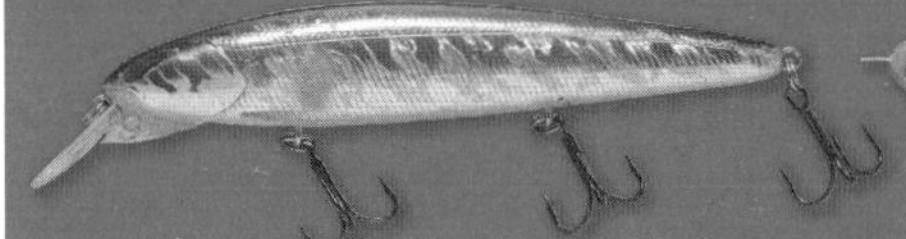

レイダウンミノー・ミッド110SP（ノリーズ）

たとえ強風下でもスピナーベイトでは見切られるようなクリアウォーターでは細身シェイプのジャークベイトを巻ききる。スイートスポットになりうるところではポーズも有効

エスケープツイン（ノリーズ）

テキサスリグ。急激な冷え込みにより著しく活性が落ちたステージングフィッシュにはちょうどいいボリューム感。もちろんガンタージグやオーバルに合わせるのもあり。そしてキャロは春の定番といわれるが、そのメインターゲットはステージングフィッシュだ。リーダーを長めに設けることでレンジも広く探れるようになる

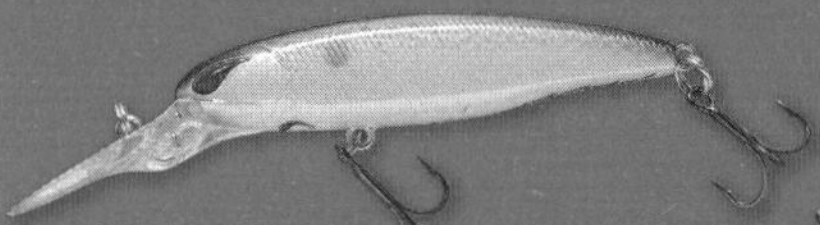

レイダウンミノー・ジャストワカサギ&ディープ（ノリーズ）

とりわけワカサギレイクで強い。レンジでレギュラーリップとディープを使い分ける（写真はディープ）。シャローでディープを使い砂煙を巻き上げながら巻くのもひとつのメソッドだ

レディーフィッシュ（ノリーズ）

ワカサギを模した小型ミノーの弱いバージョン。ミドストをはじめ、ワカサギの産卵にリンクしているタイミングでは重めのジグヘッドにセットしてボトムを擦るといい

クリスタルS（ノリーズ）

荒天時のマッディーウォーターが基準ではあるが、クリスタルSのビッグファミリーから的確なものをチョイスすればステイン～クリアにも対応可能だ

ショットストーミーマグナム（ノリーズ）

右の写真は早春の豊英湖でキャッチした1尾。サイズ的インパクトはあるが動きを抑え気味にデザイン。ネーミングの由来となった嵐のようなコンディションで真価を見せる

第三章　スポーニング編

第2部 ポスト スポーン

地球温暖化により スポーニングシーズンが 早期化!?

「最近はどこも年々スポーニングが早くなっているような気がするよ」

　地域やフィールドによって誤差はあるものの数十年前に比べるとその傾向が顕著に表われているようだ。それを象徴する記録のひとつが2018年4月22日に牛久沼で開催されたノリーズカップである。牛久沼といえば関東のアングラーにとっては「修行」と形容されるほど難易度の高いフラットランドフィールドだ。当日の水温は18～20℃。97人が参加し17人がウエイインした。たまやボートの店主いわく、このウエイイン率は非常に高いという。検量、表彰に立ち会った田辺を驚かせたのが持ち込まれたバスの魚体である。

「ウエイインされた魚を注意深く見てたんだけど、ほとんどがポストの魚で、みんなヒレもきれいなんだよ。ってことは、とっくにスポーンが終わって回復してエサを獲ってる個体ってことなんだよね。30年くらい前の牛久は『魔のゴールデンウィーク』って言われてたんだよ。どういうことかというと、ちょうどそのタイミングでスポーニングに入ってまったく釣れなくなるの」

　もちろん今とは情報量もタックルも違うが、それでも通常の「釣れる」時期ならばサイズを問わず普通によく釣れていた。

「あの回復具合から考えると、今の牛久は下手したら3月後半からスポーニングが始まってるんじゃないかな。30年前より1ヵ月くらい産卵が早くなっているのかもしれないね」

　このタイムラグは地球温暖化によるものと田辺は推測し、こう続けた。

「山中湖や河口湖だって昔は全面結氷して冬になるとワカサギの穴釣りが盛んだったけど、最近は全面結氷なんて聞かないよね。それと同じように、温暖化で季節的にもズレが生じてるんじゃないかな」

　いわれてみれば山中湖の穴釣りは冬の風物詩であった。季節の進行具合は地球規模で変異しているのかもしれない。

プリスポーン～ポストスポーンの動向

　以前の関東では平均的に5月なかばごろから本格的ポストスポーンシーズンを迎えていたが、田辺が指摘したように昨今の気象状況から考えれば、早いところでは4月後半からポストスポーナーが釣れるようになる。ポストスポーナーとは産卵を終えたバスのことで、一般的にはメスの個体を指す。数回に分けて産卵したバスが本格的にエサを捕食するようになるまでは2〜4週間ほどの期間を要するというのが田辺の見解だ。産卵直後は人間と同じように体力が消耗しているため、果敢にベイトフィッシュを追い回せるような状態にはない。

「ここ最近の釣りで感じたのは、産卵を一度終えて半プリの状態にあるメスは姿を消しつつエサを食ってるから、まだ釣りやすい。この期間がおそらく1週間前後。そこからまた産卵に備えて一段深いところやカバーで1週間くらい待機してまた産卵に入る。つまり月に2回産卵して、月に2回フィーディングモードになってるんじゃないかな。学者じゃないから絶対ではないけど、スポーニングシーズンを通して見ているとそんな印象を受けるよね」

仮に4月初旬に第一陣のデカい個体が産卵するならば回復するまでには約1ヵ月、さらに第二陣、第三陣と2〜3ヵ月にわたり産卵が続く。前述したように田辺がねらうのはポスト、もしくは半プリの第一陣のメスである。その理由は、同条件下において最もビッグフィッシュ率が高いことにほかならない。

「サイズを選ぶとなると第一陣の半プリ〜ポストのメスになるっていうのが、今の俺の考え方。たとえば同じ日の同じステージングエリアを釣っているときに、ヒレのきれいな腹パンパンのメスよりも、一度ハタいたヒレが出血している半プリのほうがはるかにデカイ。回復してエサを食ってるポストも同じことがいえる」

ポストスポーナーはスポーニングエリアに留まる

スポーニングを終えるとオスはベッドをコイやブルーギルなどの外敵から守るためにベッドに留まるのは広く知れ渡っている事実だ。ふ化後も同様にフライ（稚魚の群れ）をガードすることからフライガードナーと呼ばれる。では、肝心のメスはどのような行動をとるのだろうか。

「基本的にはスポーニングエリアに留まっているよね。傾向としては浮き気味で、立ち木でも桟橋でもフローティングカバーでもレイダウンでも、どこでも可能性はある。とくに『これ』といった付き場はなくてすべてがねらい目。一番わかりやすい

スポーン段階別のバスのサイズ

第一陣の半プリ ＞ 第一陣のポスト ＞ 第二陣のプリ ＞ 第二陣の半プリ

そのフィールドのアベレージサイズが30〜35cmとするなら、第一陣のメスは45cmアップが相場といったところだろう。サイズでは頂点に君臨する第一陣のメスではあるが、絶対数でいえば不等号の向きが反対を向くことになる

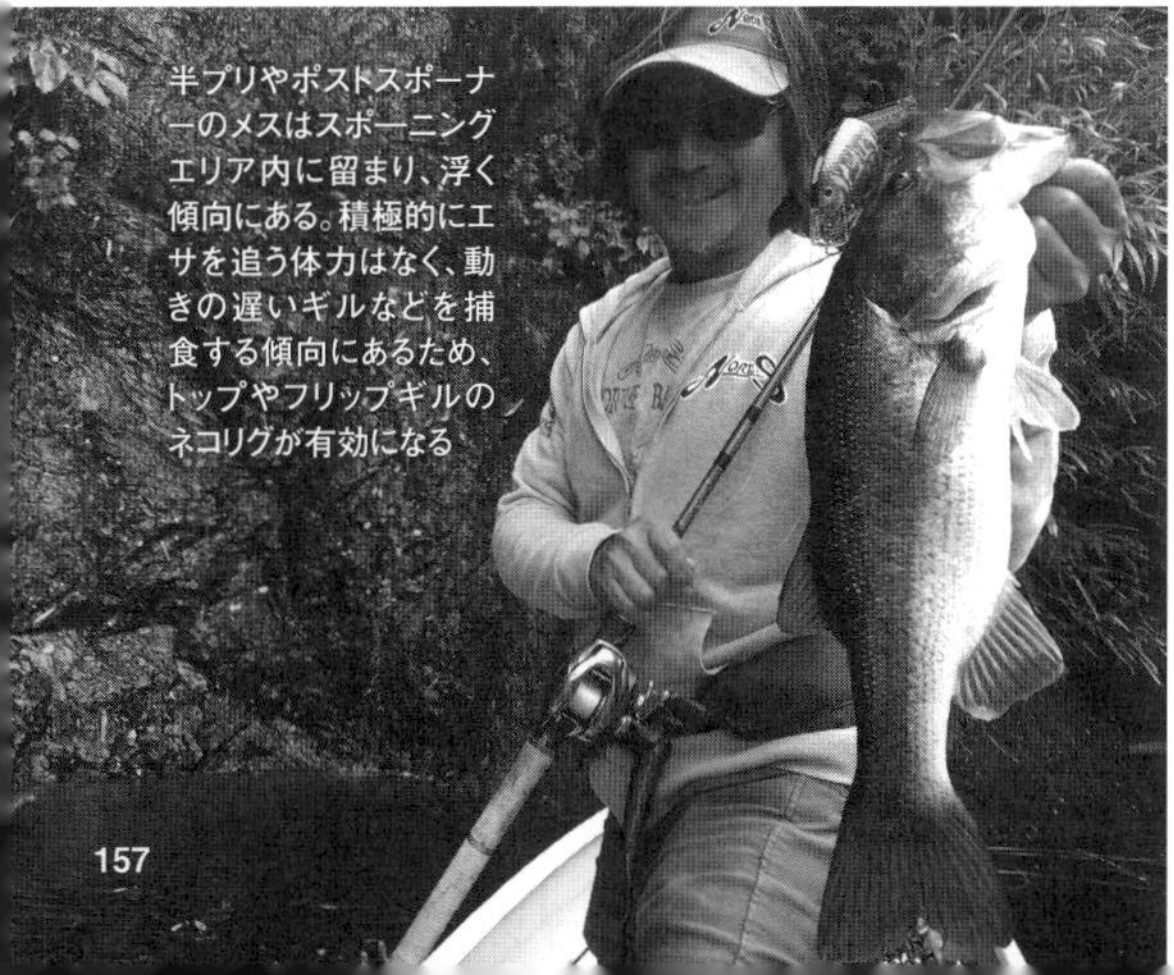

半プリやポストスポーナーのメスはスポーニングエリア内に留まり、浮く傾向にある。積極的にエサを追う体力はなく、動きの遅いギルなどを捕食する傾向にあるため、トップやフリップギルのネコリグが有効になる

のはスポーニングエリアに近いエサ場。さらに言うなら、プリと同じように激しくベイトフィッシュを追い回すようなことはほとんどしない。要はエビやザリやブルーギルみたいな捕食しやすいエサを意識しているってことだよ。

さっきも言ったようにアメリカは同じ湖でタイムラグがあるから、ポストでもシャッドスポーンに当たることがある。これはバスにとっては捕食しやすいよね。ところが日本はバスのポストスポーンの時期にはシャッドに匹敵するベイトフィッシュがいないんだよね。唯一あるとすれば沼系のザリガニの産卵期と、特殊なところでは霞ヶ浦水系のシラウオくらいじゃない。かといってオイカワみたいな動きの速いベイトを追うだけの体力もないしね。となるとポストの魚はギルとかムシみたいな動きの遅いエサに行くしかないんだよ。ある意味日本のバスはかわいそうだよね」

いずれにしても「スロー」と「サスペンド」がキーワードになりそうだ。それを踏まえてルアーを選ぶとすれば、おのずと傾向も浮かんでくる。

「ポストスポーンの時期はポストのメスだけじゃなくて半プリも混在するよね。水温もバスが活動するには充分温かいから表層の釣りもよくなってくる。っていうか、スピードを自在にコントロールできるトップウォーターはむしろ王道。逆をいえばプリのチェリーリグみたいなボトムのスローダウンゲームの出番が減るよね」

もちろん天候やベイトの種類によってもルアー選択が変わってくるが、基本的にバスがルアーを追うことのできる距離、つまりストライクゾーンは決して広くない。ゆえに、ルアーの操作も意識的に移動距離を制御するといった小技を取り入れる必要もある。

ガンターオーバル＋ビッグエスケープツイン（ノリーズ）

プレッシャーや天候変化によってバスが沈み気味のときのクローザー的ポジション。3/8ozにビッグエスケープツインを装着することで、ボトムだけではなくスイミング気味にアプローチすることも可能になる

ウォッシャークローラーマッスル（ノリーズ）

位置づけとしてはバズベイトの強いバージョンで、トップウォーターの強さとしても最強クラス。「リアクション気味に無理やりスイッチを入れていく。着水音で深いところからも寄せることができるし、バジャバジャ引いても、意外にポストのビッグフィッシュが反応することもある。それがステインとかマッディーじゃなくクリアでもドカンと出ることもあるからあなどれない大穴ルアーだよ」

NF60（ノリーズ）

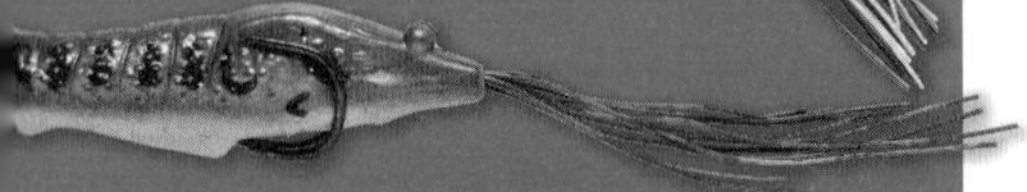

エビガエル（ノリーズ）

ゴミ溜まりなどフローティングマット系ではNF60、オーバーハングなど込み入ったところではエビガエルのポップ音で誘う。いずれの場合もカバー絡みの表層の釣り。「カバーが絡まなければポッパーでやりたいところだけど、浮きゴミやキャスタビリティーを考えるとフロッグのほうが万能だよね」

ポストスポーナー対応ルアー

レディーバランス（ノリーズ）

スラッゴー（ランカーシティー）やスーパーフルーク（ZBC）に代表されるノーシンカーソフトジャークベイトはポストスポーンシーズンの定番中の定番である。キャストから着水後、少しだけ沈めてから数回軽くジャークしてから食わせの間を設ける。横の動きではあるが、トレブルフックを引っさげたハードベイトのようにフックとボディの接触音もなく極めてナチュラルなアプローチが特徴でもある。「レイダウンの先端なんかのギリギリ見えないくらいのレンジにサスペンドしてる魚をヒューっと浮かせて食わせるイメージ。もちろんフィーディング場になるフラットのトゥイッチ&ポーズにもいいよね」。フックはインフィニ（リューギ）の#4/0をセット

BTS（ノリーズ）

この手のシャッドテール系ではロールが強め。レディーバランスと同様にノーシンカーで使うわけだが、BTSはストレートリトリーブでバジング気味に引く。「レディーバランスもそうだけど、この手のノーシンカーはオーバーハングにスキッピングでも入れやすいし、回復してフィーディングしているようであれば出してみようかな、と。食ってるベイトが大きかったりもう少し強いほうが反応いいのであれば5inのスプーンテールもいいよ」。水面をモコモコさせながら引くならノーシンカーだが、レンジを少し下げたほうがいいならオフセットのウェイテッドフックという選択肢もある

レイダウンミノー・ウエイクプロッププラス（ノリーズ）

ポストスポーン期のルアー選択のひとつとして「細身」というキーワードを挙げた田辺。細身のハードベイトといえばレイダウンミノー各サイズやウエイクプロップがその代表だ。ウエイクプロップは巻くトップウォーターとして秀逸ではあるが、トゥイッチでダイブさせポーズで浮上させるリッピングといった使い方もある。とりわけ、俊敏さに欠けるポストスポーナーに効果的なのだ。「基本は障害物の際のピンスポットでチョポンチョポンやる感じだね。ポストのときは線じゃなく点で誘うんだよ。そこまで強いルアーじゃないから水深が深いところから引っ張り上げる力はない」。すなわち、沖の立ち木や橋脚といったディープの縦ストラクチャーよりも、レイダウンやウィードエッジなどのシャローに向いている。「テールの小さいプロップから出るスプラッシュはエビ食いにも効くし、当然、ワカサギやオイカワにも化ける。細身でスローのド定番トップだよ」

フリップギル3.6&5in（ノリーズ／ネコリグ）

いずれもワッキーセッティングでネイルシンカーを装着して使用。5inは肛門に1.8g前後のネイルシンカーを挿入して水面直下で浮かせて食わせる。細身のソフトジャークベイトよりは圧倒的に波動が強く、移動距離も抑えられる。一方、3.6inのほうは口部にネイルシンカーを刺してカバー絡みのボトムを釣る。いわく「表～中層で浮かせて食わせられないときの最終手段」。とはいえ、フックもマスバリタイプのタリズマン（リューギ）をセットするため、ライトカバーが主戦場になる

ヒラクランク各サイズ（ノリーズ／写真は110）

ポストスポーンのタイミングでベースとなるのは110で、反応や天候次第でサイズをローテーションしていく。シチュエーションはバスの浮くウッドカバーやマンメイドストラクチャー周り。「ヒラクランクシリーズとフリップギルの5inネコは使う場所もスピード感も似てる。俺の経験上、天候とか理論ではなくどっちかがいいことが多いよね。たとえばヒラクランクにチェイスはあるけど食わせられないときはフリップギルが圧倒的に釣れたりする。だからこればっかりは両方試してみないと何ともいえない。ただし、どっちにもチェイスすらないときは浮いてないことが多いかな。とくに第一陣のポストにも半プリにも効く。キャスティングで巻ききるというよりは、着水音で寄せて、せいぜい1.5mくらいの範囲で食わせるイメージだね。俺の中ではライトリグを使ってもどうにもならない魚を食わせることのできるルアーだよ。しかも、デカいのを選んで獲れる」。しいてサイズを使い分けるのであれば110は近距離のシャローカバー周り、140は若干深いところに浮いているとき。極論をいえば着水音をローテーションさせるのである

ボルケーノグリッパー（ノリーズ）

「理想はフローティングカバーの際とか崩落カバーのドシャローをガブガブ引いて出てくれるといいよね。ただ、そこにベイトがリンクしてるとか、天候や流れを味方につけないとなかなか厳しいだろうね」

第四章 タックル編

発売当初は時代の流れに逆行する
「重いサオ」といわれたロードランナー。
それは田辺が意図した設計であり、
絶対的釣果主義から導き出した結論。
本当に釣れるロッドにはガイドの
セッティングからリールとのバランス、
ルアーをキャストして
魚を掛けて獲るという一連の動作における
すべてが詰まっている。
今ではロードランナーのよさは
広く伝わっている。
時代の流れが逆行したのではなく、
ようやく時代が
田辺に追いついたのかもしれない。

第四章　タックル編

第1部

ロッド&リール

～バスロッドにおけるバランスセッティングの重要性～

魚に答えを聞く 世界観から開発された ロードランナーの歴史

田辺の右腕と化したロードランナーシリーズは発売から実に四半世紀が経過している。ノリーズブランド発足以前からロッドデザインに携わっていた田辺だが、ブランク設計からガイドセッティング、グリップデザインにいたるまで、すべてに注力したのはロードランナーが最初であり、テクノロジーの進化と並行してマイナーチェンジが施されてきた。

ロードランナーシリーズが発表された1995年当時は、時を同じくして第三次バスフィッシングブームが始まろうとしていた。日本のバス関連メーカー各社がバスロッドにも力を入れるようになってきた時代である。メーカー、ユーザーが求めたのは「高感度」「軽量設計」だった。いや、もしかしたらメーカーサイドのコマーシャル戦略だったのかもしれない。そんな時代背景にありながらロードランナーは満を持して店頭に並んだのである。

「発売当初は重いとか感度が悪いとか言われたけど、俺は実戦でさんざん釣ってたし、自信があった。本当に釣れるサオっていう答えを導き出してくれたのは人間じゃなくバスだからね」

当時の田辺は現在のバスマスターエリートに値するインビテーショナルのサーキットにフル参戦していた。米国東南部を中心に、タイプの異なる過酷なフィールドでロードランナーのプロトタイプが着々と育まれていったのである。

現在はハードベイトスペシャルやジグ&ワームに特化したストラクチャーというように明確にシリーズ化されているロードランナーだが、発売当初は今ほどアイテム数も多くはなく、シリーズも2タイプしかなかった。

そのひとつにバキュームというピュアグラス素材を使ったロッドがあった。グラス特有のボヨンとした柔軟性は一般のアングラーには理解することが難しかったが、田辺はその必要性を現場で感じていたのだ。

「ファストムービングで皮一枚フッキングとか、バズに出るけど乗らないっていう魚を確実に獲るためにはどうしても必要だったんだよね」

　トーナメントにおいて1尾のロストはダイレクトに成績へ響く。もちろん我々一般アングラーのプライベートフィッシングにおいてもロストは悔しい。バキュームは絶対的釣果主義から生まれた名竿となった。しかしながら、発売から4年後にカタログから姿を消した。特殊なグラスを使っていたので、素材を確保して安定供給することが厳しくなったという裏事情があったのだ。それから5年後の2000年、バキュームに代わる巻き物専用設計のハードベイトスペシャルが発表された。

「全米中のファクトリーを回って、バキューム用にグラス素材を探していろいろ試したんだけど、結局は納得できる素材が見つからなかったんだよね。そこで、弾性率を低くしたカーボンはどうだってテストしていったのがハードベイトスペシャル。最初はカーボン素材で吸い込ませるっていう発想はどうなんだろと疑問だったんだけど、出来上がってみるとグラスよりも投げやすいのはもちろん、バズベイトもちゃんとフッキングするんだよ」

　バキューム同様、発売当初は一部のアングラーにしか受け入れられなかったようだが、今ではすっかり定着し、ファストムービングロッドの代名詞として不動の地位を築き上げたのである。その4年後にはディープグリーンからメタリックグリーンに姿を変え、ガイドもゴールド

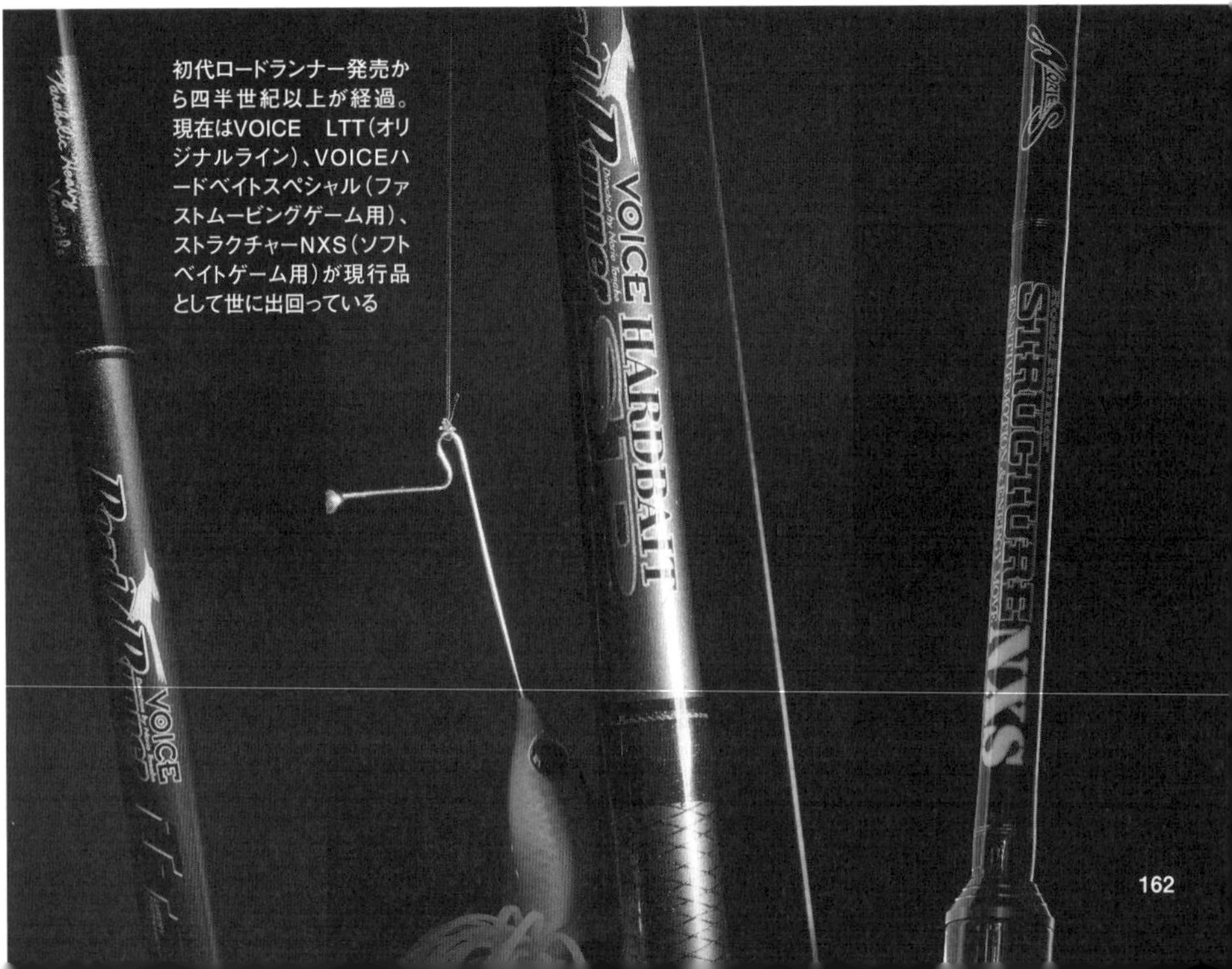

初代ロードランナー発売から四半世紀以上が経過。現在はVOICE　LTT（オリジナルライン）、VOICEハードベイトスペシャル（ファストムービングゲーム用）、ストラクチャーNXS（ソフトベイトゲーム用）が現行品として世に出回っている

「軽いサオに重いリールをつけてもダメだし、重いサオに軽いリールをつけてもバランスが悪い」と田辺。キャスティング時、リールの重量が手もとを安定させキャストアキュラシーを高めてくれる。重量はあるが、ギヤの耐久性、精密性、そしてトルク感のある金属ボディーの丸型リールをハードベイトスペシャルに合わせる理由のひとつ

サーメットからSiCに変更しVOICEシリーズとして生まれ変わった。外見は変わったものの、現場から生まれる絶対的釣果主義の思想はそのままでマイナーチェンジされたのである。

ガイドといえば、古くからのロードランナー愛用者はなぜゴールドサーメットだったのか気になることだろう。

「一番の理由は耐久性。ガイドもいろいろ試したんだけどゴールドサーメットは素材が柔らかいから割れにくい。バスボートでラフウォーターを走ってデッキに叩きつけられても、ゴールドサーメットはまったく問題がなかったね」

しかし、こちらも富士工業が生産を終了しパーツの確保ができなくなってしまった。

このようにロードランナーはマイナーチェンジやシリーズの追加が行なわれてきた。

LTT誕生の背景には リールの進化があった

2015年にデビューしたヴォイスLTT。このモデルが開発されたいきさつを紐解けば、田辺の「タックルバランス」への考えが垣間見えてくる。

ヴォイスグリーンと言われる鮮やかなメタリックなビジュアルはバット部分だけにアクセント的に残し、ロードランナーのトレードマークでもあるノンスリップのフォアグリップもショート化された。コスメティックな部分のチェンジもさることながら、大きく変わったのは目には見えない重量である。数字だけで語るのはナンセンスではあるが、たとえば1995年の発売当初から人気の660Hというモデルの自重を見てみると、ヴォイスが197gなのに対し、LTTは178g。およそ20gも減量したのである。もちろん、田辺が掲げる絶対的釣果主義という思想は何も変わらない。それまでと同じように、みずからが現場でテストを繰り返してきた。

「ロッドのバランスってリールとのセッティングが重要なんだよ。もっと言えば、リールを付けてルアーを結んで振ってみないと本当のバランスはわからない。軽いサオに重いリールをつけてもダメだし、重いサオに軽いリールをつけてもバランスが悪い」

そう、オリジナルヴォイス見直しの経緯のひとつにリールの進化があった。田辺はシマノ社製リールを用途によって使い分ける。たとえばファストムービングを扱うハードベイトスペシャルには丸型のコンクエストシリーズを合わせ、撃つ釣りにはロープロファイルタイプをセットすることが多い。このあたりの組み合わせはのちほど詳しく解説するが、技術革新によるリールの軽量化がLTT開発理由のひとつに挙げられる。

リールタイプと ロッドのバランス関係

リールが軽すぎるとキャスト時、リトリーブ時のバランスが不安定になるというのは前述したとおりだ。ことベイトタックルに関しては、リールをロッドの上に装着するためそれが顕著に表われる。田辺の大まかな使い分けとしては、ファストムービングの釣り、すなわちハードベイトスペシャルとLTTの一部にはコンクエストDCを代表とする丸型リール、ジグ&ワームなどのスローダウンゲームに

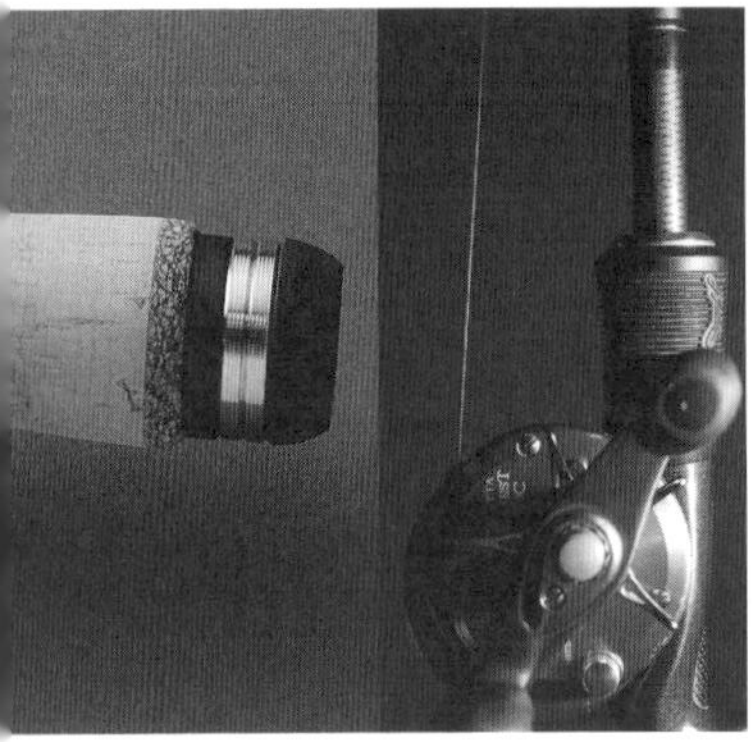

右／カルカッタコンクエストシリーズは、その自重ゆえにアングラーの手もとを安定させ、ロッドをしっかりと曲げ込んだ、正確なキャストを可能にする

左／リールの重さに合わせ、ロッドにもウエイトがあったほうがバランスセッティングは決まりやすい。そのためロードランナーには基本的にバランサーがセットされている。軽いリールをつけることが多いストラクチャーにはバランサーは採用されていない

はストラクチャーNXSかLTとメタニウムシリーズを組み合わせる。

「最近の丸型リールは軽くなってきているんだけど、丸型リールの最大の特徴はギヤが大きいこと。つまりトルクがあるってことなんだよ。大型ギヤと、その精度を保つためのゆがみのないフルメタルボディーとなれば、その分自重も増えるけど、逆にキャストするときは安定する。ベイトの場合はリールが軸になるから、ある程度の重さがないとちゃんとキャストできないからね。その違いを知りたいならロングロッドに重いリールと軽いリールをつけて、ジグでもなんでも同じ重さのルアーを投げ比べてみるとわかるよ。リールが軽いと力で無理やり投げようとするから、ヒュッと空を切る音がする。ウエイトのあるリールをつけたらルアーの重さがしっかり乗ってインパクトの瞬間にロッドの反発力ではじき出すようにキャストできるよ。俺がいうタックルバランスって言うのはそういうことなんだよ」

　リールの100サイズは中型のクランクやクリスタルSといったファストムービング全般、200はマグナムクランクなど、ロングキャストしたり、リトリーブに大きな負荷がかかるルア

ストラクチャーを手に取り、ヘビーカバーと対峙する田辺。
ロードランナーシリーズのなかでは
軽めに仕上げられているストラクチャーは
軽いリールとの
セッティングバランスが良好

ーに使う。

　LTTやストラクチャーシリーズにセットすることの多いロープロファイルは丸型リールに比べると大幅に軽い。コンクエストDC100（2020年モデル）が240gなのに対し、メタニウム（2020年モデル）は175gしかない。

「LTTはロードランナーのコンセプトそのままに、よりハイスペックな仕様で最近の軽いリールでもちゃんとバランスがとれる設計になってる。ストラクチャーに関してはショートキャストやピッチングをメインに想定して設計しているから、感度と軽さを重視してあえてバランサーをつけてない。そういう意味ではストラクチャーは軽量ベイトリールとバランスがいいよね」

　バスロッドを語る際に持ち重りと表現されるが、ロッド単体を持っただけではバランスを知ることは無理な話である。最低でもリールを乗せてみる。さらに追求するのであればルアーを投げて魚を掛けることだ。そこで初めてバランスがわかるのである。ちなみに、ロードランナーのグリップエンドには1枚10gのバランサーが2枚標準装備で、自分のリールの重さに合わせて取り外すことも可能。ここにも、ロッドとリールのバランスがいかに重要かという田辺の考えがうかがえる。

「バランサーをつけることでパーツ代だって増えるし、メーカーという立場で言えば本当は外したいんだけど、やっぱり本気で釣れるサオを作ると外せないんだよね。昔は俺もリールやルアーに合わせてバランサーを外したりしたけど、今は身体がしっかり覚えてるから外して使うことはなくなったね。けど、1枚あるとないでは全然違うから一度試してみるといいよ。それだけバランスは重要ってことだよ」

田辺が実戦配備するリール3選

田辺はファストムービングの釣りにはカルカッタコンクエストDCを代表とする丸型リールを、ジグ&ワームなどのスローダウンゲームにはメタニウム、ファストムービングもスローダウンも両方まかなうバーサタイルなロッドにはメタニウムDCをセットすることが多い

カルカッタコンクエスト100DC

超高強度の大径ギヤを内蔵したデジタルコントロールブレーキの丸型リール。100DCは1/2oz前後のクリスタルS各種や中型クランク、ストーミーマグナムに代表される抵抗の大きいクランクに使用（写真は2010年モデル）

メタニウムDC

ファストムービング、スローダウンゲームどちらもできるロッドにセット。「DCはノーマルのメタニウムよりもウエイトのあるルアーを投げることが多い。リール自体の重さもDCのほうが少し重いから長くて強めのサオともバランスがいい」（写真は2015年モデル）

メタニウム

3機種のなかで最も軽いのがメタニウム。ガンタージグやテキサスリグなど、ストラクチャーNXSシリーズやLTTを使ったスローダウンゲームに多用。メタルジグやバズベイトにはDCのHGやXGを使うこともある（写真は2013年モデル）

ボートべりでの45cmクラスの突っ込みを受け止めるハードベイトスペシャル。低弾性グラファイトを採用することで、まるでグラスのような高い追従性を見せる。乗りやすくバラしにくいといわれるのはこのためだ

ハードベイトに息吹を吹き込む特化型ロッド

田辺とハードベイトゲームを語るうえで、切っても切り離せないのがハードベイトに特化した専用シリーズ「ハードベイトスペシャル」である。ハードベイト向きのモデルはどのロッドメーカーにも存在するが、それを前面に押し出す専用シリーズで、しかもラインナップがここまで揃っているのは世界的に見てもロードランナーだけなのではないだろうか。その数は実に17機種。ハードベイトスペシャルだけでこの数である。

「ロッドの持つ意味はルアーを投げることだけではなく、ちゃんとルアーを動かすことができて、思い描いたようにトレースし、しっかり掛けてバスをキャッチできること。これはどんなバスロッドにも共通して言えること。

ハードベイトスペシャルは、ハードベイトで釣るために必要な要素をサオの力で補うことができる。どんなにいいルアーを使ってもサオがあってなければアタリすら感じられないことだってある。逆に言えばルアーが少々力不足でも、きっちりキャストできるだけで釣れちゃうことだってあるんだよ」

ロードランナーシリーズの特徴は、「釣れるサオ」にこだわっているところ。アングラー8割が岸釣りで、ややパワーのあ

ハードベイトスペシャルのこだわり

市場のバスロッド（ベイト）は6～7ft6in、ライト～エクストラヘビーアクションといったところが相場だろう。たとえば最もオーソドックスなレングスが6ft6inだとすると、その長さに対しミディアム、ミディアムヘビー、ヘビーといったように異なるパワーモデルが製品化されがちである。

「ロードランナーはハードベイトスペシャルに限らずすべてテーパーが違うんだよ。同じテーパーで長さ、硬さを変えるだけでいいならサオ作りも楽だよね。ハードベイトスペシャルはその長さの振り幅で、ちゃんとルアーの重さを乗せて曲がり、反発力でリリースできるように設計してある。これはやっていくうちにわかったんだけど、図面や理屈だけでは『釣れるサオ』は作れないんだよ。さらにブランク素材、弾性率、カーボンの性質、焼入れ、製法とか、すべてにおいて変わってくるからね。表組みのスペックよりも、使うルアーと自分がよく行くフィールドに合わせるのが、俺が思う正しいサオの選び方。サオには必ずデータ表記があるけど、メーカーによって基準が違うし、あくまでも目安くらいに考えたほうがいいよ。ハードベイトスペシャルであれば、まずは1本持って使い込んでみること。『3/8ozのスピナーベイトにちょうどいい』『ミノーをうまくジャークしやすいな』『#4のトレブルフックでもカエシまで刺さった』といったように、使い込むほど理解度が増すからね。まずは1本をベースに理解すればおのずと次に必要な1本が明確になってくるはずだよ」

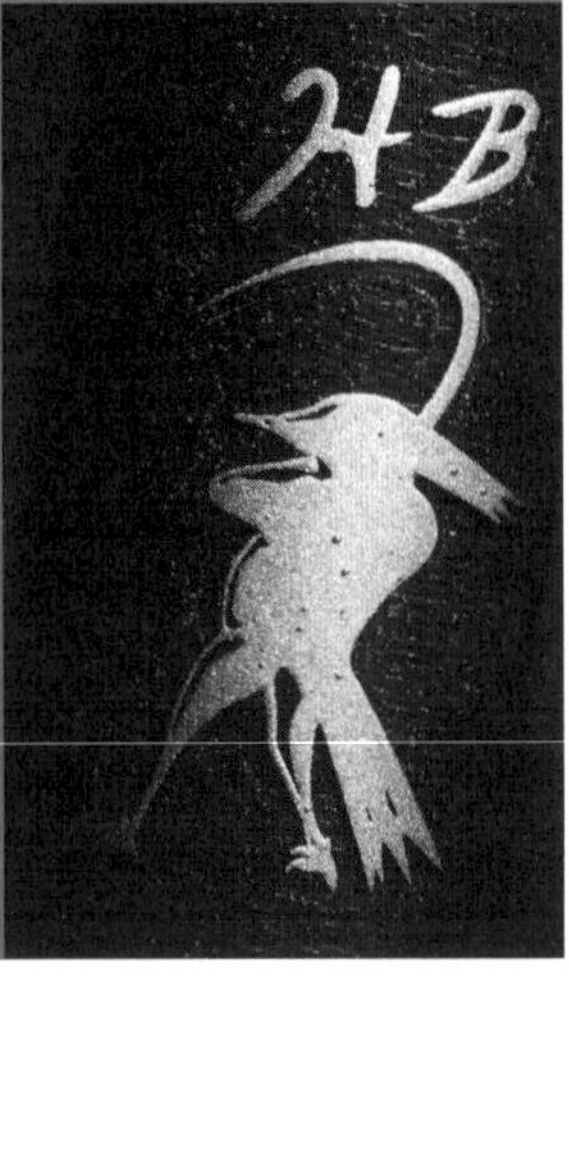

ショートレングスのロッドほどキャスト時のブレ幅が小さくなるため、より正確なキャストが可能になる。ゴルフクラブで例えるならばロングロッドは方向が不安定なドライバー、ショートロッドは近距離で寄せるアプローチ用アイアンといったところ

ショートレングスの有効性

日本のバスフィッシングが発展途上にあった80～90年代は5ft台のベイトロッドも珍しくなかった。今ではトップウォーター用やフローター用といった専門分野を除けば6ft台、それも6ft3in以上が主流といえる。

ハードベイトスペシャルはどうだろうか。最も短い5ft6inから6ftの間に、なんと4機種もラインナップされているのだ。ハードベイトの釣りにはこれだけショートレングスの必要性があり、とくに昨今のフィールド状況はフィッシングプレッシャーにより難易度が増し、より正確なキャストとルアーのコース取り、さらには掛けてからランディングに至るまでの動作がロッドに求められる。

「ショートロッドは、実は作るのが難しいんだよ。まず短いなかでしっかりルアーウエイトを乗せて投げられるのが大前提。ショートロッドほどフッキングのストロークも短くなるからフッキングパワーの問題もある。さらにいうと、ロングロッドよりもファイト中の吸収力が劣るからテーパーデザインも難しくなる」

投げやすさを優先すればフッキングが犠牲になる。そうかといってアキュラシーを損なえばショートレングスの意味がない。そこのバランスが難しいようだ。

「ハードベイトスペシャルのなかで、一番軽いルアーを投げやすいのがLL（ライトライト）といわれるモデルで、5ft11inと6ft3inがあるんだよ。で、最も短いのは560Lという5ft6inのライトモデル。ここのバランスの関係性が絶妙なんだよ。どういうことかというと、5ft6inの長さでLLにしちゃうとボヨンボヨンになりすぎて低い弾道でサイドキャストが決まらない。さっきも言ったようにキャストを優先するとフッキングのストロークが短くなるし、ちゃんとフッキングできない。だからLLはもう少し長さを持たせた5ft11inになったの。実際に560LLというモデルも試作はしたけど、反発力とフッキングパワーの両立が難しかったんだよ」

ロングロッドほどパワーバランスやテーパーデザインに自由度があるのに対し、ショートロッドにおいては誤魔化しが効かないということだ。

る遠投しやすいロングロッドが好まれる傾向にあることは田辺も承知しているが、それでもハードベイトスペシャルには6ft以下のショートロッドが4機種もラインナップされている。

ハードベイトスペシャルシリーズは2020年で発売から20年目を迎えるが、その人気は年々増加傾向にある。リリース当時から時代を逆行するような存在だったロードランナーシリーズではあったが、アングラーの経験値がアップすると、その本質を理解するファンが増加していったのである。

スピニングタックルのバランス

ベイトリールと違って、リールをロッドの下に装着するスピニングタックルでは、バランスに関してもそこまでシビアに考える必要はないという。

「ベイトロッドの理論でいうと、スピニングロッドのほうが軽い

「スピニングの場合、『リールの重さで投げる』感覚がある」と田辺

わけだからリールも軽いほうがいいってなるんだけど、実際に投げるとそこまで気にならないっていうのが本当のところ。っていうのは、スピニングリールはウエイトがロッドの下にあるから、ロッドを振りかぶった状態から振り下ろしたときにブレにくいんだよ」

　右巻きのベイトリールを右腕でオーバーヘッドキャストする場合、リールのフェイスが左を向くのが正しいキャストとされるが、スピニングに関してはリールが常に真下の状態でキャストする。ここがバランスの大きな違いだ。

「つまり、スピニングの場合は多少重いくらいのほうがキャストはしやすいよね。ただ、極端にバランスが悪いのは操作性が落ちちゃう。基本的にスピニングのほうがベイトロッドよりも軟らかいわけだからキャストのときにルアーのウエイトも乗せやすい」

パラボリックヘビーという新ジャンル

ロードランナーはいわゆる超高弾性のカキンカキンの金属的なロッドではない。むしろ、中~低弾性よりの粘りとトルクを重視したアイテムが大半を占める。それはキャストからランディングまで一連の過程を考慮して導き出した田辺の結論にほかならない。

「しっかりとしたブランクスであるなら中弾性、低弾性っていうのは、キャストのしやすさやロッドの持つ操作性、バスがルアーを吸い込んでも素早く戻りすぎない適度な反発力が生かせられる。高弾性の硬いサオで掛けると魚の引きも強くなる。けどサオが軟らかいと魚も暴れにくいから魚を引きずり出せるんだよな」

力のある中~低弾性というのはなにもハードベイトスペシャルだけに限ったことではない。

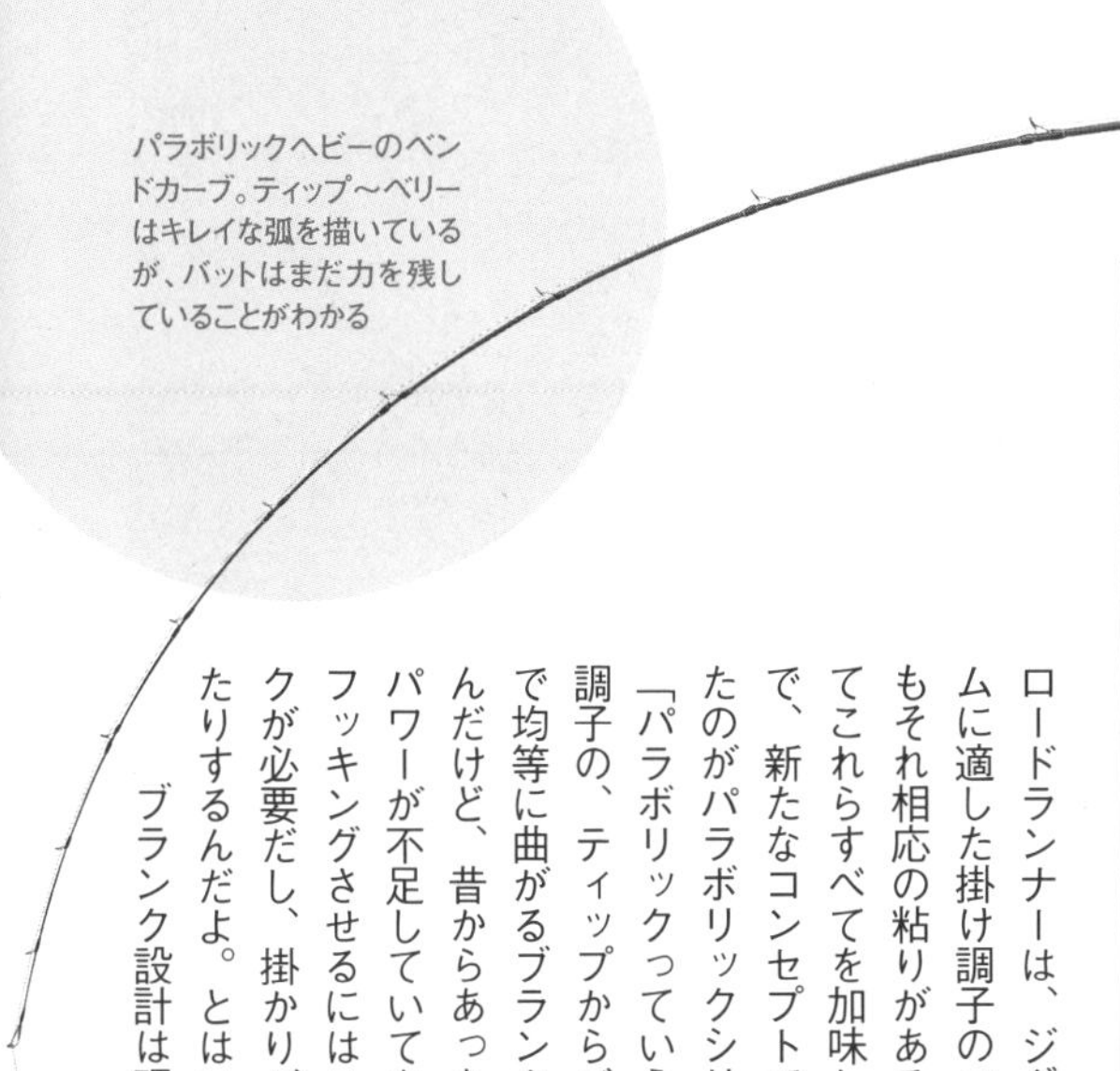

パラボリックヘビーのベンドカーブ。ティップ~ベリーはキレイな弧を描いているが、バットはまだ力を残していることがわかる

パラボリックヘビーは、#4/0、5/0の太軸フックを使ったパワーフィッシングでもバスの口を貫通するのに充分なトルクをバットに備える

ロードランナーは、ジグ&ワームに適した掛け調子のロッドでもそれ相応の粘りがある。そしてこれらすべてを加味したうえで、新たなコンセプトで誕生したのがパラボリックシリーズだ。

「パラボリックっていうのは胴調子の、ティップからバットまで均等に曲がるブランク設計なんだけど、昔からあった。ただ、パワーが不足していてちゃんとフッキングさせるにはストロークが必要だし、掛かりが浅かったりするんだよ。とはいえあのブランク設計は理に適ってるし、今一度パラボリックを見直してパラボリックヘビー（690PH）とミディアムヘビー（620PMH）っていう、バーサタイルなモデルをリリースしたんだよ」

パラボリックと聞くとトップウォーターに代表されるガングリップ式のグラスロッドを連想しがちだが、パラボリックヘビーはまるで別物。いわく、#4/0、5/0サイズのフックも貫通させるフッキングパワーを備えているとのこと。バーサタイルというだけあって汎用性も高く、テキサスリグやジグをはじめ、マグナムサイズのクランクベイトやダイラッカ、スローロール3/4~1ozまで幅広く扱える。ミディアムヘビーはショートレングスならではのアキュラシーと操作性が抜群で、近距離でのトップウォー

パワーフィネスとベイトフィネス

タックルセッティングにまつわる話として「パワーフィネス」と「ベイトフィネス」にも触れておきたい。

現状のパワーフィネスというのはスピニングタックルにPEラインの1.5～2号前後をスプーリングして、ガード力が高く線径の太いフックを背負ったフィネスジグやネコリグをカバーに入れるメソッドを指す。田辺はパワーフィネスゲームをまったくと言っていいほどやらないが、そのコンセプトは実に理に適っているし、亀山湖に代表されるように、日本のハイプレッシャーレイクのカバーゲームでは避けて通れない、確立されたテクニックと捉えているという。

一般的に使用されるのは7ft前後のミディアムヘビーからヘビーパワーのロッドで2000～2500番サイズのリールを、ドラグをキツく締めて装着する。ラインは8～12本撚りのPEラインで、ほとんどのローカルアングラーがカメラバ（ノリーズ）のようなフィネスジグやフックポイントをワームに埋め込んだ2～3gのネコリグを直結する。一方、ベイトフィネスは専用の軽量スプールを携えたリールと細身ブランクで専用設計されたロッドを合わせ、フロロカーボンの8～12Lbを用いるのが一般的だ。

「最近の流れを見ていると、亀山なんかではベイトフィネスからパワーフィネスに移行しているよね。大きな違いはベイトとスピニングっていうのはもちろんなんだけど、パワーフィネスはPEラインを使うってところ。スピニングだからファイト時の巻き取りでバスにパワー負けすることもないし、細かい操作は圧倒的にしやすいよね。スピニングにPEを巻くことで3gの軽いジグでもカバーに入れることができるし、PEは伸びがないから、カメラバみたいにガチガチのブラシガードが付いていてもちゃんとフッキングして獲ることができる。とくに亀山湖みたいにゴミ溜まりが多かったりオーバーハングが込み入っててカバーを上から攻めるようなゲームには向いているよね。ただし、PEラインを使う釣りだからテトラやリップラップみたいなハードマテリアルには不向き。ベイトフィネスは基本的にPEと相性がよくないとされているから、フロロカーボンを使うんだけど、カスミとか牛久沼みたいにアシとかテトラをきっちり撃っていく釣りにはいい。そこらへんは個人の好みもあるからなんとも言えないけど、要は出しどころだよ」

ヘビーロッド＋PEラインを用いるパワーフィネスは込み入ったヘビーカバーに、軟らかいロッドに10Lb前後のフロロを合わせるベイトフィネスはライトカバーに向く

亀山湖で名をはせるノリーズプロスタッフの鶴岡克芳。同フィールドでいち早くベイトフィネスやパワーフィネスを取り入れ、トーナメントシーンで数多くの実績を積み上げた

ターやフロッグ、またチャターベイト系やライトカバーのジグまで幅広く活用できる。

「昔あったようなパラボリックなサオは、たわみの幅が大きいからアワセてもフッキングが甘くなっちゃう傾向があったんだけど、このサオは適度に曲がってパワーがある。もちろんキャストもきっちり決まるし、ちゃんと食い込ませてフッキングできる。たわみは、ほんのコンマ何秒の世界の話になるんだけど、サオの反発力がちょうどいいんだよ。ジャンル的にはかなり新しいと思うよ」

ベントカーブを見てもわかるように、それなりのウエイトを背負ってもバットがわずかに曲がる程度で、そのパワーが想像できることだろう。6ft9inという長すぎず短すぎないレングスは、ショートディスタンスのサイドキャストもしやすく、ロングキャストで食わせてもしっかりフッキングできる仕様だ。

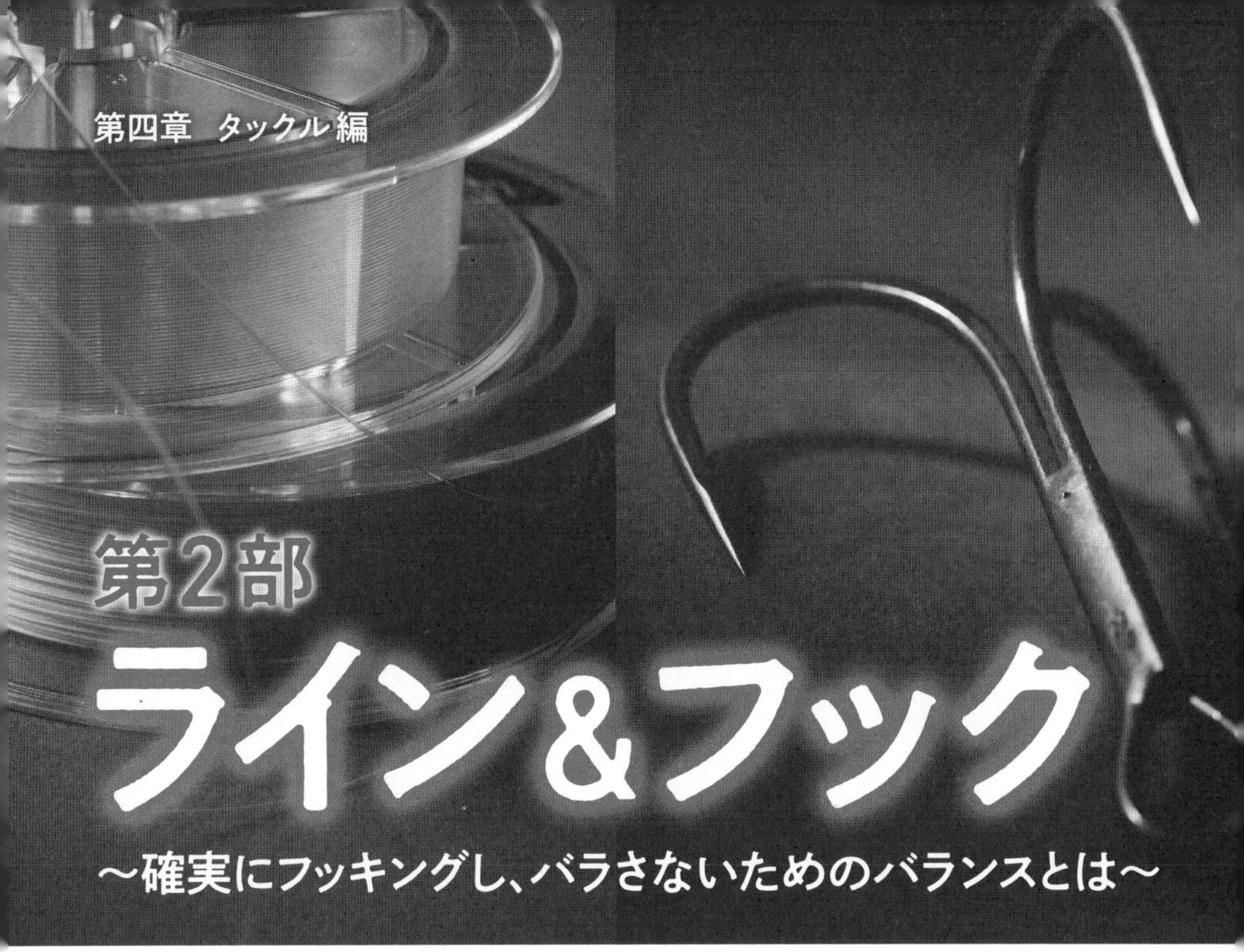

第2部 ライン&フック

～確実にフッキングし、バラさないためのバランスとは～

ラインの特性を考える

　昨今のバスフィッシングにおいて使用されるラインはナイロン、フロロカーボン、PEラインの3タイプでフロロカーボンが全体の8~9割を占める。フロロカーボンの影に隠れがちではあるがナイロンにもPEラインにもそれぞれ長所があり、それを上手に使い分けることができれば強力な武器になる。

「まだフロロがない時代はナイロンが主流だった。現在で言えば、ナイロンの特徴としてはフロロより軟らかくて沈まないこと。その特性を活かすとなると、極論を言えばトップウォーターの釣りだけになっちゃうよね。フロロカーボンがリリースされた当初は、ハリスみたいな硬さでキャスタビリティがよくなかったから、俺の中ではしなやかなナイロンの出番のほうが多かったかな。ワームもファストムービングもみんなナイロンだったよね。もちろん、今でも使っている人もいるし、伸びることと浮力を考慮したセッティングであれば、ナイロンでも事が足りるっていう言い方もできる。とはいえ今想い起こすとナイロンを使っていた時代のほうがジャンプ一発とか、バラシは多かった気がするな。伸びがあるからちゃんとフッキングできてなかったのもあるし、フックも今みたいにシャープじゃなかったからね」

　ナイロンラインはフロロカーボンやPEラインに比べると低コストではあるが、現代の消費量を見ると同じモノフィラメントとしてはフロロカーボンに分がある。各社の技術革新によって、発売当初の製品に比べるとしなやかになり、価格も抑えられたことにより、扱いやすく身近な存在になった。フロロカーボンの特徴としてはナイロンよりも伸びが小さく高比重で摩耗性に優れ感度もいい。しなやか

伸度、引っ張り強度、耐摩耗性、比重など、まずはそれぞれのラインが持つ特性を理解する必要がある

さと比重を求めないのであれば、ナイロンよりもフロロカーボンのほうが、より実践的といえるのかもしれない。

「フロロカーボンが定着するきっかけになったのはスピニングのライトリグだよね。確かに当時のフロロはナイロンよりも圧倒的に硬かった。けど、根ズレに強く感度もいいし伸びもないから、ディープのライトリグでもしっかりアワセることができた。流れとしては一部のトーナメントアングラーが使いだしたところからスタートしたんだよね。だけどフロロは比重が高いゆえに、ルアーが糸の重さで引っ張られて動きを妨げるっていう弊害もあり、ナイロンのほうが有利な場合もある。たとえばジグヘッドの水平フォールなんかがいい例だよね。とはいえ、フロロ自体もそうだけど、リグや道具が進化することによって、ナイロンの存在は薄れてきちゃったのは事実。トップウォーター専門でやっている人間ですら、最近はナイロンよりもPEラインのほうが多いからね」

PEラインとはポリエチレンの略号で、エチレンという分子の集合体によりできるプラスチックを撚った糸のこと。英語ではブレイデッド（編む=Braid-

■フロロカーボン

伸度	★★☆☆☆
感度	★★★☆☆
摩耗性	★★★★☆
比重	★★★★★
しなやかさ	★☆☆☆☆

■ナイロン

伸度	★★★★☆
感度	★☆☆☆☆
摩耗性	★★☆☆☆
比重	★☆☆☆☆
しなやかさ	★★★☆☆

■PEライン

伸度	☆☆☆☆☆
感度	★★★★☆
摩耗性	★★☆☆☆
比重	☆☆☆☆☆
しなやかさ	★★★★☆

ed）ラインと呼ぶのが一般的だ。特徴としては直線的な引張強度が非常に高く、同じ太さのフロロカーボンやナイロンに比べ、何倍もの強度を誇る。また、伸度がゼロレベルで飛距離も稼ぎやすいため、バスフィッシングに限らずロングディスタンスの釣り全般に重宝される。

「PEの弱点は摩擦に弱いところだろうね。耐摩耗性は決して低くはないんだけど、テトラとかどっしり定着したウッドカバー越しにフッキングするとスパっと切れちゃう。ウイードやクッション性のある枝くらいなら問題ないけどね。トッパーがナイロンからPEラインに移行した経緯としては、強度と伸度としなやかさが願ったり叶ったりの関係だから。彼らはグラスやパラボリックなロッドを使うことが多いと思うんだけど、ソフトな弾道で入れて強弱もつけやすいし水に絡むようなアクションもでき、ロングポーズでも沈まない。それでいてPEなら軟らかいサオでもちゃんと掛けられる。決してオールドファッションというわけではなく、理に適ったセッティングなんだよ」

ラインサイズと距離による伸度

一般的に言えば、ラインの伸度は同じ号数で比較すると大きいのはナイロン、フロロカーボン、PEラインの順になる。しかし、これはあくまでも同サイズでの話。見落としがちなのは素材ではなく、ラインサイズとルアーを操る距離にある。バスフィッシングに用いられるPEラインに関しては伸度がゼロなのでここでは省略するが、ナイロンとフロロカーボンは太さによっても伸度が異なる。

「当然、細いほうが伸び幅は大きいよね。2～16Lbラインを比較するなら、サオ先から1mくらい先に100gのオモリを吊るしてみるとわかりやすいよ。2Lbが一番伸びるから。要する

フッキングが決まるかどうかは、ラインの太さとルアーまでのディスタンスがカギになる

ナイロンやフロロは細いほど、そして距離が長くなるほど伸びる。それを踏まえたうえで、フッキングミスやラインブレイクを防ぐ太さのラインを選ぶ

に細いフロロとナイロンほどラインのストレッチが大きくなるからフッキングパワーも落ちるっていうことだよね。当然、距離が長いほどラインは伸びやすいわけだから、ヘビキャロやディープクランクみたいにロングキャストを必要とする釣りでは、よりストロークの大きい力強いフッキングが必要になる。逆に近距離ではラインのストレッチ幅が小さいぶん、強くアワせるとラインブレイクの原因になると言えるよね。とくに細号数のラインとバットパワーの強いロッドを使う時には起こりがちだよ」

フックの線径とパワーバランス

ラインがアングラーと魚を結ぶ命綱とすれば、フックはそれを接続する大事なパーツだ。ひと括りにフックといっても形状、サイズ、線径によって役割が変わってくる。ワームフックの形状だけを考えてもストレート、オフセット、マスバリタイプ等があり、さらにそれらが細分化されているから厄介である。

「まず、フックに求められるのは貫通力と強度。形状に関係なく線径の細いフックのほうが刺さりはいいのは言うまでもないよね。ただし、タックルバランスが悪いと掛けても取り込むことができない。例えば4Lbフロロを巻いたライトタックルで#4/0の太軸オフセットフックを貫通させるのは不可能に近い。ラインも伸びるしロッドもパワー不足だからね」

#4/0の太軸フックを貫通させるためにはそれに見合った太いラインと相応のロッドパワーが必要。逆に細軸フックを使用した釣りであれば、フックが伸びたり折れたりしないクッションの効いたラインとロッドがより安心安定した釣果を目指せる。フックを貫通させることに心配はなくなるからだ。

リューギ社の同じ番手のオフセットフックでも用途によって線径は大きく異なる。インフィニ（左）はあらゆるワームの釣りに対応するバーサタイル設計。リミット（中）はナローギャップの太軸仕様でヘビーラインを使用した釣りに特化する。リミットに対極するダブルエッジ（右）はタフな状況でも掛かりを優先したセミライトワイヤのオープンウォーター～ライトカバー向けデザイン

「あえて伸びるラインと軟らかめのロッドを使うっていう方法もある。かなり上級なんだけど、どういうことかというと、伸びるラインと軟らかいサオを使うことで魚が暴れにくくなるんだよ。PEだと伸びないからダイレクトにサオの反発が伝わって極端に暴れるじゃん。その逆の発想。例えば、同じ軟らかめのロッドに#8のトレブルフックが付いたルアーで55cmのバスを掛けたとするよね。片方は10Lbフロロでドラグは緩め、もう片方は16Lbフロロで切れない程度にドラグを設定する。掛けた直後は16Lbのほうは2mく

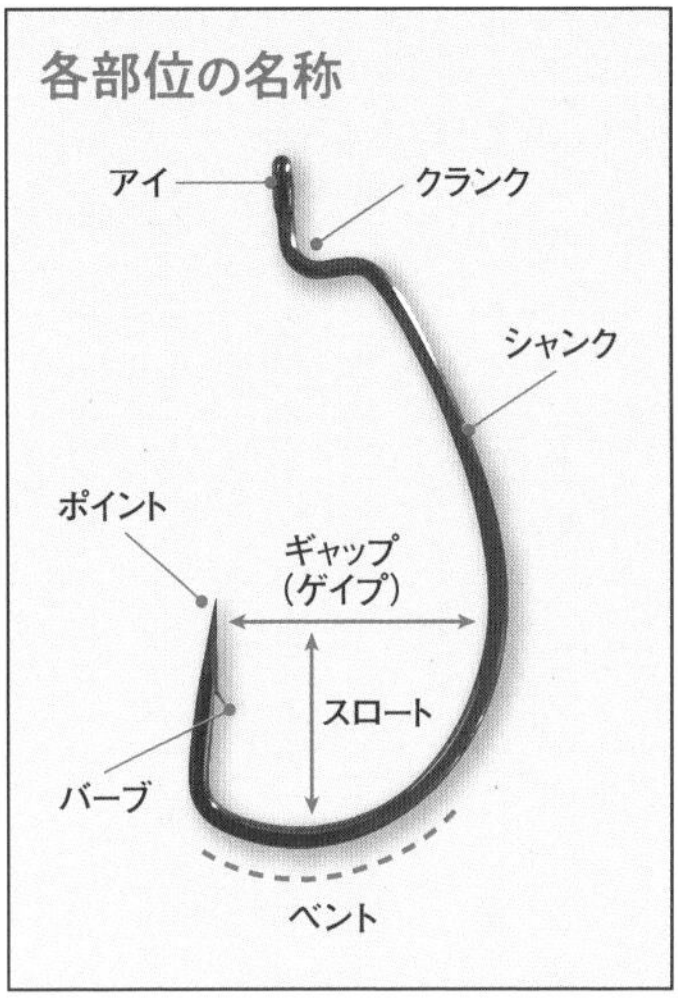

らいドラグが出るのに対し、10Lbのほうは6mくらい出されるとしたとしても、キャッチ率が高いのは10Lbのほうなんだよ。16Lbだと魚が暴れるからフックが伸びるリスクも高い。10Lbのほうが伸びるしドラグも緩いぶん魚も暴れにくくフックを伸ばされてバラす確率も低い。もちろん、カバーから引きずり出す釣りは話が別だよ」

　フックサイズが同じでもメーカーや用途によって線径は変わるので、何ポンドラインに何番フックという具体的な例を挙げるのは困難ではあるが、貫通させることができて、それでいてフックが折れない、伸ばされないバランスが重要ということだ。

ワームフックの形状と貫通性能

　ワームフックの形状は大きく分けて3タイプ存在する。最もオーソドックスなワイドギャップのオフセット、ここ数年見直されているナローギャップタイプのオフセット、それに最も古くから流通しているストレートフックだ。その他にもマスバリやシャンクにオモリが装着されたウエイテッドフック、スクリューでワームの頭に固定するスクリューインタイプといった特殊なものも存在するが、基本となるのは先に挙げた3タイプである。

「最も基本的でみんなが一番よく使うのがオフセットタイプだよね。これはウイードレスにセットできるフックで、クランク部分でしっかりワームをホールドできる。総じて言えるのが、フックポイントがアイの方向に向かっていているものほど直線的な力が掛かるから刺さりがいい。ただし、刺さりやすい条件としてはしっかりワームごとバスの口の中に収まった状態のとき。当然、線径が太くなるほど貫通させる力が必要になるわけだから、強いサオ、伸びの少ない太いラインが前提になる。逆にスピニングとライトラインの組み合わせならば線径の細い、いわゆるファインワイヤーと言われるオフセットじゃないと刺さらない。ある意味、ワイドギャップのオフセットフックはオールラウンダーとも言えるよね」

　田辺がよく使うワイドギャップオフセットはリューギのイン

フィニやザ・スタンダード。フックメーカーであれば必ずラインナップされるタイプである。ではシャンクとフックポイントの幅が狭めなナローギャップはどんな特徴があるのだろうか。

「ナローギャップは同じ線径としたときに、ワイドギャップよりも小さい力で掛けやすい。口の小さい魚だったら問題ないんだけど、バスみたいな口の大きい魚に対して極端にナローなハリだとスッポ抜けやすい。キスみたいに口の小さい魚だったらいいんだけどね。ナローギャップは好んであんまり使ってなかったんだけど、ダブルエッジの登場で少し考え方が変わったね」

　2018年のオールスタークラシックでチビエスケープツインのフリーリグにマッチングさせていたのがダブルエッジだ。一見するとエスケープツインにはギャップが狭すぎるように思えるが、そうでないことを田辺は実感したという。

「たしかにナローだけど、エスケープツインくらいのボディーだったらまったく問題ない。むしろちょうどいいくらい。ダブルエッジはほんの少しだけポイントが外向きなんだよ。ポイントが外向きのフックは初期掛かりがいいんだけど、力を逃がすから貫通力は弱いんだよね。だけどダブルエッジに関しては細軸だから小さい力でも本当にスパッと入っていく。あれ以上ポイントが外向きで線径が太いとバーブまでしっかり刺さらないと思うよ。ポイントが外向きというのは初期接触で口の中のどこにでも刺さりやすいけど、深く刺さるためには斜めに力がかかっていながらでも刺さっていくという考え方で理解しておいたほうがいい」

　フッキングパワーの伝達率がいいのであれば、距離をとるキャロライナリグやテキサスリグのスイミングとの相性がいいことになるが、あくまでも太すぎないワームが前提であることも忘れてはならない。

　続いては最も馴染みが薄く、いまいち出しどころに悩むストレートフック。市販されているものの大半が太軸で、サイズも#3/0前後のものが多いような印象を受ける。人によってはフッキング率が高いというが、実際のところはどうなのだろう。

「ストレートフックは同じ番手のワイドギャップオフセットと比べても、ほとんどのものはギャップが広い。力の掛かり具合で言ったらストレートはオフセットよりも開いているからパワーが伝わりにくい。一度貫通し

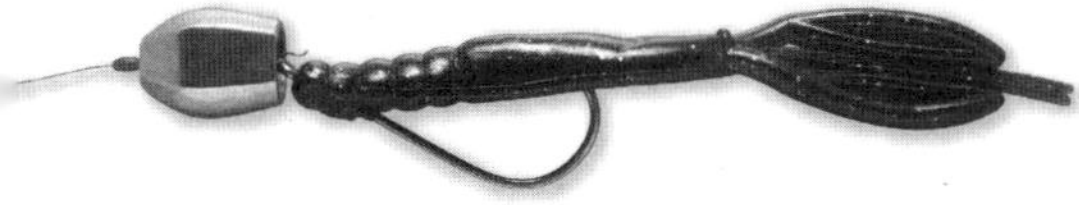

太軸ストレートをヘビーカバーの中でフッキングするには伸びのないPEラインが不可欠。ただし幹の太いフッドカバーやハードマテリアル絡みでは簡単にラインブレイクするので要注意

ちゃえば抜けにくいんだけどね。軸が太いから強いサオで、距離もそれなりに近くないと刺さらない。ストレートフックが重宝されるのはヘビーシンカーを使ってフローティングカバーを撃つ、いわゆるパンチング。掛けるのが難しいから伸びのない強いPEラインを使うんだよ。オフセットだとハリ先が出やすいからみんなストレートを使ってるけど、オフセットでもハリ先を貫通させずにワームにセットすれば問題ないよ」

進化したトレブルフックとその形状

現代のトレブルフックは、ひと昔前のプラグに付いていたものとは比べ物にならないほど進化している。経緯をたどると元々の釣りバリは鋳物と同じように手作業で叩いて作られていた。1900年台初頭には機械が導入されたが、それでも仕上げは手作業で行なわれていた。

日本にバスフィッシングが定着した80年台は技術も進歩していたが、それでも今のフックと比べると雲泥の差だった。ターニングポイントとなったのは液体の中で超音波の振動を利用してハリ先を鋭く作り上げていく化学研磨という技術が取り入れられたときだった。

「俺も詳しいことはわからないけど、バスフィッシングに化研のフックが定着し始めたのは30年か35年くらい前じゃないかな。それまでの常識は、フックは研いで使うものだった。それが化研の登場でフックの歴史が変わったよね。化研は最初からポイントがシャープだから研ぐ必要がない。研いだとしてもせいぜいハリ先を2~3回擦ってコーティングを落とすくらいの気持ちでいいよ。ただ俺のイメージだと昔ながらのフックのほうがハリ先がつぶれにくいように思う。おそらく昔のハリは鍛冶屋のように職人が叩いて圧縮

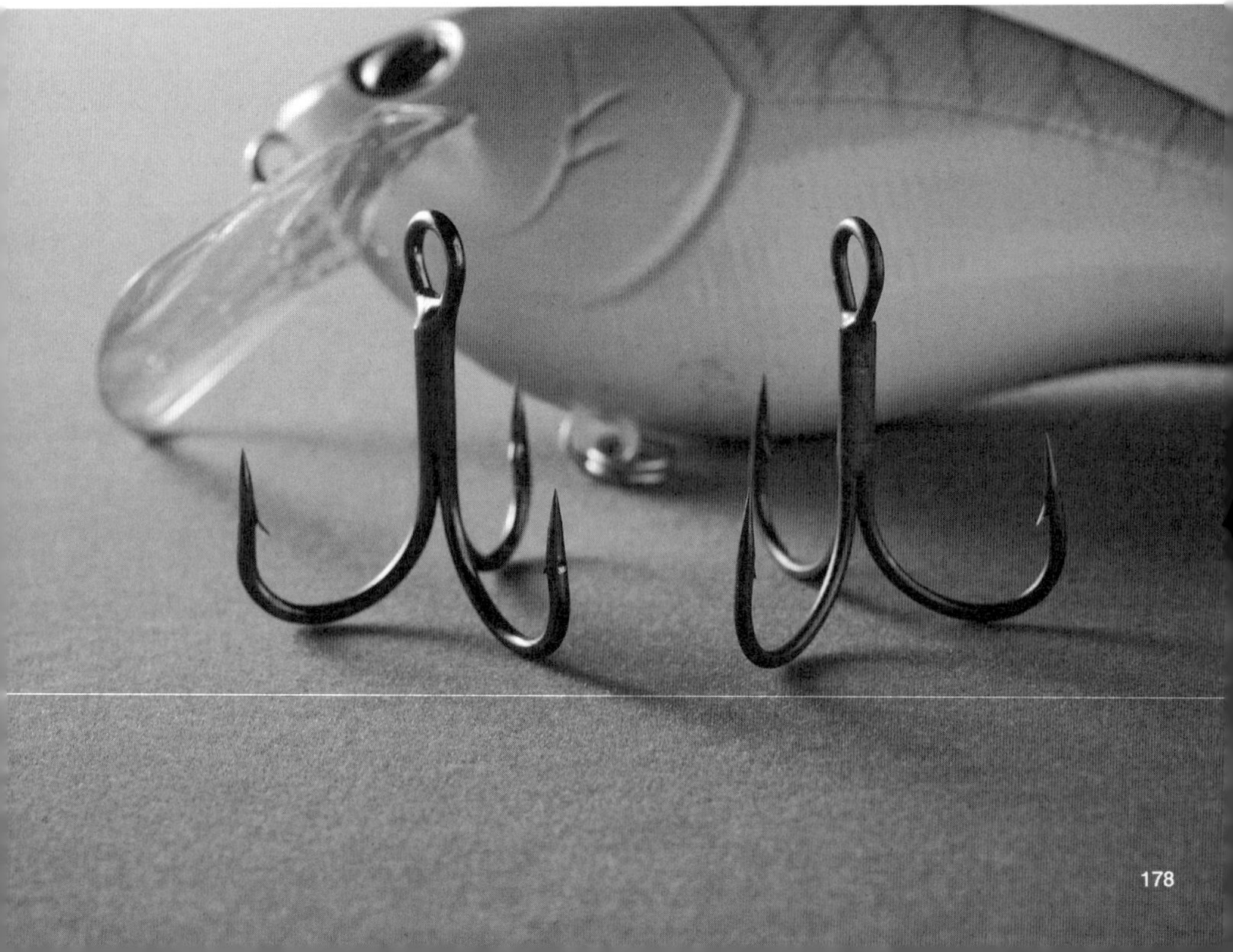

してたから強度があったんじゃないのかな」

トレブルフックもワームフックと同様に、いくつかのタイプに分類することができるが、ワームフックほどの大差はないように思える。線径の理論はワームフックと同じというのをのぞいて、気になる点はギャップの広さとシャンクの長さ、あとはメッキ加工くらいだろうか。

「トレブルフックは基本的にプラグに付いていて、常に動いているからワームフックとは違って掛けに行くというよりは、どこかのハリに掛かっていればいい、っていう考え方ができる。もちろんちゃんとアワセないとダメなんだけどね。それとワームフックと比較するとサイズが小さいし1本1本の線径も細いから、ロッドパワーは弱くてもバーブまで刺さりやすい。マグナムクランクとかビッグトップウォーターは例外だよ。ビッグファットボディーのプラグはそれ自体が水の抵抗を受けるからアワセたつもりでもロッドは曲がっているけどフックはしっかり刺さっていないことが多くなる。だから投げやすさよりも掛けることを優先してワンランク硬いサオでしっかりアワセることが大事なんだよ。バズベイトやブレーデッドジグ系にバルキーなトレーラーを装着したときも同じことが言えるよね」

シャンクの長さに関しては、

実はトレブルフックは1本掛かりがバレにくい

トレブルフックが使われるバスルアーはプラグ類全般の他にメタルジグ、ビッグベイトくらいである。ジギングスプーンを除けば、2本か3本のトレブルフックが装着されているわけだが、考えようによってはシングルフックが6～9本付いているのだからキャッチ率もそれだけ高いように思われがちだ。しかし、実際のところはそう言い切れないというのが田辺の見解だ。

「実はトレブルの場合は『どれかに掛かれ!』って運的要素もあるんだよ。シングルフックはタックルセッティングさえ間違えなければしっかり刺さる。というのは、シングルフックは力がそれだけに集中するからフッキングパワーが圧倒的に強い。トレブルフックはいくらタックルが合っていても、バーブまで貫通しているときもあればしていないときもある。だからしっかりフッキングできたように思えても立て続けにバラすこともあるんだよ」

ハリの本数から考えると理解しにくいが、トレブルフックには以下のような落とし穴があった。

「トレブルで一番バレやすいのはフックが2本掛かりしているときなんだよ。厳密には刺さってるんじゃなくて口の中にハリ先が乗っかってる状態。3本のうち2本がバーブまで貫通することなんてほとんどないからね」

なるほど、シングルフックの原理と同じで3本のうちの1本が刺されば力が集中するから貫通力もアップするわけだ。「運的要素」が意味するのはそういうことなのだ。

「かといってトレブルをシングルフックに交換したところで、フッキングパワーは強くなっても、フックが動いてるから掛かる確率は低いよね」

物理的にはロングシャンクのほうが掛かりやすくはあるが、クランクベイトやバイブレーションなど、常に動いているルアーでは根掛かりのリスクが倍増する。また、フック同士が絡む機会も増えるためファストムービングには不向きという。

「ロングシャンクを使うのはスプリットリングを使わないLリグみたいな直付けのトップウォーターくらいじゃない。トップだから引っかかる恐れもないからね。そう考えると、トレブルフックはショートシャンクのストレートポイントがほとんどで、ある意味完成された形なのかもしれないよな」

　微細な形状の違いはあるが、市販されるトレブルは大方がラウンドベンドタイプのショートシャンクである。過去には極端なワイドギャップのものやオフセットフックのごとくフックポイントがアイに向いているもの、シャンクをひねったフックもあったが、定着はしなかったことを思うと田辺の言うように、進化の余地がないのかもしれない。

フックのコーティングは結局どれが正解なのか……

　キャッチ率アップに直結するテーマと聞かれたら疑問ではあるが、気になる部分ではある。トレブルフックに限らず、釣りバリは1本の線材が切断、成形されたあとに焼入れ焼戻しされ、研磨、表面加工という工程を踏む。表面加工にはメッキと焼き付け塗装、そして定番となりつつあるフッ素コーティングがある。

「これに関しても専門家じゃな

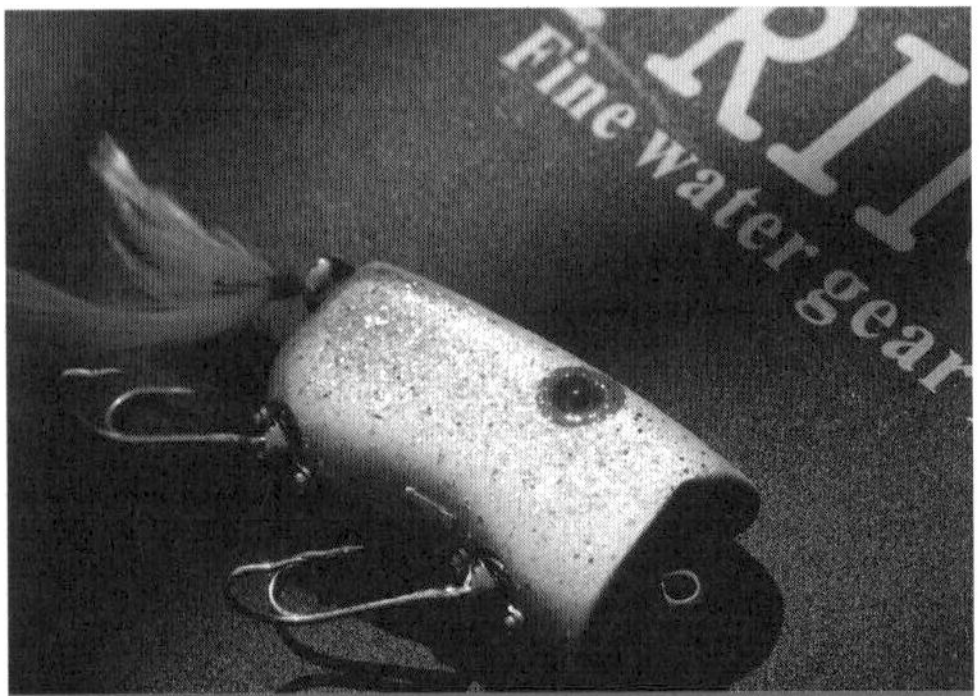

スナッグレス性を重視したダブルフック

　シングルフックはフッキングパワー一点集中型、トレブルは力が分散されるが数があるぶん確率は高くなる。ダブルフックは単純に考えれば力も掛かる確率もちょうど中間に当たる。代表的なルアーはフロッグ、メタルバイブ、それと一部のトップウォーターくらいと局所的ではあるが……。

「ダブルフックは限られてくるけど、一番は根掛かりを回避しやすいっていうことだよね。フロッグはカバーを攻めるためのトップだし、メタルバイブもボトムを横方向に引いたりすることもあるわけだから、当然根掛かりのリスクも高い。トレブルよりはフッキング率が落ちるけど、スナッグレス性という面では必要なのかもしれない。トップに関しては、ポーズを入れて使うタイプであれば問題ない。フックポイントが上を向いた状態でぶら下がっているわけだから、ちゃんとフッキングできるよ。クローラーみたいに巻き続けるタイプをダブルフックにしちゃうと、フックが水平方向に暴れるからフッキングの確率が低くなるけどね」

フローティングマットやゴミ溜まりで出番の多いフロッグのなかにはシングルフック仕様もあるが、大半は極太ダブルフックがコンポされている。太さ的にはフリップ用のストレートフックと同等かそれよりも太い。ゆえに浮力が高く伸びのないPEラインを使うのが正解だ。理想のフッキングとしては、やはり写真のように1本掛かりのほうがバーブまで貫通してキャッチ率は高くなる

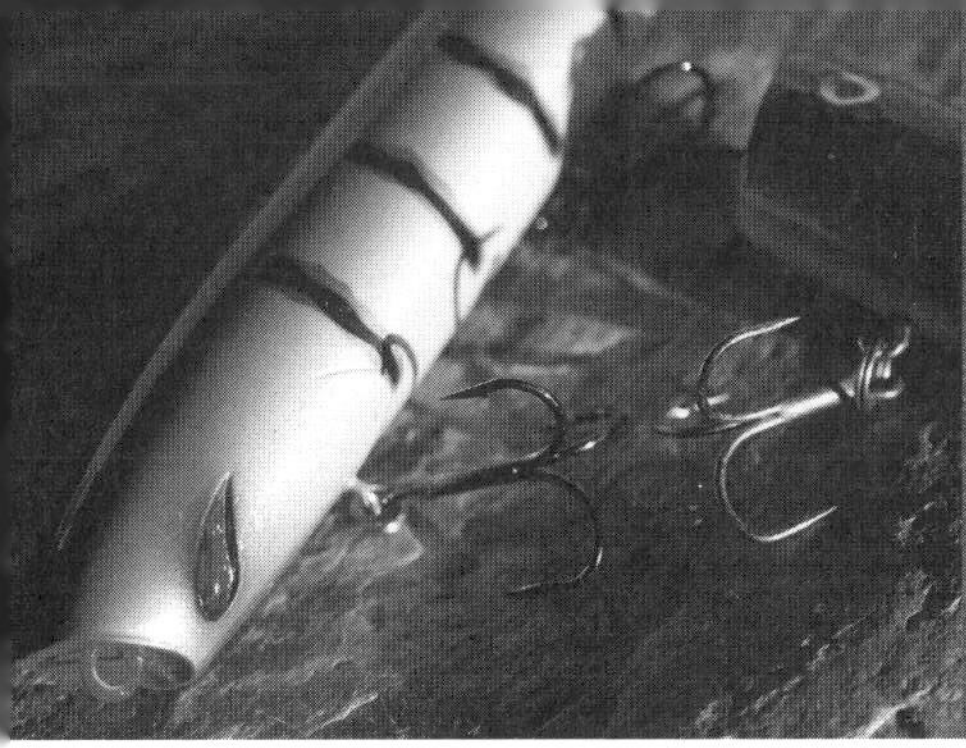

ブロンズフックといって真っ先に思い出すのがマイケル（写真右）。約30年前に田辺が手がけた名作ポッパーだ

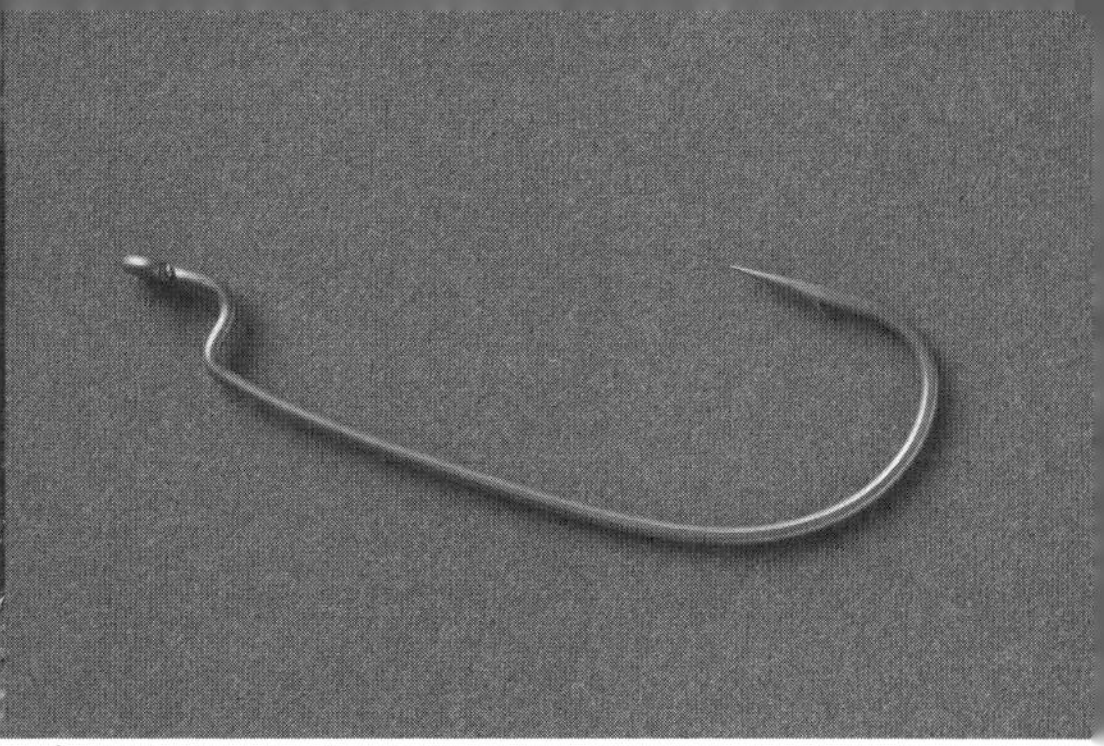

近年は貫通性能の高さをウリにしたフッ素系コーティングのフックが増えたが、まず何よりも大切なのはライン、ロッドのバランスが取れたものを使うこと（写真はダブルエッジ／リューギ）

いから主観でしか語れないけど、最もメジャーな加工としてはニッケルだよね。ほかにも金メッキやソルトでよく使われている一番錆びにくいと言われるカドミニウム、あとはブラックニッケルとかブロンズがある。どれがどうっていうのはないんだけど、俺の経験上では表面加工が薄いほどシャープな印象が強い。だけど淡水でも錆びやすい気がする。フッ素コートに関してはスムースなのはわかるけど、よく言われるように貫通力が高いかどうかはわからない。それよりも大事なのは、何度も言うようにロッドとラインとのバランスだよ。フックの滑りがよくても、根本を理解していないと意味がないよね。どんな釣りでもそうなんだけど、フックが開くから太くするっていうのは間違った考え方だと思うんだよ。フックが細くてもそれに合わせたタックルバランスでやるほうが正しいよね」

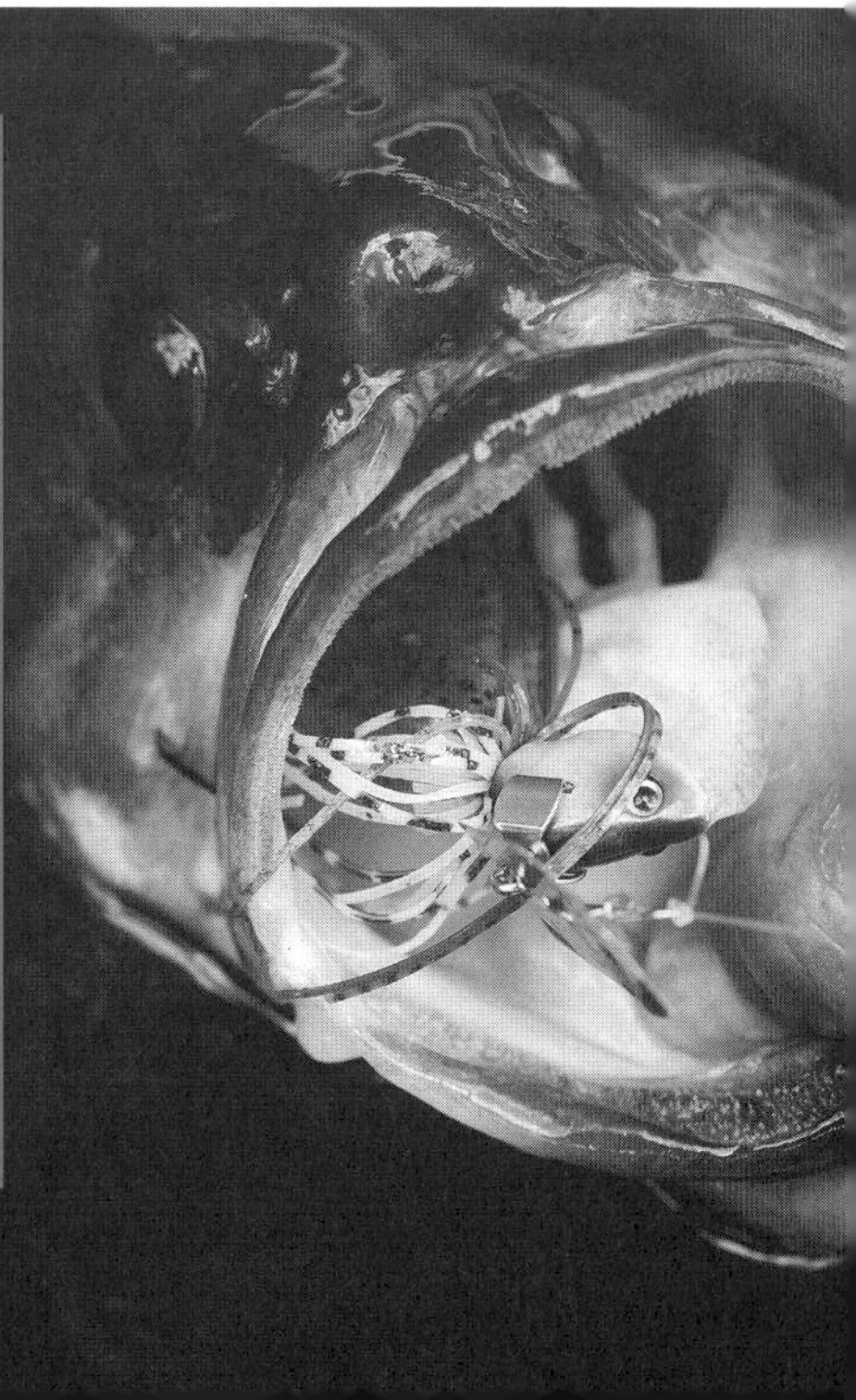

シングルフック仕様のファストムービング

「ワイヤーベイト、チャター系のシングルフックは意外と軸が太いよね。1本だから力は掛かるんだけど貫通してないことは多々ある。だからファストムービングではあるんだけど、トレブルフックのついたクランクやバイブレーションよりは強いロッドが必然。もちろん、細軸フックが組んであるなら多少軟らかくても平気だけどね」

中太軸という表現が正しいかはさておき、それなりの太さのフックを貫通させるには伸びるラインは不適合だ。クリスタルSであればフロロカーボンの14～16Lbが基準になる。

「スピナーベイトでもうひとつ言っておかないといけないのはスローロールの釣り。ある程度のスピードで巻いているときはカウンターで食ってくるからいいんだけど、スローロールみたいにほとんどサオが曲がらない、しかもロッドのストロークとリーリングで引くときはこっちから掛けないと貫通させられない。サオは投げる快適さを犠牲にしてでも、ワームを扱うくらいのパワーがないと掛けられないよ」

第五章 スローダウンゲーム編

田辺が追及するのは
ハードベイトを
主軸とした
ストロングスタイル。
しかし、
実際の現場では
それだけでは
対応できない状況が
あるのも事実だ。
決してフィネスではない、
田辺流の
スローダウンゲームを
紹介する。

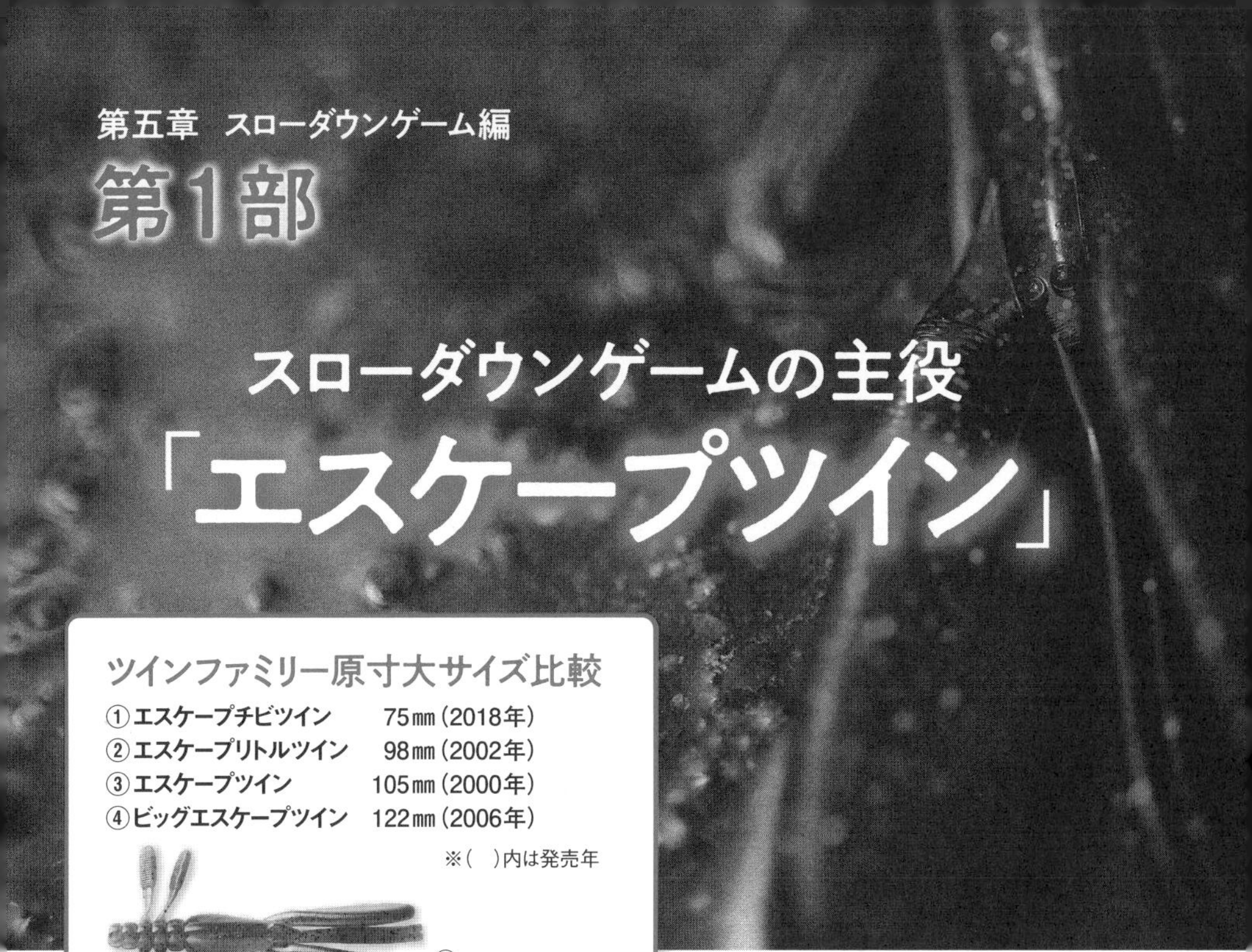

第五章　スローダウンゲーム編

第1部

スローダウンゲームの主役「エスケープツイン」

ツインファミリー原寸大サイズ比較

①エスケープチビツイン	75㎜	(2018年)
②エスケープリトルツイン	98㎜	(2002年)
③エスケープツイン	105㎜	(2000年)
④ビッグエスケープツイン	122㎜	(2006年)

※(　)内は発売年

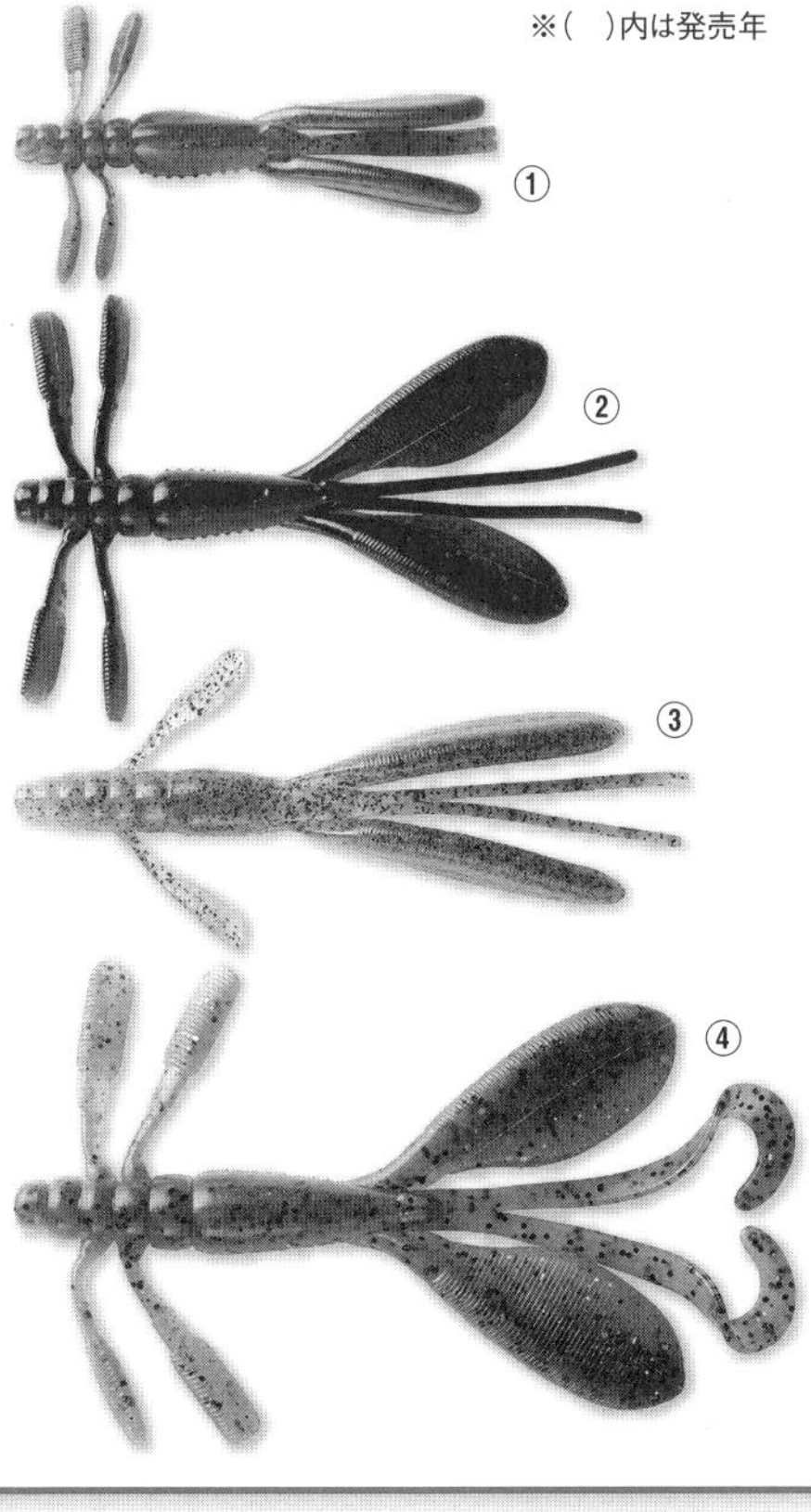

ホグ系でありパドル系

実に発売から20年以上が経過するノリーズソフトベイトのロングセラー「エスケープツイン」シリーズ。

ホグ系の元祖であるブラッシュホグを見たときの田辺の印象は「縦かよ！」だったらしい。当時、爪の部分はペタッと横向きに整形されているのがクローワームにおける暗黙の常識だった。

「ブラッシュホグはアメリカの試合でもスコアが出るワームだったよね。もちろん俺も使ったよ。使っていく中で『俺も作りたい』っていう流れになった。ブラッシュホグは縦方向の水押しが強いのに対し、俺が作りたいと思ったのは横方向にも水を押すタイプ。エスケープツインの最初のコンセプトはファット

エスケープチビツイン（ノリーズ）／フリーリグ

DSリングドシンカー5gとダブルエッジ#1/0（ともにリューギ）のフリーリグにセット。フリー状態の細身シンカーが時にはトリッキーに、また時にはナチュラルにワームに生命感を与える。ワームサイズが大きくなるほどスタックしやすくなるが、5gに3～4インチなら根掛かりも皆無に等しい。ダウンショット、リーダーレスダウンショット、テキサスリグ、コンパクトジグのトレーラーなど汎用性が高く食わせる力も極めて高い

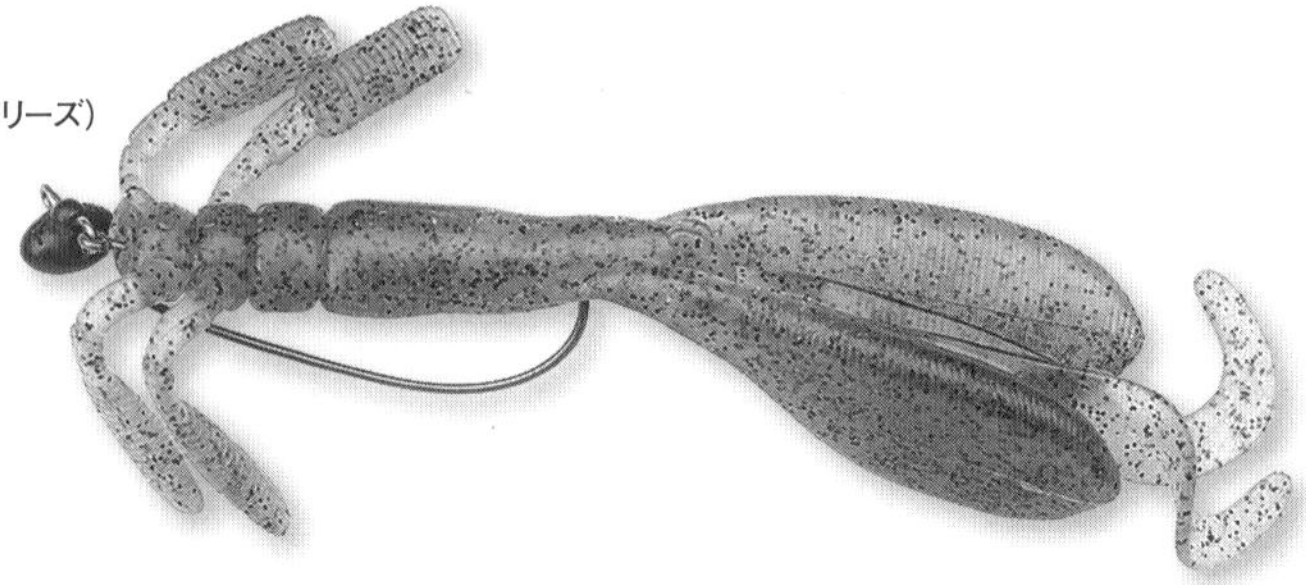

ビッグエスケープツイン（ノリーズ）／フットボールヘッド

ワームに合わせて好みのフックを着脱できるフットボールヘッドTG（リューギ）5gにはダブルエッジ（リューギ）#4/0をセット。ヘッドとフックがジョイント式のためスイミングやブッシュの中で吊るして誘う際に水平姿勢をキープしやすい

定番のテキサスリグ以外のリギング例

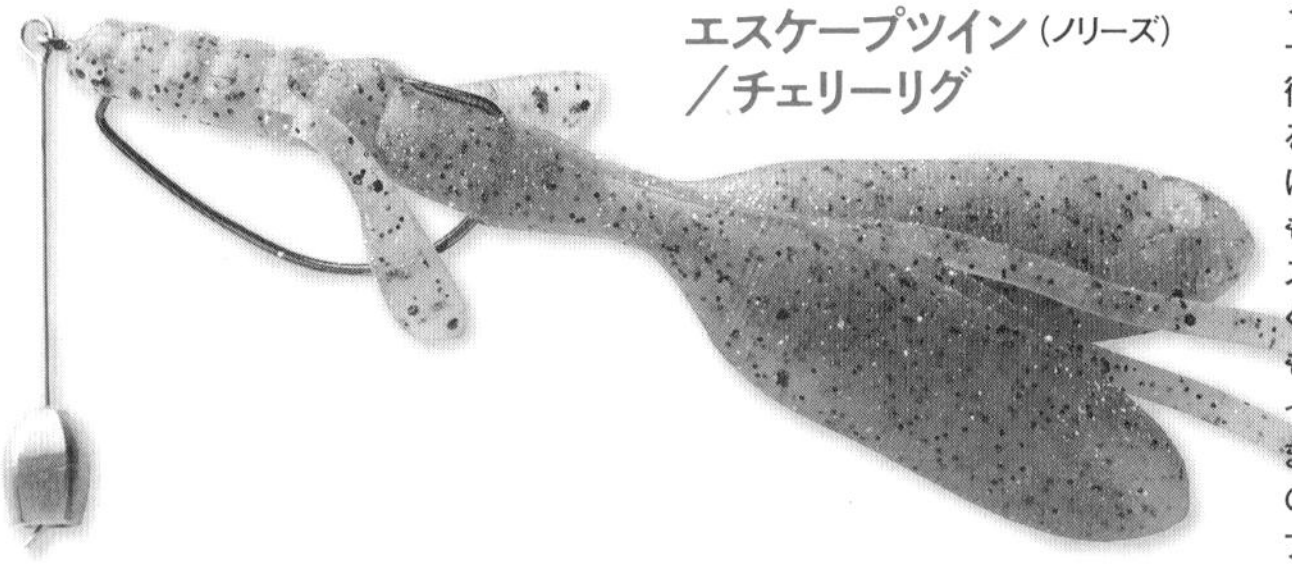

エスケープツイン（ノリーズ）／チェリーリグ

フェロモンチェリー（グゥーバー）はカバーに入れやすく抜きやすい。最大の特徴は常にフックポイントが上を向いているため姿勢がよくフッキング率も非常に高いこと。エスケープツインとの相性も抜群で田辺も長年愛用する。テキサスリグで使用する場合はシンカーを軽くしすぎないことが重要。フックサイズも大事で、大きすぎるとフックが骨になってボディーが棒のように硬くなってしまうが、小さすぎても水を逃してしまうのでよくない。田辺が推奨するのはダブルエッジ（リューギ）#2/0～3/0

ボディで大きめのクローだったんだよ」

そのコンセプトを突き詰めていったときに着眼したのがパドル部分の角度だった。田辺は縦でもなく横でもなく斜めを試したのである。

「その当時のワームの成形技術では、パドル部分を斜めにすると型から抜き出せないとかいう問題があったんだけど、これが奇跡的にできたんだよ。ボディーは既存のエスケープジャングルをベースにして、回収時に回転してラインがヨレないようにするにはどうすればいいか、とやっていくうちに厚めのパドルにたどりついて完成した。正直に言うと動きを突き詰めていったというよりは、半偶然的に釣れる動きが出せたんだよ」

エスケープツインファミリーの同血統にはビッグ、リトル、チビ、その派生としスイムツインがラインナップされる。

「エスケープツインはニュアン

田辺はエスケープツインをパッケージから出して別のジッパータイプの袋に、バイトパウダーエビをまぶし入れる。「最初は匂いとオイルのヌルヌルを取るためにやってたんだけど、副産物としては硬くなって動きもよくなることがわかった。あるときに10年くらい前のオイルが抜けたツインがよく釣れることがあったんだよ。バイトパウダーをまぶしておけば、時間を掛けずにして硬くできるんだよ」

エスケープ
スイムツイン（ノリーズ）

水中での水平姿勢を意識してクロー部分を横付けに設計。「もちろんテキサスリグでもいいんだけど、どちらかというとリーダーレスダウンショットとかチェリーリグ向きかな。クロー部分はピロピロと動く程度で決して強くはないよ」

ス的にはパドルテールワームに近い。だからあえてパーツもいろいろ付けずに『チュルン』とスライドしながら抜けるスピード感と倒れ込みをねらったんだよ。極論を言えば落パク系なんだけど魚を寄せることもできて、ごまかすこともできるから食わせられる。ビッグエスケープとリトルツインに関しては、どちらかというと魚にスローに見せて食わせるホッグタイプ。だから手の本数も多くしてあるし、誘う釣りに適しているんだよ」

釣りのボリュームゾーンがハードベイトにある最近の田辺にとってソフトベイトの出番はめっきり減ったが、欠かすことのできない完成形のホッグワームであり、この先も廃れることのない永遠の定番なのだ。

第五章　スローダウンゲーム編

第2部 フリッピングの極意

トレブルフック付きのハードベイトはおろか、ライトリグの進入すら一切許さない濃密なベジテーションカバー。その中に強引にリグをねじ込み、突き抜けた瞬間に抑え込まれるように出るバイトにはドキドキさせられる。太軸フックをバスの口に貫通させ、主導権を与えることなく一気に勝負をつける。究極のパワーゲームでありながら、とても理にかなったメソッド。それがフリッピングである。

田辺が考えるフリッピング

コアなアングラーならフリッピングと聞いて真っ先に思い出すのがディー・トーマスだろう。カリフォルニア出身の伝説的アングラーでフリッピング生みの親として知られている。

フリッピングとはロッドを持つ逆の手でリールからラインを引き出し、振り子のようにルアーを送り出す技法で、一定の距離においてロッドを持ち替えることなく効率よく、かつソフトにルアーをアプローチできるのがメリットだ。いまでこそ当たり前のアプローチ方法ではあるが、フリッピングが確立される以前は「トゥーリーディッピング」という釣法が用いられていたようだ。トゥーリーとはホタルイ（アシやガマのような水生植物）の総称。ディッピングは浸すという意味。つまりはアシやガマといったベジテーションにジグを落とすことを示す。トーマスがこのメソッドを編み出した当時は12ftクラスのロングロッドを使い、ベジテーションの真上から隙間へジグを落とし、アタリがないと次の隙間へ落とすというものだった。この釣法をトーナメントが盛んだった南東部へと持ち込み、バスマスタートーナメントで優勝したことで一気に話題となったので

釣れるフリッピンスティックの条件

フリッピンスティックとはその名の通りフリッピング（&ピッチング）専用ロッドのことである。フリッピングをやり込んだ経験のないアングラーの中には「フリッピンスティック＝長くて硬いサオ」と漠然としたイメージを抱いている人もいるかもしれない。10文字以内で無理やり表現するなら間違いではないが、専用設計ゆえに実はものすごく奥の深い機種なのだ。

「昔は俺もフリッピンスティックをいろいろ買って試したよ。フリッピンスティックの元祖であるフェンウィックはもちろん、ルーミス、オールスターも使ったしね。いろんなモデルを使ってきて俺なりに出した答えがジャングルスティックなんだよ。

一番はバランスだよね。一日中フリップできるバランス。たとえばティップが先重りすると先だけが曲がりすぎちゃうし、かといって高弾性だと魚に違和感を与えてルアーをすぐに吐き出させてしまう。ジャングルスティックは『ん、アタリ?』と思うくらいの感度がキンキンすぎないティップなんだけど、俺のなかではそれくらいがちょうどいいんだよ。

バスロッドに限らず投げるためのサオっていうのは、ルアーの重さを乗せ、その反発を利用して飛ばす。軟らかいサオに重いルアーを付けても曲がりすぎちゃって投げにくいし、逆に硬いサオに軽いものを付けてもリリースのタイミングが捉えにくい。サオに対するルアーウエイトの乗せ方は、ピッチングも一瞬のインパクトで振り込むフリッピングもいっしょ」

では、フリッピンスティックの中枢でもあるバットパワーについてはどうだろうか。

「大事なのは使用するフックとのバランス。#3/0～5/0の太軸フックを貫通させるためのパワーは不可欠。かといって棒のようにただ硬いっていうのも魚が暴れる原因にもなるから、ここらへんもバランスが重要になる」

ひとつ気になるのが、ロングレングスが主流であること。ラインをリールから引き出す伝統的フリッピングにおいてはロングレングスのほうが有利というのはわかるが、釣り場で出番があるのはピッチングが9割と考えるならばもう少し短いほうが取り回しはいいように思える。

「たしかにそれは言えるね。でも、リザーバーみたいにオーバーハングがあるところの接近戦には長さが障害になることはあるけど、それを抜きにしたらあの長さは、たとえピッチングでも必要なんだよ」

その理由は操作性にある。カバー越しにルアーを入れる際はおのずとラインとルアーに角度がつき、操作時、あるいはフッキングパワーのロスにもなる。ロングレングスのフリッピンスティックであれば、より縦方向からルアーを入れることができるため、ラインスラックも使いやすいし、ルアーが手前に来づらくなるなど、すべてにおいてプラスに働くのである。

「極論をいえば真上から落としてやるのがある意味最強。要はロングロッドを使うことで近距離のカバーゲームが有利になるってことだよ」

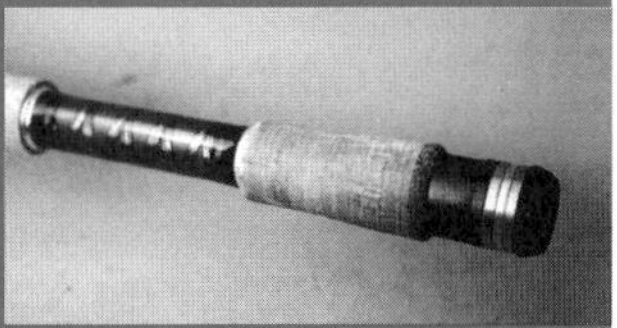

ウエイトバランサー

ジャングルスティックをはじめロードランナーにはグリップエンド部分に着脱可能なバランサーが設けられている。これまでのジャングルスティックのメーカー出荷時は3/8oz　2枚が標準装備だが、田辺はさらに1枚追加して使用している。バランス感を知るためには実際にリールとルアーを装着したうえで確認するといい

たとえフリッピンスティックといえども、カバーを乗り越えるために必要な硬めのティップも適度にたわむほうが有利だ。ルアーのウエイトをサオに乗せることで、ピッチングもやりやすい

ある。ところがこのロングロッドを用いた方法が物議を呼び、8ft未満というロッドレングスルールが設けられることになった。トゥーリーディッピングは、当然ながらロッドレングスが短いほどアプローチの距離が近くなるため、プレゼンテーションも不利になる。試行の末に完成したのがラインを引き出し勢いをつけてジグを送り出すフリッピングというわけだ。

「たしかに昔はサイレントプレゼンテーションとか一定距離で細かくアプローチすることが有効とされたけど、それで実際に釣果が伸びるかっていうと、そうでもないんだよね。俺の場合は、比率的にはラインを引き出してやる、いわゆるフリッピングが1割くらい、残

りの9割はピッチングだね。ラインを引き出してやるフリッピングとピッチングをひっくるめて『フリップ』っていうのが、アメリカも含めて最近の流れだよね」

日本でフリッピングが流行した80年代は、まだまだバスフィッシング自体が発展途上の初期段階にあった。バスの生態すら明確にはされず、現代と違い情報にも乏しかった。当てずっぽうと言ったら乱暴だが、アシ原を延々流して拾うように釣ることもひとつの選択だった。だが、バスの習性に対する知識や経験値が格段に向上した現在は、ある程度バスの居場所も絞ることができるため、アシ原ストレッチをひたすら撃ち続けるような途方に暮れる作業は不必要ともいえる。同じ距離から振り込むよりも、カバーの手前、奥、張り出し、ポケットなどをピッチングで撃ち分けるほうが効率がいい。その背景にはリールの進

化もあるだろう。30年前のリールと現行機種を使い比べればピッチングの精度向上は明らかである。

「フリップは基本的にはシャローの濁った水域でジグやワームをカバーに撃っていくゲーム。普通のワームの釣りとフリップはまったく別物だよね。フリッピンスティックを使うことで『カバーの中からビッグフィッシュを獲るぞ!』っていう心構えからして違うし、ねらって獲るという攻めの姿勢になる。フリッピンスティックはロッド自体にパワーがあるし、当然それに耐えうるラインサイズとフックも必要になる。#1/0フッククラスでは伸びちゃって話にならないから、おのずと太軸フックでワームも大きくなるよね。同じシャローでやるワームの釣りでも、フリップで釣る魚は明らかに違う。実際にフリッピンスティックでの50㎝アップ率は俺の中でも高いしね」

メインラインはフロロカーボン

いまやバスフィッシングに用いられるラインはフロロカーボンが8～9割といっても過言ではないだろう。強度、感度、耐摩耗性といった特化した部分が多く、価格も発売当初に比べれば求めやすくなったのも人気の理由だろう。それらの長所からフリッピングをはじめとするカバーゲームでも定番中の定番なのだ。

「一番扱いやすいのはやっぱりフロロだよね。ナイロンはストレッチがあるから強いアワセが利かないし、軽いのでスラックを使いにくい。その点フロロはライン自体にウエイトがあるから誘うときもやりやすいし、障害物を超えるときも扱いやすいよね。ウイードマットなどでよく使われるPEは強度があって伸びがないからフッキングはしやすいんだけど、デメリットも少なくない。PEラインは軽いぶんたわみから生まれるスラックが使いにくいこと。さらには、伸縮性がないからスタックしたルアーを、ラインを弾いて衝撃で外すこともできない。要は伸びがないと何もかもがダイレクトすぎちゃうってことだよね」

もちろん、PEはならではのメリットもある。最大の特徴はやはりその強度だ。ブレイデッドライン、つまり複数本を編み込まれて作られるPEはフロロやナイロンのモノフィラメントに比べ、同じLb数で直強力は同じでも直径は圧倒的にPEのほうが細いのである。細くて強いというメリットの一方で、耐摩耗性が低いというデメリットもある。

「PEを使ったフリップはウイードやフローティングのベジテーションマットにはいいけど、ハードマテリアルには不向き。テトラみたいなコンクリはもちろん、オダみたいなウッドカバーでも切れることがあるからね。だから、フリップも基本はフロロ。フリッピンスティックで16Lbだとサオの強さが勝ってアワセ切れすることもあるから、最低でも20Lbは使いたいよね」

ジャングルライト(760JMH)もジャングルスティック(760JH)もベースはフロロカーボンの20Lb、ないしはそれ以上が基準。フックの線形はメーカーによっても異なるが、ライトなら#2/0～3/0、また5g前後のテキサスリグにも応用が利く。ジャングルスティックはミニマムで1/2ozクラスで20Lb以上のフロロやPEラインを使ったよりヘビーなゲームに向く。「リザーバーのカバーやアシ、ガマでフリップするなら、最初はジャングルライトが使いやすいと思うよ」

TACKLE DATA

●エスケープジャングル(2ozテキサスリグ)
ロッド:ロードランナーVOICE JUNGLE760JH
リール:バンタムMGL XG、メタニウムなど
ライン:PE4号

●ガンタージグフリップ&FGダディ(1ozテキサスリグ)
ロッド:ロードランナーVOICE JUNGLE760JH
リール:メタニウムMGL、メタニウムなど
ライン:シーガーR18フロロリミテッド20Lb

●ガンタージグライト
ロッド:ロードランナーVOICE JUNGLE760JMH
リール:メタニウムMGL、メタニウムなど
ライン:シーガーR18フロロリミテッド20Lb

●エスケープツイン(3/8ozテキサスリグ)
ロッド:ロードランナーVOICE JUNGLE760JMH
リール:バンタムMGL PG、メタニウムなど
ライン:シーガーR18フロロリミテッド20Lb

※ロッドはノリーズ、リールはシマノ、ラインはクレハ製

フリップに向いたソフトベイトとジグ・テキサスの使い分け

「フリップの釣りにおいて一番重要なのは、そのカバーに確実に入れて回収できること。極論を言っちゃえば、それ以外は臨機応変に、ってことだよね」

たとえばテキサスリグでもジグでも10〜14gくらいで入れられるカバーであれば、形状にこだわる必要はそこまでないが、それ以上のウエイトでないと入らないヘビーカバーであればルアー形状も気にする必要がある。最もカバーに入れやすいのは円柱形タイプでボディーに手足や爪、パドルといった突起物のないものになる。1oz以上のヘビーシンカーを使ったパンチング発祥の地で開発されるフリップ用ワームのほとんどは突起物がない。付属していてもそれは申し訳程度のもので、とにかくカバーに入れることを最優先にデザインされている。当然、ジグよりはテキサスリグのほうがカバー貫通力は圧倒的に高い。では、ジグとテキサスリグはどのように使い分けられるのだろう。

「ジグはクローワームの爪や足と同じでスカートが突起物になり、ヘビーカバー向きとはいえないよね。そういう意味あいで俺がジグを多用するのは牛久沼とか印旛沼みたいなアシやガマがメインの水域。ジグはボリュームがあるからビッグフィッシュ率も高いのと、着水音をソフトにすることができる。とくに牛久みたいに着水音だけで逃げちゃうようなところでは有効だよね。

テキサスリグはジグが入らないようなマットカバーとか倒れガマみたいなところ。いずれにしてもフリップはジグでもテキサスでも回収をしくじる回数が多いほど、そのカバーに対してルアーが合っていないんだよ。入れるだけならウエイトを重くすればいいけど、回収時にフックポイントがウイードを拾うとか枝の隙間に挟まっちゃうっていうのは、ワームだったらマテリアルが弱すぎる可能性もあるし、ジグならガードが弱すぎるってことだからね」

上／同じベジテーション系でも、水面を覆うマット系に比べてアシ・ガマはカバーにルアーを入れやすいため、様々なリグを使用できる　下／背の高いアシやガマの奥に天ぷらキャストする「ウエッピング」を文字にすると、いかにも本場アメリカから伝達されたテクニックに聞こえるが、じつは上方向にフリップすることから田辺が命名した造語「上ッピング」なのだ

ルアー：エスケープジャングル（ノリーズ）
シンカー：タングステンバレットシンカー2oz（Studio100）
フック：ストレート#3/0

難攻不落のヘビーマットカバーに入れるためにPEラインと合わせてセッティング。入れて回収することを優先し、ハードマテリアルで突起物のないエスケープをチョイス。ストレートフックを使えば着水時に受ける2ozの衝撃でもフックポイントが露出されることはほとんどない

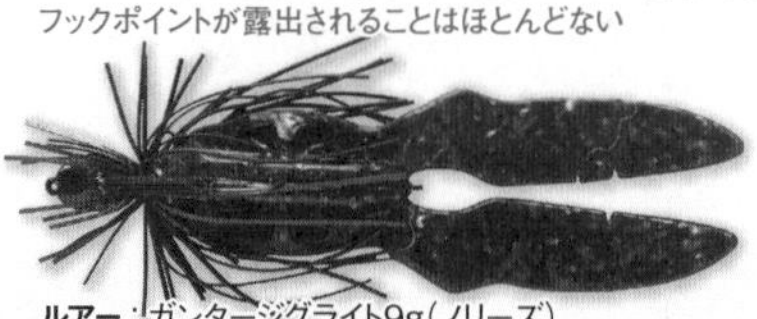

ルアー：ガンタージグライト9g（ノリーズ）
トレーラー：FGダディ（ノリーズ）

着水音にスプーキーな牛久沼のアシ、ガマにつくバスを想定したセット。スカートが着水音をソフトにしバルキーなトレーラーでボリュームをアップ

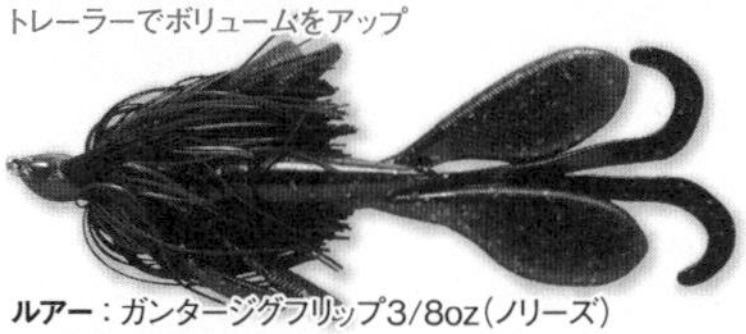

ルアー：ガンタージグフリップ3/8oz（ノリーズ）
トレーラー：ビッグエスケープツイン（ノリーズ）

ジャングルスティックとのタッグパートナーとして田辺がよく用いるセット。アシやガマ、リザーバー等のウッドカバーとも相性がいい

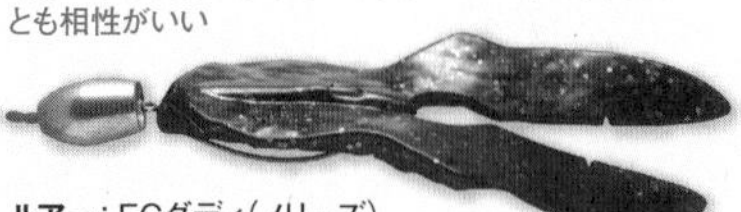

ルアー：FGダディ（ノリーズ）
シンカー：タングステンバレットシンカー1oz（Studio100）
フック：スタンダード#4/0（リューギ）

FGダディのサイドの壁をあえてカットして、よりスピードを上げるためのチューニングが施してある。「サイドウォールがないだけでスリ抜けもよくなるし、フッキング率もアップする理にかなったチューニングなんだよ」

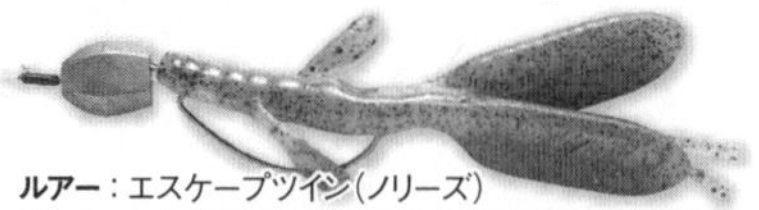

ルアー：エスケープツイン（ノリーズ）
シンカー：タングステンバレットシンカー3/8oz（Studio100）
フック：スタンダード#3/0（リューギ）

ライトカバーから3/4ozクラスにちょうどいいヘビーカバーまで、またウイード、ウッド、竹などマテリアルも選ばないオールマイティーフリップベイト

ルアー：フリップドム（ノリーズ）
シンカー：タングステンネイルシンカー1.3g（Studio100）
フック：インフィニ#4/0（リューギ）

頭部と尻部の中間にネイルシンカーを挿入することでシミーフォールさせることができる。表面はザリガニの甲殻を模して質感にもこだわった

第五章　スローダウンゲーム編

冬のディープウォーターゲームで
フットボールジグは
必要不可欠な存在である。
とりわけメタルジグに反応しない
ビッグフィッシュを獲るのに有効な
攻めのスローダウンゲームである。

第3部
ディープウォーターフットボール

ディープジグのキモは着底音にあり！

「ディープ」の定義はフィールドによって変わってくる。全体水深が浅い高滝湖であれば6ｍでも充分にディープと呼べる領域に達するし、津久井湖であれば10ｍ以深を目指すだろう。いずれにせよキーとなるのは着底させボトムで食わせることである。

「メタルジグはあくまでもハードベイトだから、いくらディープに魚が固まっているからといって必ずしも釣れるっていうルアーではないんだよね。ディープにごっそりベイトが入ってバスの活性も高ければ一撃だけど、ハードベイト日和でなければメタルで食わせることはできない。それが俺が経験から導き出した答え。

じゃあ、メタルで食わないときはどうするかっていうときに用いるのがフットボールジグなんだよ。バスがニュートラルな状態でメタルを追えないときでも、フットボールを細かく刻みながらボトムを叩く音とビッグトレーラーによる物体のシルエ

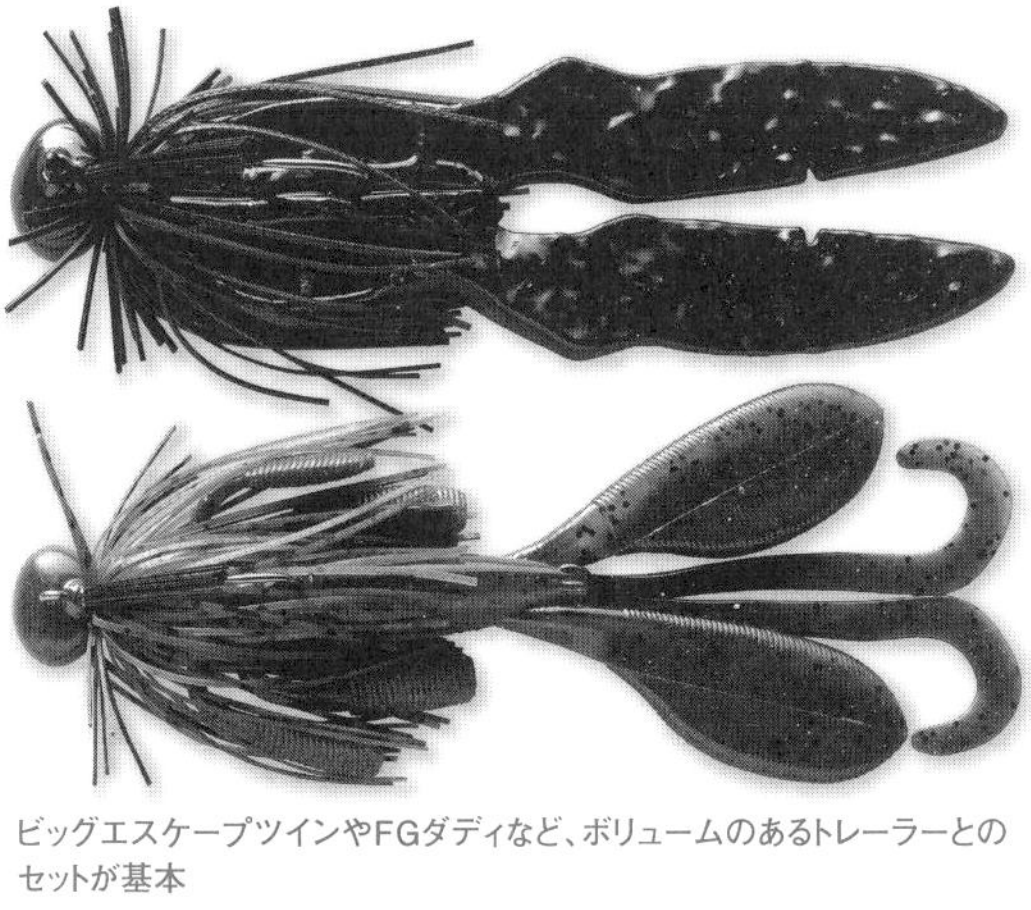

ビッグエスケープツインやFGダディなど、ボリュームのあるトレーラーとのセットが基本

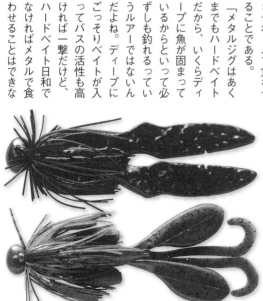

ットで、デカいのだけを選んで食わせることができる。簡単にいえばディープのビッグフィッシュをねらう『食わせ』だよね。シルエットを小さくしちゃうとビッグフィッシュだけをねらっていくことは難しくなるけど、逆にいえばサイズを問わなければよく釣れるっていうこと」

ここでいう音とはボトムにヒットする着底音のことである。夏場であればバスは浮き気味になるため、メタルジグでもフットボールジグでも中層がターゲットゾーンになるが、冬場はワカサギをはじめとするベイトフィッシュがディープに落ちるためボトムの釣りが必然となる。また、バスにとってボトムは岩盤やバンクと同様に、ベイトフィッシュを追い詰めることのできる「壁」なのである。メタルジグとフットボールジグの共通点は着底音。冬場においてはボトムで食わせるという部分に、どうやらキモがありそうだ。

ベストシーズンは晩秋〜晩冬

田辺のバスフィッシングの主軸はベイトフィッシュにあるが、冬のディープフットボールジグに限ってはマッチザベイトが当てはまりづらいという。

水温が8℃を切るといよいよ本格的なウインターシーズンが始まるわけだが、そうなるとワカサギやエビ類もディープに落ち、バスもハイシーズンに比べると小さめのエサを捕食する傾向が強くなるのは第一章でも解説したとおりだ。であれば、2〜3inワームやメタルワサビーが妥当と考えがちである。もちろん、それはひとつの正解で田辺もその威力を重々理解している。

「俺も昔は冬のディープのダウンショットとかもやったよ。けど、近年の俺はどっちかっていうとデカいのだけをねらって獲るゲームに固執しているから、冬のディープでもでっかいジグを投げる機会が圧倒的に多い。ただ、ベイトとの因果関係については俺も不明なのが正直なところ。五大湖のゴビー（ハゼ科のボトムフィーダーで、アメリカの北部のスモールマウスバス

ガンターオーバルに込めたこだわり

ひとくくりにフットボールといってもヘッドの形状が丸っこいものもあれば、左右に長いものもある。またフックの形状もまちまちだし、ガードの有無もある。ともあれ、基本的コンセプトはどれもボトムで使うのが一般的なところ。ワイドなヘッド形状はボトムとの接地面が大きいことからアーキータイプのものに比べると断然感度がいいのである。

田辺が主に使うフットボールジグはガンターオーバル。ひときわ目を引くのがヘッドに設けられた平面部分だ。これはフォール時に水をまとうための設計で、マダイ釣りからヒントを得たという。

「テンヤの釣りもそうなんだけどヘッドから垂直に落ちてボトムを頭突きするような姿勢だと見切られちゃうんだよ。だからガンターオーバルはホバリング姿勢でフォールするようにしてある。もちろんトレーラーによっては頭から落ちるんだけど、俺がよく使うビッグエスケープツインやFGダディなら水平姿勢で落ちて、ヘリコプターの着陸時に砂煙を巻くように、ボトムで土煙を上げるんだよ」

スカートはショートカットするとスカートが開いてるぶん張りがあるからフォールスピードが遅くなると思われがちなんだけど、実際は短いほうが速い。それと、カットしてないとボトムの静止状態では無駄にスカートが開きすぎちゃうんだよね。カバージグならラインをカバーに預けてフォールスピードもコントロールできるけど、フットボールはそうはいかないからね。スカートの量はバスに気付かせるだけのボリュームとフォールスピードのバランスが重要だよね」

基本はショートピッチングで小刻みアクション

フットボールジグというと遠投してディープフラットを小突くように引っ張ってくるイメージが強い。もちろんそんなロケーションであれば間違いではないが、キャスト距離を長くするとフッキング時にパワーロスが生じてミスする回数が増える。

田辺のフットボールゲームはショートロッドによるバーチカルが基本だ。その操作方法はまるでジギングスプーンのようである。キャスト距離はせいぜい5〜6m。フットボールがタッチダウンしたら小さくロッドを刻みながら操作するのである。

「ドスンドスンやって勝負っていうゲームではないからね。極端にいえばジギングスプーンと同じように1ヵ所で誘うくらいの気持ちだよ。だから一投に費やす時間も長い。とくに冬場はアタリも明確に出ないから、投げちゃう（ロングキャスト）とそれだけ感度も悪くなる。キャスト距離が短ければ障害物を乗り越える感覚とかアタリもわかりやすい。それに距離が短いほうがフッキングも決まるからね」

フットボールジグとタックルバランス

「バーチカルに釣るようなフィールドであれば断然ショートで強めのサオがいいよ。近距離でロングロッドを使うと1回のアクションでフットボールが動きすぎちゃうからね。ロードランナーだったらLTT620PMHとか630MH。ディープフラットで投げて広く探るような釣りならストラクチャー720MHやLTT690PHみたいなセミロングロッドがいい」

いずれの場合でも、フットボールジグの重さとラインが受ける水の抵抗、それに細かく刻む操作が必要な釣りなので、ティップがソフトすぎないほうがベターだ。ラインサイズに関しては16Lbをベースに、8mよりも深いレンジでは14Lbを入れることもある。それ以下だとラインのストレッチによりフッキングパワーが低下するため、ほとんど出番はないという。

の代表的ベイトフィッシュのこと）がいるわけでもないし、ザリガニを食っているわけでもない。『サワガニか？』と思ったこともあるけど、それも実際のところはハテナだね。だからビッグフットボールはベイトフィッシュに合わせるというよりは、ボトムでデカいのを選んで釣るっていう意味合いで考えるほうが正しいよね。」

ディープのフットボールは必ずしも冬限定ではないが、それ以外の季節であればより効率のいいビッグフィッシュゲームが存在する。ゆえにフットボールの出番は9割がウィンターシーズンとなる。

「フットボールのベストシーズンは11～1月後半くらいだね。冬場のフットボールで一番バイトが多いのはファーストフォールの着底直後。視覚的要素ももちろんあるけど、それよりもフットボールが着底するときの音であったり着底時に発生する土煙だったり、あるいはスカートとビッグトレーラーの波動とか、そういう部分がバスに訴えかける。よっぽど濁りがひどいとディープの効力は落ちちゃうけど、たとえクリアウォーターであっても軽くして小さくフワフワさせるより、着底音と波動で寄せるほうがビッグフィッシュに口を使わせやすいよね。俺が冬に一番よく使うのはレンジにもよるけど5/8 oz、浅いところなら1/2 ozだね」

第六章

釣果アップの思考法

最終章では
ルアーカラーと
水色に応じた
釣りについて解説する。
「もう1尾」を
手にするための
理論を学び、
ストロングゲームを
末永く
楽しんでほしい。

第六章　釣果アップの思考法

第1部
ルアーカラー論

ただでさえ何百何千種類もの
選択肢があるバスルアー。
そこにカラーのことまで考えると
選ぶにも困惑しがちである。
もちろんそれも
楽しみのひとつではあるが
カラーにまつわる悩みは尽きない。
そんな疑問を田辺が解決する。

自分の釣りに合わせたカラーセレクト

カラー選択の基準は水の色や光量など、さまざまな意見があるが、田辺が重要視するのは「どんな魚を相手にするのか」ということ。

「自分が魚を寄せるのか、もしくは魚に見つけさせるのかで大きく違ってくるよね」

「寄せる」が意味するのはバスがアクティブな、いわゆるONの状態のこと。一方「見つけさせる」のは低活性なOFFコンディションを示す。ONのバスはルアーから5mの距離があったとしてもアグレッシにアタックしてくるのに対し、OFFコンディションのバスはルアーを追うことはしない。どっちのコンディションの魚をねらうかによってカラー選択の根本が変わるというのが田辺の考え方だ。

「当然、やる気のあるバスは離れたところからでも気づいて追ってくるから、その水の中で目立つカラーのほうが有利だよね。

逆にそこまでエサを追う気はないんだけど、フラフラ泳いでいたら『あれ、何か動いたぞ!』と、なんとなく気になっちゃう魚には、不自然な色よりも自然界にカムフラージュする地味めなカラーが圧倒的に効く。とくにスレた魚ほど、ボトムに馴染むカラーで極力動かさないようにするんだよ。この状態の魚に対して派手な色で真っ向勝負してもあっさり見切られちゃうよ」

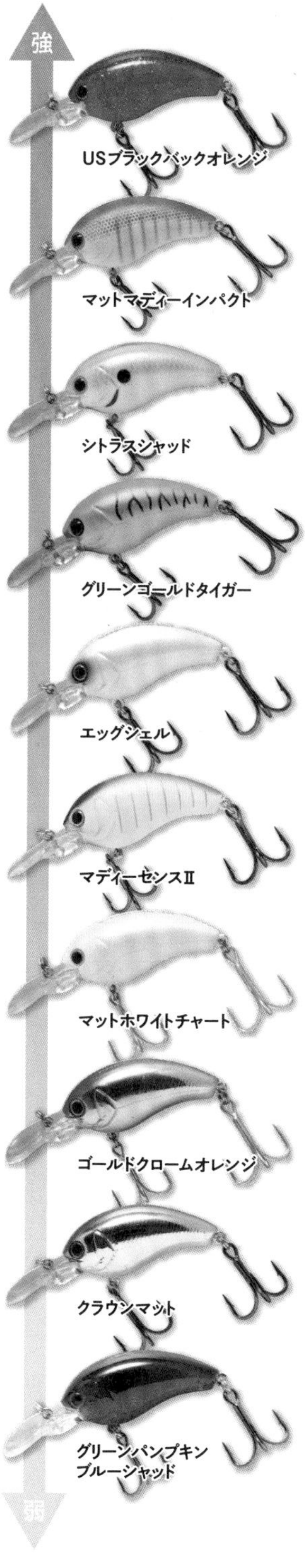

Q. 田辺的三大ベーシックカラーとは？

A. ペイント系、クローム、それといわゆるゴーストといわれるクリア系

田辺「三大カラーというよりは『より目立たせたい』『ちょっと目立たせたい』『あまり目立たせたくない』っていう考え方だよね。

あえて大きく分けるのであれば、チャートやレッドに代表されるペイントカラー、キラキラビームのメッキ（クローム）、いわゆるゴースト系と言われるクリア系といったところだね。これはあくまでもムービング系ルアーの話。俺の経験上、クランクやバイブレーションのような、遠くからでも追わせるようなルアーでゴースト系がワークすることはあんまりないね。けどトップウォーターだけはクリア系もありなんだよ。待つ釣りっていったら変だけど、止めて誘うようなトップウォーターなら、ワームにあるような透けるウォーターメロンやパンプキン系も釣れる。ムービング系では目立たなすぎて（バスを）寄せられなくても、トップだけは例外だよね」

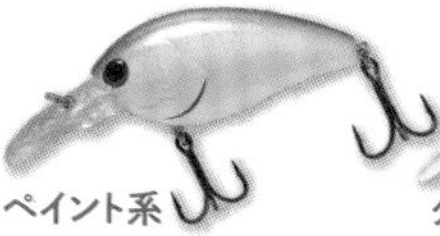

ペイント系
（トラッドパープルチャート）

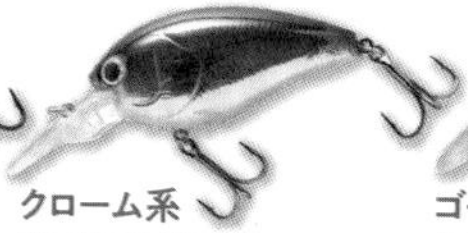

クローム系
（ライトニングハス）

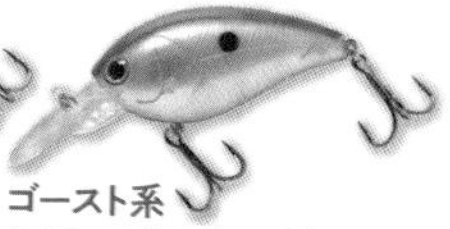

ゴースト系
（トランスパールシャッド）

Q. ハードルアーとソフトルアーによる考え方の違い

A. 派手カラーのソフト系は限られたやり方や状態で使うほうがいい

田辺「ソフトルアーで、ハードベイトで使うようなホワイトやチャートが効くのは限られたやり方や、状態しかない。なぜかと言うと、バスフィッシングでは巻き続けたり、浮かせて魚を持ち上げたりといったソフトベイトのジャンルが少ないからね。チャター系のトレーラーならホワイトやチャートは不自然ではないけど、ジグヘッドやテキサスリグだと不自然だよね。激濁りであれば効くこともあるけど、そんな状態なら無理して目立つ色を選ぶよりも、ルアー自体を強くするほうが結果につながりやすい。

通常使用のソフトベイトで派手な色が効果を発揮する意外な一面は2～3inの極小ワーム。レッグワームがいい例だよね。ピンクや黒が定番なのは、小さいなりにも気付いてもらえるし、食べてくれる。同じことで、ショットみたいなチビクランクで目立たない色は見つけてもらえないから、強めのカラーが効く時がほとんど。よっぽどクリアウォーターならありえるけどね」

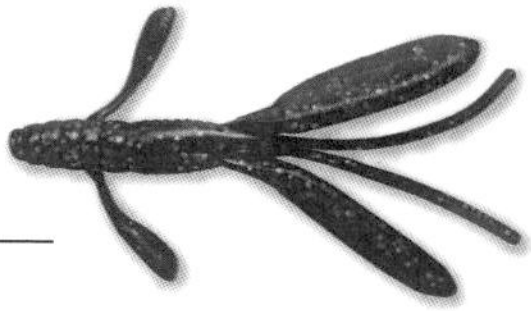

Q. 色のパワーランクを知りたい

A. ベースカラーの強さを基準に考えるといいよ

田辺「俺の場合、カラーのパワーランクはベースカラーとアクセントカラーの組み合わせで決まってくる。

たとえばすべてブルーバックで考えたときの順番としてはホワイト&ブルーバック、チャート&ブルーバック、パールホワイト&ブルーバックとなる。基本は明滅効果を求めるからオレンジ&ピンクみたいな強&強な配色はないよね。ブラックもプラグではアクセントカラーでよく使われるけど、単色ではあまりない。とくに横に引くクランクやバイブレーションで黒単色だと明滅効果がないからね。

ところが、これがトップウォーターもしくは上から見下ろして食わせる釣りには単色ブラックも効果的なんだよ。シルエットで気づかせられるからね。真っ黒のスピナーベイトはあまりないけど、ブラックバズが定番なのもそういうことなんだよ」

Q. 水色に応じたカラーセレクトとは？

A. 魚の活性とルアータイプを抜きにしたらクリアウォーターほど透け感の強い色、濁っているほど透け感の弱い色

田辺「はっきり断言はできないけど、基本的にバスは波動や音でルアーの存在に気づいて、そのあとに視覚で見つけるんじゃないかな。もちろん、これはクランクやスピナーベイトの話だよ。クリアウォーターは当然、視界もクリアだから極端に浮いちゃうようなきつい色よりも、ある程度抑えたカラーを選ぶ。クリアウォーターでどぎついオレンジ系を入れたら魚がびっくりしちゃうんじゃない。もちろん絶対にないとは言わないよ。ステインはその中間で、あらゆるカラーが選択肢にある。活性を抜きに水の色だけで考えるならこれが基本的なところ。

ワームについてもカラーの選び方は同じなんだけど、ハードベイトとの大きな違いは同系色でも濃淡があるということ。たとえば同じウォーターメロンでも透けている薄いのもあれば濃いのもある。もうひとつ言えるのはフレークの量でもシルエットの強弱が変わるってこと。ラメの色による強弱ではなく、ラメの密度で変わる。同じブルーフレークでもカスカスのものよりもびっしり入ってるほうが、ワーム自体が濃くなってシルエットも強くなる。つまりクリアウォーターなら透け感のある薄いウォーターメロン、マッディーならフレークが詰まった濃いウォーターメロンという選び方をする。ワームの大きさや扱い方によっても変わってくるけど、要は同じカラーでも強弱があるっていうこと。

ボトムでも透け感のあるワームほど底の色に同化するし、ダークなほど浮き立って見えるでしょ。だからボトムで使うワームも馴染ませたいのか目立たせたいのかによって濃さを選ぶんだよ」

Q. 水深（＝太陽光）によりカラーチョイスは変わる？

A. ひとついえるのは晴れているときほどキラキラ系の効力が増すかな

田辺「スピナーベイトやクローム系のクランクは晴れているほうがキラキラビームによる明滅効果が活かせるよね。ペイントカラーはどちらかというと曇っているときに投げることが多い。赤は水深が深くなるほど光が届かなくなるから消えちゃうとか、黒になっちゃうとかの説もあるけど俺はそれを感じたことはない。っていうのは、ソルトウォーターの釣りをしていて水深100mで赤が釣れないかと言ったら、そんなことはないからね。もしも黒ばかり釣れるなら、なんとなく赤は消えちゃってダメなのかなとも思えるけどね。ソルトとバスは違うけど、魚は人間が想像する以上に目がいい気がする。とくにフィッシュイーターはね」

Q. カラーローテーションによる釣果アップの具体例を知りたい

A. 朝の当たりカラーは落とし穴だよね

田辺「これは牛久沼の話なんだけど、朝は水面がベターっとしていて、クリア系スカートのスピナーベイトでポロポロ拾えたんだよ。昼になって風が吹いて水も濁ったタイミングになると、当然もっと釣れるだろう、ってなるよね。ところがぜんぜん釣れない。そこでクリアからホワイトチャートにチェンジしたら怒涛の連発っていうのは何度かあるよ。濁って魚の活性が上がったところに朝と同じカラーを使っているのが間違いだよね。クリア系で一日通しちゃうと『朝はよく釣れたのにね』て終わっちゃう。とくに牛久沼みたいに風で濁っちゃうようなフィールドはそれが如実に現われるよ」

Q. エサにカラーを寄せるのは正解か

A. そのエサに固執しているなら寄せたほうが圧倒的にいい

田辺「あくまでもエサに狂っているとき限定だけど、サイズもカラーも寄せたほうが釣れる確率は高い。たとえばワカサギを食っているのに、それに逆らってゴールドレッドにしてもいい結果には繋がらない。モエビ系も同じ。バスがモエビにロックしている時はハードベイトでは太刀打ちできないから、俺のゲームは終了しちゃう（笑）。テナガエビなら細身のトップウォーターやプロップベイトでハメられることもあるから、まだいいけどね」

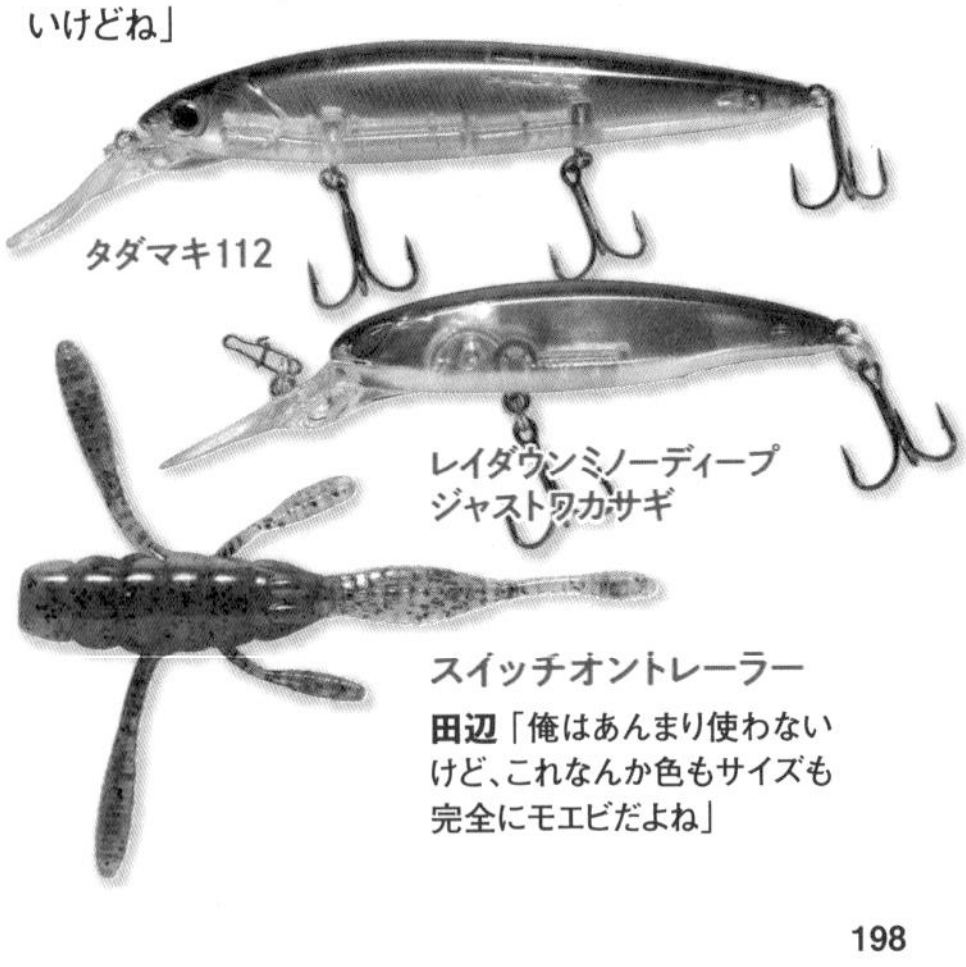

タダマキ112

レイダウンミノーディープ ジャストワカサギ

スイッチオントレーラー

田辺「俺はあんまり使わないけど、これなんか色もサイズも完全にモエビだよね」

Q. リップカラーのクリアとフルペイントの違い

A. ペイントはリップも含めてひとつのシルエットになる

田辺「30年くらい前にボーン素材でリップペイントをやったのが最初かな。リップまでペイントするとシルエットはもちろん、動きも大きく見えるようになる。濁ったときのペイントリップはビッグフィッシュも釣れるしいいよね。逆にクリアウォーターでは投げようという気にはならない。俺はサーキットボードリップもペイントリップと同等と捉えている。あとケイムラといわれる夜光塗料がリップまで塗られているのも同じように感じる。魚にとってみればリップも含めてひとつの単体に見えている気がするよ。つまり魚は完全にカラーを認識しているんだと思う」

ボーンボディーのワーミングクランクショット
ショットのような小型クランクであればリップを含めても60㎜ほど。リップまでペイントすることでアピール力は倍増する。右からイエローダッド、テーブルロッククロー、クラシカルタイガー、レイバンレッドクロー

Q. なぜハードルアーにグリパン、ウォーターメロンは少ないのか

A. 釣れないから！

田辺「釣れないと言い切るのはアレだけど、昔、ラトリンジェッターでゴースト系のウォーターメロンやグリーンパンプキンを使ったことがある。当時はウォーターメロンとグリパンのワームが出だしたころだったからジェッターのゴーストもよく売れた。売れたけど釣れなかったね〜。その当時から俺のなかに、透け感の強いファストムービングは釣れないものとしてインプットされてるんだよ。やっぱり巻ききる釣りならある程度目立つ色が強い。これはバスに限ってのことだけどね」

Q. ジグ、スピナベ、バズ、チャターベイト系など、スカートとトレーラーカラーは合わせるべき？ 逆にミスマッチングが効くこともある？

A. カラーのマッチングよりも全体的なシルエットを第一に考える

田辺「水の中で全体的に大き目にしたいとか地味目にしたいとか、この水だったらヘッドは派手なほうがいいのかな、くらいの気持ち。それをもってミスマッチというのかどうかはわからない。ことファストムービング系のチャターに関しては自分でも『本当にこの組み合わせで食うのか!?』と思ってセットしても意外と釣れるからね。ミスマッチっていうのは人間の勝手な判断でしかないんじゃないかな。ブラック&ブルーのジグは定番だけど人によってはミスマッチになるだろうしね。

スピナーベイトとバズベイトにトレーラーを装着する一番のねらいはシルエットを大きく見せること。トレーラーを強調させたいときはスカートを間引いたりもする」

ボルケーノグリッパー

トレーラー用にデザインされたレディーバランスはとりわけワイヤベイトとの相性がいい。シルエットを大きくすることで劇的に食いが変わることも珍しくない

Q. ターンオーバーと赤スカートの関係とは？

A. 赤はオレンジやピンクに近い強い色なんだよ

田辺「ファストムービングのレッドは、濁って魚からも見えにくいときに効く気がする。とくに春と秋のターンオーバーで粉の粒子が舞っているような水にいいよね。2019年に行った豊英湖がそうだった。チャートやホワイトを試したけど、赤が一番反応よかった。粒子が舞ってるとテレビ画面のザラザラしたのと同じようにファジーな状態が水中で起こっているのかもしれないよな」

クリスタルS パワーロール

2019年秋の豊英湖取材では、ターンオーバーした状況でレッドスカートのスピナーベイトに反応が集中した

同じ台風でも夏と秋ではまったく違う

濁りの発生源にはいくつかの要因が挙げられる。強風による対流、酸素不足、あるいは浚渫工事など人為的なものもある。なかでも毎年決まってやってくるのが秋の台風だ。ターンオーバーも濁りの要因ではあるが、ここでは雨による濁りにフォーカスする。

最も濁りの影響を受けやすいフィールドタイプは川もしくはリザーバーで、逆に山間部の天然湖はそれほど影響を受けにくい。

「川の場合は季節に関係なく、消波ブロックなりテトラなり、わりと氾濫対策がされているから、秋特有の濁りというのは意外にない。一方、リザーバーのケースは夏と秋の台風による濁りはまったく違う。台風7～8号くらいまでの前半シーズンはまだいいけど、10号を超えてく

第2部

濁りを味方につける

**「とくに秋後半の濁りは、マイナス要素を含んだ台風によってもたらされるから楽じゃないよね」
台風シーズン真っ只中の9～10月は各地のフィールドがマッディーアップし、
我々バスアングラーを手こずらせる。**

ると濁りの度合いも釣りも大きく変わってくる」

まずは川の濁りから話を進めよう。おそらく誰もが最初に抱く疑問は大雨による濁流のときにバスはどこにいるのかということだろう。普段からバスを留めるテトラがあったとすると、台風直後にもバスはそのエリアにとどまっているのだろうか。あるいは、流れを嫌って流入河川やドック内に移動しているのだろうか……。

「10年に一回の大氾濫のような台風とかじゃなければ、俺の経験上、通常はそのエリアに留まっている。大氾濫するような洪水のときは、ボートでは入れないような水門の奥とか普段は水がペターっと止まっているような水路、あるいは小規模の流入河川みたいなところに避難しているんじゃないかな。雨が降ったから、濁ったからといって、そんな流れの中をバスは１㎞も２㎞も移動しないよね」

「川の場合は濁り対策が季節に左右されにくい」と田辺。写真は初夏の遠賀川。2日間降り続いた雨により濁流となっていた。2日間行なった取材で、初日は支流では反応がなかった。しかし2日目は同じ支流でバイトラッシュ。「初日は本流より濁りがキツくて釣れなかった。翌日に爆発したのはいい水が入り始めたからだと思う。水が澱んだスポットがダメだったのは初日の悪い水が残っていたからじゃないかな」

台風直後の川を想定して、田辺が最初にチェックするのは台風前からポテンシャルの高かったメインリバーにあるアウトサイドベンド。そこまで水温が落ちきっていない秋の早い段階であれば流れの当たるテトラや消波ブロックは充分、一級スポットになりうる。また通常の平水であれば、これらマンメイドストラクチャーの上流側、あるいはエッジ部分にバスが集中すると推測できる。

「台風や大雨の後の川の場合、バスは濁りを嫌うっていうよりは流れを嫌うほうが強い。普通であれば濁りを利用して強いルアーという考えになるんだけどこの場合は、まずは水流を嫌ってバスがどこに移動していったかっていうのを最初に考えるべき。単純に流れがダイレクトに当たらない下流側だったりテトラの穴に避難するといった具合にね。もっと詳細に言うなら、内側のクリアなところよりもちょっとグリーン掛かったササ濁りくらいの水を探す。水中堤防や他のマンメイドストラクチャーも基本的には同じだよ」

たとえばバスが気圧の変化に伴い、前もって移動することはないのだろうか？

「メインリバーから外れたバックウォーターとかプール状の溜まりみたいなところに入ることはあるけど、俺はそこで激ハマリしたことはないね。常に魚が溜まるようなポテンシャルがあるなら話は別だけど、流れを求めて動く夏～秋の魚はそういうところに入らないよ。あるとすれば、それこそに大氾濫とか特殊な状況のときだよね。メインリバーの勝負を避けてハナからバックウォーター系に手を出すとしくじることが多いよね。メインリバーがどうにも機能しないときに初めて流入河川や水門はどうだろうか、ってなるよね。あとは、普段は泥をかぶっているようなインサイドのシャローフラットに適度な流れが発生しているところはアリ。意外とこういうところにベイトが差したりするんだよ。バスの気持ちとしては、エラの中に細かな泥が入ってきちゃうと苦しいからイヤだよ、といった感じかな」

リザーバーにおける濁りと水温の関係

リザーバーに通うアングラーなら台風直後の流木や浮遊物が水面を覆う光景を一度は目にしたことがあるだろう。コーヒー牛乳色と形容される褐色化した水は見るからに戦意を喪失させる。大半のアングラーはいい水を求めて上流に向かうか、流れ込みをラン&ガンするのではないだろうか。もちろんそれは間違いではないし、むしろ王道である。しかし、田辺は秋の濁りで注意しないとならないのは流入する水質、とりわけ台風の雨水に限っては7〜8号までと10号以降では状況がまったく異なるという。

その年にもよるが早期の台風は関東だったら夏に襲来する。水温が30℃を超えるような真夏の雨は水中に酸素を供給し一時的に水中を活性化させる。しかし9月を過ぎ天候が秋めいたタイミングでやってくる台風が降らせる雨は湖水よりも温度が低いことがある。これこそが、後半の台風は厄介な理由なのである。

濁りとは少しかけ離れてしまうが、秋のリザーバーでは濁りと同じように大事なファクターなのである。

「リザーバーはダムの構造にもよって違うんだけど、日本のリザーバーのほとんどはメインリ

台風のあとのリザーバーでよく目にする光景。
とくに湖水よりも温度が低い雨による濁りには慎重に
向き合う必要がある

バーがあってそこから雨水が流れ込んで、水位調整のためにダムから放水するよね。もうひとつはリバーシステムになっている例。津久井湖は上流に相模湖があるし、亀山も上流に片倉ダムがある。上流に別のダム湖があるリザーバーは上から入ってくる水が重要なんだよ。秋の台風がもたらす冷たい雨は湖に沈殿して酸素も薄い。日本のダムの多くはダムの下から放水するんだけど、下から放水するということは当然下層の水が下のダム湖に流れ込む。一般的には台風で濁りが入ると上流がよくなったりするけど、上流に別のダム湖がある場合は要注意だよ。放水される水が茶色いのにダムサイトの水がグリーンっぽいときは、だいたいこの現象が起こっているよね。津久井湖みたいに相模湖からの流入（相模川）以外にも道志川から濁った水が入ってくるようなのはまだマシだけどね。いずれにしても秋の冷たい雨を降らせる台風は、なかなかプラスに働かないことが多い」

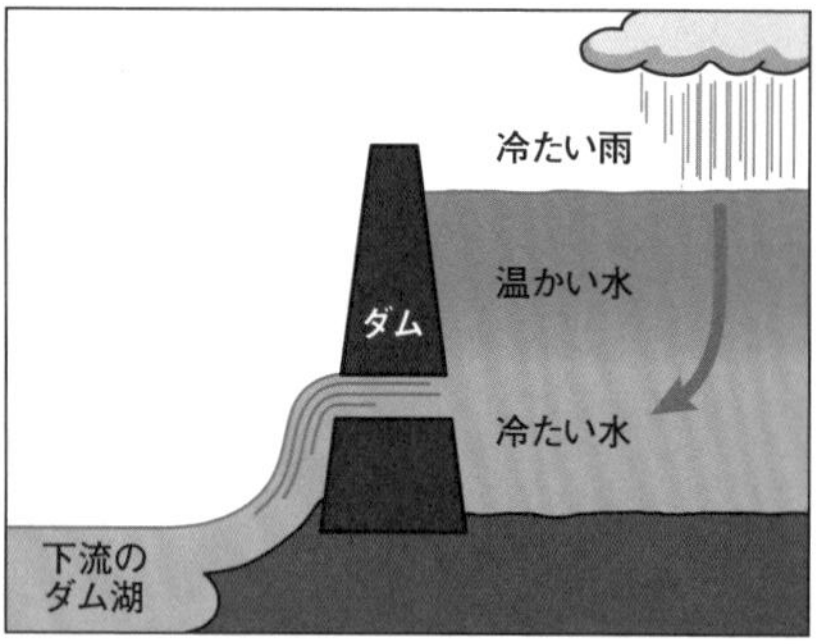

日本のダムシステムはほとんどが下層部から放水されるタイプだ。下層の冷たい水が下流のダム湖へ流れ込むと、通常ならいいはずの上流域が釣れなくなるという落とし穴がある。逆にオーバーフロータイプなら上層の温かい水が流れ込むためいい方向へ傾くと考えられる

　そんな中でも唯一プラス傾向なのは、まだ濁りが蔓延しない台風直後、あるいは前線が通過中のタイミングである。大雨により徐々に上流から濁り水が流入する場合は、濁りに合わせて境目を追うようにして、上流から釣り下ることでパターンが成立しやすい。２０１６年７月の高滝湖トップウォーター取材がまさにそんな結果だった。

「あれは梅雨時だったけど、雨がザーザー降りでプライムを追えたいいゲームだったよね。これが翌日になって濁りが全体に入ってくると難しくなってくる。その理由のひとつは濁ることによって魚が動き回ること。マッディーを利用してベイトフィッシュも動くから、バスもそれについて沖に出ちゃったりするんだよ。とくに一度増水してから減水傾向のときは顕著だよね。こういうオープンウォーターで捕食しているバスを何度も追っかけまわしたことがあるけど、なかなかハマらない。っていうか見つけきれないことのほうが多い。沖に係留してあるボートとか何かについているなら釣りやすいんだけどね」

2016年7月の高滝湖釣行では豪雨の中50㎝アップを含むビッグフィッシュをトップウォーターで連発させた。季節は異なるが濁りがプラスに働いた（P30参照）

釣れる流れ込みと釣れない流れ込み

　リバーシステムによる冷水の流入を除けば、濁った状況で最もキーになるのは流れ込みである。流れ込みといってもメインリバーからの流入もあれば、普段は乾いている岩盤、フラットからディッチ沿いに流れてくる水もある。勘違いしがちなのは『いい流れ込み＝クリアな水』という点だ。全体が濁っていてその流れ込み周辺だけ澄んでい

れば釣れたも同然というのは大きな間違いである。

「いい流れ込みの条件は溶存酸素量の多い水が流入しているってこと。いい水だったらベイトが寄るからね。一見するとキレイでよさそうなんだけど何をやっても釣れないのはベイトが寄ってないからだよ。もうひとつの罠は、入ってくる水の温度。俺が経験したのは台風後の相模湖に入った時。よさそうな流れ込みで全然食わなくて、なんでだろうと思ったら入ってくる水が冷たかったんだよ。流れ込みの真下にはいなかったんだけど、ちょうど流れ込みのクリアな水と濁りが交じるあたり、要は水温が変わるところで、ストーミーマグナムを引いたら連発したことがあった。流れ込み近辺が冷たいからすぐに諦めるんじゃなく、その周辺の水温変化やカバーを撃つとスコアが出ることもあるよね。実際、同じようなことはこれまでに何度も経験しているけど、本当にいい流れ込みで釣れるバスは腹がポンポンで複数本釣れる。いい流れ込みには総じてベイトが溜まってるよ。

大雨のあとにできる流れ込み。大事なのは流入してくる水の質や温度だと田辺は言う。見た目だけでは判断できない

いい流れ込みはマグネットのようにベイトフィッシュを寄せる

　高滝トップウォーターのロケでも流れ込みで一番いいの釣ったけど、あれもたぶんカエルを食ってるバスだったんじゃないかな。だから丸っこいシェイプのウォッシャーに反応したんだと思うよ。あとは降雨によってできる流れ込みだね。普段は流れがまったくなくて全体的に水深が浅いワンドに流れ込みができると、これはこれでストロングなんだよ。赤虫みたいな微生物が沸いてオイカワが差してきて、それを食いにバスが入ってくる。これも台風の濁りならではのパターンだよね。同じ流れ込みでも水温と水質が合っていないとダメ。いくら見た目がキレイだからってマグネットには

ならない。濁りが蔓延した状態の湖にホースで水道水を流しても釣れないのといっしょだよ」

濁り対策のルアーは音と強さとダークカラー

　周知のとおり田辺の釣りは普段からストロングスタイルで、ベイト主軸主義というようにベイトフィッシュの存在が念頭にくる。それはルアー選びに関しても同じことがいえるわけだが、濁りに関してはさらに深く追求する必要があるようだ。

「濁った状況で一番大事なのは、魚にルアーを気付かせるという意識。魚がルアーを認識できない限り濁りのなかでは釣りが成立しないからね。陥りやすいのは濁っていて食わないからといってライトリグに走ること。ただでさえ濁ってルアーを見つけにくいのにライトな方向に持っていったらマイナスだよね。極端な話、いつもなら100投して10回は気づかせられるけど、濁っていたらそれが1回になっちゃうことだって考えられる。ベイトが寄っているクリアな流れ込みだったらライトリグも成立するけど、基本的には濁ったときほど強いルアーっていうほうが正しいよね」

　田辺の言う強いとは、ルアーが発する波動、音、カラー、それに大きさのこと。となるとソフトベイトではなくハードルアーが有利になる。

「波動でわかりやすいのはビッグベイトだよね。たとえば同じギルシェイプのルアーでもリップ付きとS字タイプがあったら圧倒的に水をかむリップ付きのほうが水を押すから波動も強い。逆にS字系は水を逃がす設計だからボディー自体は大きくても、リップ付きに比べたら濁りの中では見つけられる確率が何倍も落ちるんだよ」

　音に関してはどうだろうか。音といって真っ先に思い浮かぶのがラトル音だが、ハードベイトの場合はフックとボディーがヒットする音やスプリットリングの接触音もある。

「俺が最強だと思うラトルはジャラジャラ系だね。面白いのがオーストラリア製のバラマンディー用ルアーにはジャラジャラ系が多いんだよ。オーストラリアのバラは汽水域のゲームだからけっこう濁ったところでやるんだよ。しかもマングローブとか込み入ったカバーから引っ張り出さないと釣れないこともあって、かなり強烈な音なんだよ。日本のバスでも使ったことあるけどよっぽど濁ってないと釣れないね。それもあって俺の中ではジャラジャラ音が最強ってところにたどり着いた。ただし、最近思うのはバスが音を学習している気がするんだよ。だから最近のノリーズルアーは時代に合わせてラトルも控えめの方向になってるんだよ」

　カラーについては濁りのタイプによって基準が二分されるという。ひとつは石灰質を含んだ池原ダムや津久井湖などの白濁。もうひとつはクレイ系、あるいは泥質を多く含む利根川や相模湖に発生しやすい茶系の濁りだ。

「昔は濁ったらホワイトチャートが絶対理論だったけど、最近は俺のなかでダーク系も強い色の中に入る。強い色っていう表現が正しいかどうかわからないけど、シルエットがはっきり出るダーク系なんだよ。代表的なところだとブラックとかブラウンだよね。カラーにも絶対はないんだけど、白濁系ではダーク系のほう、茶系の濁りとかグリニッシュな水では一般的に派手といわれるチャートやホワイト／チャート、もしくはホワイトプラスオレンジとかを基準にしている。グリニッシュっていうのは通常の水と濁りが混ざりあったような、ちょっと緑がかった水のこと。もちろん白濁でホワイト系が効くことだってあるし、その逆もあるんだけど」

ガンタージグ+
ビッグエスケープツイン（ノリーズ）

ボリュームのあるジグと水押しの強いビッグトレーラーの組み合わせは濁った時の定番。カラーも必然的に派手なものになる

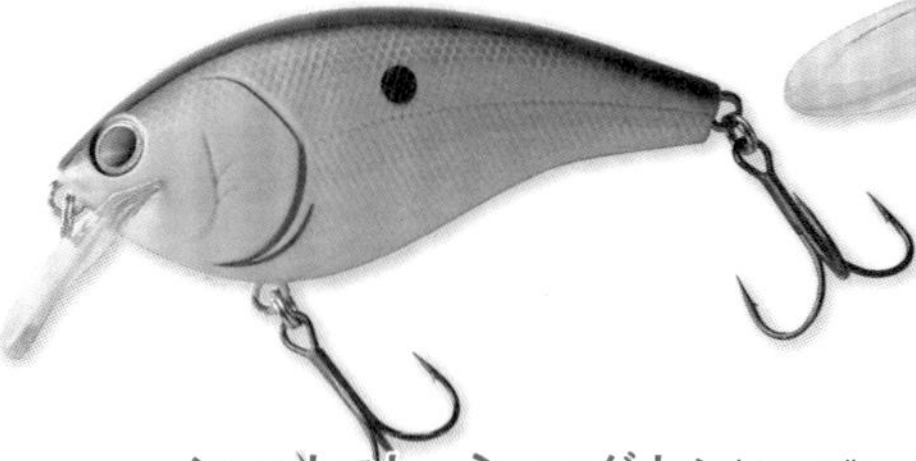

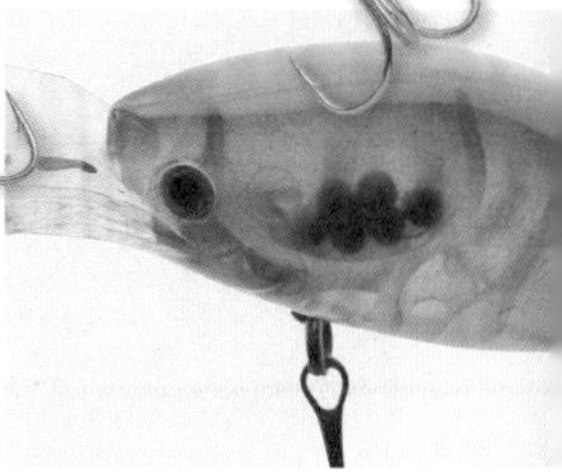

メータークランク
（ノリーズ）

歴代ノリーズルアーのラトルサウンドの中で最も強いのがメータークランクシリーズだ。セラミックラトルを内蔵したこのクランクは、現代のコンディションでは強すぎるケースも

ショットストーミーマグナム（ノリーズ）

まさにストーミーな状況で真価を発揮するマグナムクランク。津久井湖や相模湖に代表されるタフレイクでテストが繰り返された。ラトルは内蔵されていないが、フックとボディーの接触音も相当のもの。それよりも波動による強さが最大の特徴といえるだろう。とはいえ、マグナムクランクとしては控えめな設計

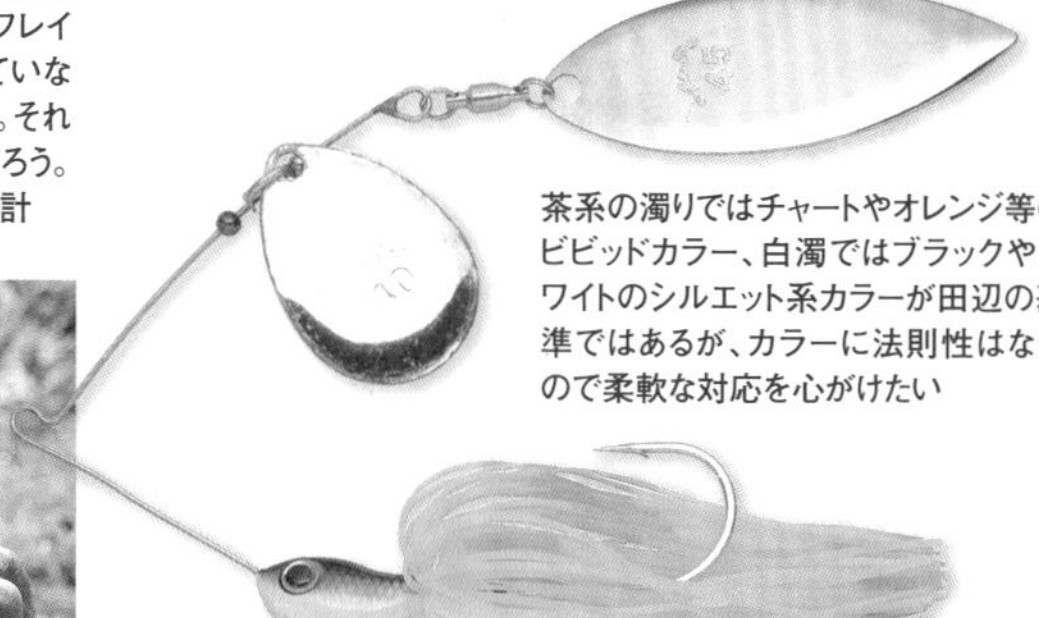

茶系の濁りではチャートやオレンジ等のビビッドカラー、白濁ではブラックやホワイトのシルエット系カラーが田辺の基準ではあるが、カラーに法則性はないので柔軟な対応を心がけたい

クリスタルS
（ノリーズ）

クラシックルアーズ（バラ）

実際に田辺がオーストラリア釣行時に購入したバラマンディー用ルアー。振ってみると甲高いジャラジャラ音を発する。「俺が知っているなかで一番うるさいのがバラ用だね。カラーも派手なのが多い気がするよ」

フリップギルはワッキーセッティングにすることでソフトベイトの中でもトップクラスの水押しを誇るルアーになる

田辺道場
NEXT STAGE
一生楽しめるバスフィッシングの手引書

2020年7月1日発行

著　者　田辺哲男
発行者　山根和明
発行所　株式会社つり人社
〒101-8408 東京都千代田区神田神保町1-30-13
TEL　03-3294-0781（営業部）
TEL　03-3294-0766（編集部）
印刷・製本　図書印刷株式会社

つり人社ホームページ　https://tsuribito.co.jp/
つり人社オンライン　https://web.tsuribito.co.jp/
siteB（Basserオフィシャルウェブサイト）　https://basser.tsuribito.co.jp/
釣り人道具店　http://tsuribito-dougu.com/
つり人チャンネル（YouTube）
https://www.youtube.com/channel/UCOsyeHNb_Y2VOHqEiV-6dGQ

乱丁、落丁などありましたらお取り替えいたします。